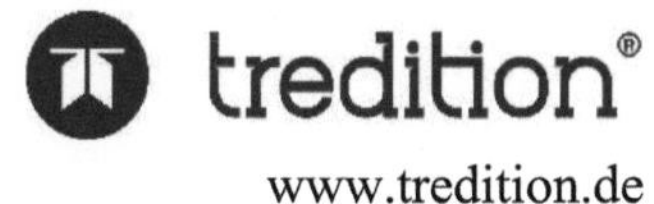

www.tredition.de

Hans Marder

Karl Marx kannte Oswalt Kolle nicht

Erlebnisse eines Betroffenen, der Namen und Orte künstlerisch umgestaltet und seine Erinnerungen auf ihren wahren Kern pointiert hat

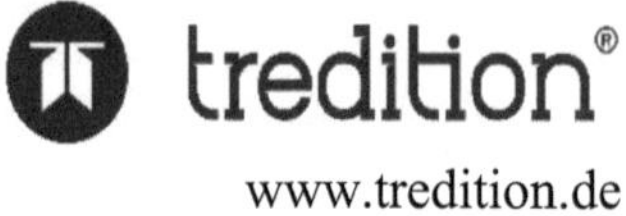

www.tredition.de

Verlag und Druck: tredition GmbH, Halenreie 40-44, 22359 Hamburg

ISBN
Paperback: 978–3–7439–6229–3
Hardcover: 978–3–7439–6230–9

Im Werk wird die bewährte alte, deutsche Rechtschreibung verwendet.

Bildnachweis Coverfoto Alle Rechte beim Autor

Inhalt

Ein schwerer Anfang

Er hatte nur noch die Uniform, die er am Leibe trug, als er nach einem halben Jahr Kriegsgefangenschaft mit einigen Kameraden die staubige Straße von Spardorf nach Sieglitzhof herunterkam. Es war gerade Zeit der Heuernte und so bog er in den ersten besten Hof ein, um nach Arbeit zu fragen. Zu der Zeit war noch viel Handarbeit angesagt, etwa ein Viertel aller Arbeitsplätze befand sich in der Landwirtschaft. Eine junge Frau stand in der Hofeinfahrt und sah ihn prüfend an. Ziemlich abgemagert sah er aus. Ob er wohl die Erntearbeiten durchstehen würde? Sie hatte vor einiger Zeit zwei Zugochsen gekauft, natürlich beim evangelischen Viehhändler, das war man in einem streng protestantischen Dorf allein schon dem eigenen Ansehen vor den Nachbarn schuldig. Schneidig sah er schon aus, trotz der etwas ramponierten Uniform. Während er sie so ansah, kamen bei ihm die Sehnsüchte nach seiner Familie auf, die er in Schlesien zurücklassen mußte. Eine Familie wollte er auch und ein kleines Häuschen. Mal sehen, was sich ermöglichen ließ. Eine Bauerstochter erhielt als Mitgift sicher ein Stück Land. Zunächst war jedoch harte Erntearbeit angesagt. Es gelang ihm, im Gegenzug zu einigen Zigaretten etwas Schokolade zu tauschen, die er ihr mitbrachte. Andere Frauen im Dorf witzelten bald über ihren „Schoko“. Sie träumte von der weiten Welt, weg von dem verhaßten Hof, auf dem sie so viel Ungemach erlebt hatte. Die beiden heirateten schnell, er freute sich auf die sexuellen Freuden, die er so lange hatte entbehren müssen. Sie spielte ihm zunächst die leidenschaftliche Ehefrau vor, hatte jedoch ihre Kindheitserlebnisse mit den Brüdern und dem Vater, der im Dorf bekannt war für sein Fremdgehen, sowie die karge protestantische Erziehung so interpretiert, in der Folge nicht nur den Mann, sondern den Menschen insgesamt abzulehnen. Den Austausch von Zärtlichkeiten fand sie eigentlich ekelhaft, ließ sie aber über sich ergehen, um ihn zu halten. Das gehörte sich so. Zwei Kinder mußten sein. Von Liebe sprach man damals selten. Es ging zunächst ums pure Überleben. Er arbeitete, neben der Entearbeit und um sich die Studiengebühren für ein Fernstudium zu verdienen, noch einige Zeit nach dem Krieg auch in einem Elektrobetrieb, stemmte in Wände Kanäle, um Kabel zu verlegen.

Mit Beginn des Krieges hatte er sein Ingenieurstudium unterbrechen müssen und wurde als Unteroffizier zum Unterricht für Flugzeugführer abkommandiert. Ganz gesund war er auch nach dem Krieg nicht. Er hatte das Kriegsgrauen mit dem Töten und Getötetwerden erlebt, war selbst zweimal wegen angeblichem Fluchtversuch vor ein Erschießungskommando gestellt worden, dem er nur knapp entkam. Er folgte nicht unbedingt Adolf Hitler. Zu hause in Oberschlesien war man eher deutschnational, aber Recht und Ordnung gegenüber nicht abgeneigt. Das mit den Juden hätte der Hitler nicht machen sollen, sagte er immer. Aber ansonsten. Hitler hatte schließlich die Autobahn gebaut, er hatte wieder Arbeit und Brot gegeben. Ja, wird ihm später der Sohn dazu sagen, hin zum Krieg. Nein, rechtfertigte sich der Vater, er wurde gewählt und hatte doch gesagt: Gebt mir vier Jahre Zeit und ich werde euch zu goldenen Zeiten führen. Angeblich hatte der Vater im Krieg unvorsichtige Bemerkungen gemacht, weshalb er an die Front geschickt wurde. Überhaupt: Es gab auch lustige Erlebnisse in der Etappe, dem Gebiet hinter der Front. Manchmal hätten die Soldaten den Spieß zum Narren gehalten. Das war lustig. Vom Grauen des Krieges erzählte der Vater später seinen Kindern wenig. Außer, daß er Hitler für ein Gaukler gehalten hatte und dafür fast erschossen worden wäre. Wie viele mit ihm an die Front gezogen waren und wie viele dortgeblieben sind, verreckt im Schnee, im Schlamm, im Schützengraben – darüber sprach er nie. Viele, wie auch er, waren krank und traumatisiert zurückgekehrt, wurden durch die Mangelernährung in der Gefangenschaft krank gemacht und konnten sich nachher nur mit Mühe ihr Essen durch körperliche Arbeit verdienen.

Der Vater hatte sich leider vergeblich erträumt, daß eine Bauerstochter sicherlich einmal ein Grundstück erben würde, worauf er sich ein Haus für seine Familie hätte bauen können. All das hatte seine spätere Ehefrau ihm auch versprochen. Hinter seinem Rücken wurde mit dem ältesten Bruder jedoch etwas anderes ausgemacht. Nach dem Reichserbhofgesetz mußte der Besitz schließlich zusammengehalten werden, der älteste Sohn war derjenige, der den Hof zu übernehmen hatte. Mit 5000 Mark als „ihrem Erbteil" wurde sie ausgezahlt. Das hatte sie unterschrieben, ohne es ihrem späteren Ehemann mitzuteilen. Der Bruder machte später mit Bauplätzen für die „Quelle" ein Vermögen.

Der Mann freute sich, konnten sie sich doch eine kleine Wohnung einrichten und endlich aus dem kleinen Zimmer auf dem Hof ausziehen. Das erste Kind hatte sich angekündigt. Sie hatte zusammen mit ihrer Schwester den Hof mithilfe von zwei Kriegsgefangenen über den Krieg gebracht. Ihr Vater war unterdessen einige Zeit vor Ende des Kriegs an seiner Zuckerkrankheit verstorben.

Notgedrungen hatte sie gelernt, wie man Zugochsen einkauft, denn die beiden Brüder waren in Rußland schwer verwundet worden und fielen lange Zeit als Arbeitskräfte aus. Ihre Ausbildung als Hauswirtschaftslehrerin mußte sie abbrechen, um der Schwester auf dem Hof zu helfen. Jaja, hatte der älteste Bruder später immer wieder beteuert, du kriegst schon deinen Teil. Ihr Mann machte im Fernstudium seinen Ingenieur. Eine Anstellung bei der Außenstelle der Stadtverwaltung half finanziell weiter. Nachdem die Frau, wie viele andere Frauen auch, während des Krieges etliche Aufgaben der Männer übernommen und gut ausgefüllt hatte, erwartete der Ehemann, daß er wieder Herr im Hause war.

Unglücklicherweise wurde er im Laufe der Jahre schwer krank, konnte nur phasenweise arbeiten und dadurch die Rolle des Hausvorstands nicht wirklich ausfüllen. Er versuchte es durch autoritäres Gebaren auszugleichen. Was er zwar zunehmend spürte, aber nicht wirklich zuordnen konnte, war diese Ablehnung des Mannes durch seine Frau. Sie hatte als Kind unter der Ungleichbehandlung mit den Brüdern schwer gelitten. So war es auf dem Hof üblich, daß die Männer, also der Vater und die zwei Brüder, am Tisch mit Fleisch versorgt wurden, während die Mädchen mit der Mutter in der Küche essen mußten. Traumatisch war auch das Erlebnis mit neun Jahren, als sie eines Tages eine Blinddarmentzündung bekam. Ihr Vater diagnostizierte, genauso wie die Mutter, daß sie sich wegen ein paar Bauchschmerzen nicht so anstellen solle und schickten sie zur Schule. Nachdem sie unterwegs zusammengebrochen war, hatte sie ein zufällig vorbeifahrender Nachbar mit seinem Pferdegespann in die Klinik gefahren, wo sie buchstäblich kurz vor dem Ableben gerettet werden konnte. Der Blinddarm war durchgebrochen. Mißtrauen und Feindseligkeit den Menschen gegenüber begleiteten sie ihr ganzes Leben lang.

Ihre Ablehnung dem Mann gegenüber konnte sie als verheiratete Frau immer mühsamer kaschieren. Ihr kleiner

Sohn bekam das gleich zu Beginn seines Lebens bedrohlich zu spüren. Ihrem Mann fiel das leise Weinen des Kindes auf und er befragte sie eindringlich, wie es denn mit der Ernährung aussehe. Sie stillte gerade das Kind und es weinte. Ihm fiel auf, daß das Kind „leer" saugte. Die Mutter hatte nicht gemerkt, daß keine Milch kam. Er kontrollierte sie von nun an, ob sie auch regelmäßig fütterte.

Nachdem der Vater eine Stelle bei der Stadtverwaltung angenommen hatte, kam soviel Geld herein, daß sie vom Zimmer auf ihrem elterlichen Hof in eine kleine Drei–Zimmerwohnung in der Stadt ziehen konnten. Die große Elektrofirma stellte Ingenieure ein und nachdem der Vater sein Fernstudium abgeschlossen hatte, gehörte er zu einer größeren Gruppe neuer Kräfte. Zudem hatte die Firma Werkswohnungen etwas außerhalb mitten im Grünen gebaut und neben einer Einstellung konnte sich das Paar hin zu einer Neubauwohnung verbessern.

Martin erinnerte sich später daran, daß er mit drei oder vier Jahren wegen Keuchhusten ins Krankenhaus mußte. Er wartete immer darauf, daß seine Eltern ihn besuchen, aber sie kamen nicht. Nach Maßgabe der Klinik wollte man dadurch verhindern, daß der Abschied jeweils nicht zu schwergemacht wurde. Oft hatte er ein Bild vor Augen, wie er in der Küche des Krankenhauses stand und vergeblich wartete. Merkwürdigerweise erinnerte er sich auch daran, wie er mit allen Kindern fröhlich Froschhüpfen spielte. Sein Vater ging mit ihm auch ins örtliche Gaswerk, damit er die Dämpfe der Kokerei einatmen sollte. Auch ein Rundflug mit einer Propellermaschine war beantragt, fand aber nicht mehr statt, weil der Keuchhusten „einschlief".

Der Nachbarsjunge von der Wohnung nebenan kam öfters zum gemeinsamen Spiel herüber. Aus irgend einem unerfindlichen Grund stand ein großer Tisch im Zimmer des Jungen, unter dem sich vortrefflich spielen ließ. Wie die beiden Jungforscher Eßlöffel in die Hände bekamen, war nicht mehr nachvollziehbar. Jedenfalls wollten die beiden Entdecker einmal schauen, wie man vom Spielzimmer ins Zimmer der Nachbarwohnung gelangen konnte. Zu diesem Zweck war der Löffelstiel jeweils das geeignete Werkzeug, um Ziegelsteine zuerst zu lockern und sie dann gemeinsam herauszuheben. Zwei Ziegelsteine hatten die beiden vierjährigen Knirpse bereits geschafft. Der Mutter des einen Jungen war es verdächtig ruhig im Zimmer vorgekommen, sie schaute nach und konnte die wichtige Lebenserfahrung der beiden Entdecker schlagartig beenden. Damit der Vater nichts merkte, rührte die Mutter in einem Marmeladenglas Gips an und befestigte so die beiden Ziegelsteine wieder an ihrem Platz.

Zentralheizung und eine gemeinsame Waschmaschine waren in den Drei– bis Vier– Zimmerwohnungen üblich. Waschmaschine, das hieß, ein eingemauerter Bottich, in dessen Boden ein Metallkreuz eingelassen war, welches von einem Elektromotor hin– und herbewegt wurde. Geschleudert wurde separat. Zwischen den Häusern war viel Grün und so konnten die Mütter ihre Kinder ohne Probleme in Ruhe gemeinsam spielen lassen. Eines der Mädchen hatte zu Weihnachten einen Puppenherd geschenkt bekommen, der mit festen Brennspiritusstücken beheizt werden konnte. Die Jungen genossen es, Familie zu spielen, Kakao zu kochen und diesen dann gemeinsam zu trinken. War der Vater auf Dienstreise, so brachte er jedes Mal dem Jungen etwas mit. Mal war es ein kleines Segelschiff in blau aus Vollholz, mal war es ein Spielzeugauto zum Aufziehen.

Da man jedoch nie weiß, ob man den Menschen nicht doch brauchen muß, hatte sich die Mutter ein zweites, freundliches Gesicht zugelegt. Mit diesem hatte sie auch ihren späteren Mann getäuscht, denn sie wollte auf alle Fälle vom Bauernhof weg und die große, weite Welt sehen. Obwohl ihr Mann, nachdem das erste Kind da war, eine gute Anstellung bei der großen Elektrofirma gefunden hatte, war ihr dies nicht genug und so bedrängte sie ihn so lange, bis er sich nahe des Ruhrgebiets um eine Ingenieurstelle bewarb. Der Umzug ging von einer schön gelegenen, gut ausgestatteten Drei–Zimmer–Werkswohnung in einer mittleren Stadt hin zu einer Großstadt, die vom Krieg immer noch schwer zerstört war.

Im Kollegenkreis, der altersmäßig gemischten Abteilung an seiner ersten Stelle als junger Ingenieur, war Martins Vater familiär eingebunden, wie Martin später anhand alter Fotos nachvollziehen konnte. Dort hatte er einen Kollegen, mit dessen Familie sich Martins Familie angefreundet hatte. Dadurch hatte Martin zwei etwa gleichaltrige Jungen zu Spielkameraden gewonnen. Die Siedlung endete am Kiefernwald, die große mehrspurige, verkehrserstickte Straße existierte noch nicht – ein Idyll, nicht nur für Kinder. Zu der Zeit konnte auf den Rasenflächen zwischen den Werkshäusern problemlos barfuß gelaufen werden und die drei Lederhosenträger strahlten eine gemeinsame Lebensfreude und Zufriedenheit aus.

Der Kollege von Martins Vater war ebenfalls dem verlockenden Geldangebot erlegen und samt Familie ins Rheinland gezogen. Zunächst freute sich der Vater darüber, in der ungewohnt großen Arbeitsumgebung einen Freund dabeizuhaben. Der Konkurrenzdruck aus Neid und Mißgunst unter den Kollegen dort war mörderisch, wie in einem Haifischbecken, sagte Martins Vater später zu seinem Sohn. Er war auch „nur" ein graduierter Ingenieur, kein „Diplomer", wie es hieß. Das machte einen Standesunterschied.

Um sich zu profilieren, benutzte der Freund gewisse Arbeitsunterlagen von Martins Vater, die dieser ihm geliehen hatte, kopierte sie um und gab sie beschleunigt als seine aus. Beweisen konnte der Vater es nicht und die Freundschaft war zerstört. Über Jahre hinweg nagte das Erlebnis in ihm und so leistete er in seiner Abteilung zwar gutbezahlte, hervorragende Arbeit, jedoch immer aus einer gewissen persönlichen Reserve heraus. Davon, daß er seinen graduierten Abschluß hätte einige Jahre später umschreiben lassen können, hatte er seltsamerweise nichts erfahren.

Die neue „Heimat" war für alle in Martins Familie ein Schock. Links und rechts des Übergangswohnhauses lagen Trümmergrundstücke. So nett die älteren Jungen aus der Nachbarschaft ihn im Innenhof der Mietskasernen auch betreuten, so fühlte sich der 6–jährige doch immer mehr verloren. Seine Mutter war mit der neuen Situation überfordert. Sie mußte neuerdings aus dem Keller bei Kerzenschein die Kohlen holen und sie in den dritten Stock hinauftragen. Ein zentraler Kohleofen heizte die ganze, riesige Drei–Zimmer–Wohnung und im Winter schmückten die einfach verglasten Fenster große Eisblumen. Gegenüber dem Wohnhaus befand sich ein Straßenbahndepot, in das jede Nacht um ein Uhr die Bahnen mit Quietschen und Blitzen in der Oberleitung einen Bogen fuhren. Davon wachte er jedes Mal auf und erschrak sich aufs neue.

Es war für den Sohn ein schales Erwachen in der Großstadt. Nach dem Ende einer glücklichen Kindheit in einer überschaubaren Umgebung mit Besuchen auf den Höfen der Verwandtschaft, mit einem Vater der abends aufgeräumt von der Arbeit kam, wo er sich im Kollegium sehr wohl gefühlt hatte, mit einem Onkel, der Bäckermeister war und bei dem es wunderbar duftende Brezen gab, wurde das Lebensgefühl des Jungen zunehmend düsterer. In den ersten Lebensjahren hatte der Junge gleichaltrige Spielkameraden, dessen Eltern mit seinen Eltern befreundet waren. Nun gab es in Nachbarschaft überwiegend ältere Jugendliche.

Dann begann eines Tages der „Ernst des Lebens", wie die Erwachsenen es nannten, die Schule. Dazu mußte die große, vierspurige Hauptstraße überquert werden und am Rande des Stadtwaldes befand sich eine große Baracke mit zwei Klassenzimmern für vier Schulklassen. Die Lehrerin brachte allerdings allen Kindern binnen eines Jahres auf Schiefertafeln die Grundlagen des Lesens und Schreibens bei. Es war zudem eine gute Übung der Feinmotorik. Alle Kinder waren von ihrem Elternhaus her sprachlich so vorbereitet, daß sie den Vorgaben der Lehrerin problemlos folgen konnten.

Damit er nicht so enttäuscht sein sollte, machte ihm anfangs die Mutter die Schulaufgaben. Vor allem das Rechnen. Der Vater hielt das für keine gute Idee und der Junge kam im Unterricht gut mit. Er erhielt vom Vater die erste Ohrfeige, nicht weil er abgeschrieben, sondern gelogen hatte, daß es der Banknachbar gewesen sei. Martin lernte wie alle Kinder sehr schnell, wie man mit einem Griffel auf der Schiefertafel so schreibt, daß es nicht verwischt. Sehr schnell lernte er von links auf rechts um. Dieser Vorteil ermöglichte es ihm, eine saubere, gut leserliche Handschrift, die ihn innerhalb der vorgegebenen Zeilen zunächst die Buchstaben, dann die Silben und schließlich die Wörter niederschreiben ließ.

Sonntags war stets am Vormittag ein langer Spaziergang mit dem Vater ins Stadtzentrum angesagt. Dort an einem Kreisverkehr, wo sich Straßenbahnen trafen, gab es ein großes Aktualitätenkino, das aki. Von morgens bis abends lief das Filmprogramm kontinuierlich durch. Der Einlaß fand jederzeit statt, so daß eventuell das Ende des Hauptfilms zuerst angesehen wurde und im Anschluß daran der Anfang der Handlung verfolgt werden konnte. Vorher liefen noch jeweils Wochenschau und ein Kulturfilm. Martin war stets von Tarzan mit Lex Barker begeistert. Wenn auf dem Rückweg die lange Friedhofsmauer geschafft war, befand sich das von der Mutter vorbereitete Mittagessen in greifbarer Nähe.

Da Martin zu Schulbeginn ziemlich schmächtig war, wurde er ins Kinderheim nach St. Peter–Ording an die Nordsee verschickt. Eine „Tante" vom Roten Kreuz begleitete den Transport. Es war eine nette Stube mit Jungen verschiedenen Alters, die sich um Martin kümmerten. Jeden Tag wurde auf durch das Schilf gelegten Holzbohlen am Watt entlang spazierengegangen. Gelblich–braunes Wasser stand zwischen den Bohlen und quatschte zwischen ihnen. Es gab Möhrengemüse. Immer wieder. Es brauchte lange, bis er es daheim wieder essen mochte.

Ein Erlebnis, welches er mit seinen sechs Jahren hatte, drängte sich immer auf. Eines Abends schlichen die Jungs aus Martins Schlafsaal zu den Mädchen herüber. Martin wußte nicht genau warum, aber es versprach lustig zu werden, wenn die Mädchen kreischten. Er stand, weil er einer der Kleinsten war, im Hintergrund und konnte kaum einen Blick in das Zimmer der Mädchen werfen. Die

Heimleiterin tauchte plötzlich auf und alle Jungs eilten in ihre Zimmer. Martin hatte einen Schlappen verloren und mußte noch einmal auf den Flur. Da packte sie zu und ohrfeigte ihn. Den Eltern mußten die Kinder mithilfe der Betreuerinnen lobende Worte über die „schöne Zeit" im Heim schreiben.

Die Mutter hatte keine Freundschaft in der Nachbarschaft gefunden, erfüllte jedoch ihr häuslichen Pflichten. Das Abspülen mit kaltem Wasser behielt sie ihr Leben lang bei, man mußte schließlich sparen. Sie beklagte sich über die merkwürdig faltige Haut an den Fingern. Hatte er früher mit dem Fahrrad zur Arbeit fahren können, so mußte der Vater nun täglich mit öffentlichen Verkehrsmitteln fast drei Stunden hin– und zurückfahren. Dennoch hielt die Frau weiter an ihrer Fiktion der weiten Welt fest und richtete sich mit ihrer Familie nach drei Jahren in einer Neubauwohnung am Stadtrand ein. Von der großen weiten Welt war die kleine Welt in einer Stichstraße, die an einem Acker endete, übriggeblieben.

Der Junge registrierte zwar die starken Zerstörungen in der großen Stadt. Zu diesem Zeitpunkt wußte Martin noch nichts vom Zweiten Weltkrieg. Diese Zeit wurde von der Erwachsenengeneration totgeschwiegen. Weder Vater noch Mutter wollten mit dem Kind offen über das Geschehene sprechen, obwohl die Trümmer unübersehbar waren. Diese Zerstörungen kannte der Junge an seinem vorherigen Wohnort nicht. Immer wieder brach die Krankheit des Vaters hervor und die Enttäuschung darüber, daß der neue Arbeitsplatz in einem gnadenlosen Konkurrenzkampf unter den Mitarbeitern alle Kräfte erforderte, nicht aufzugeben, zermürbte ihn. Auch später in der weiterführenden Schule war die schreckliche Zeit der Diktatur und des Krieges kein Thema: Wiederaufbau und nach vorne schauen war das Motto. Der Vater verdiente gut und so gab es bald einen Kühlschrank, eine Musiktruhe mit einem Zehn–Plattenwechsler und dazu zehn der aktuellen Schelllackplatten, die der Vater mitbrachte und die jedes Wochenende durchliefen. „Die blauen Matrosen" dröhnten dabei ebenso wie der Fridericus–Rex–Grenadiermarsch aus der Truhe. 1957 wurde ein Fernsehschrank mit abschließbaren Klapptüren angeschafft. Er wurde zum Disziplinierungsinstrument, denn aufgeschlossen wurde nur bei einwandfreiem Betragen, das der Vater festlegte und natürlich guten Schulleistungen.

Nachmittags eilte Martin vor allem in Sommer in den Innenhof des Wohnblocks. Die Häuser waren in einem Karree angeordnet. Durch eine Toreinfahrt kam man von der Seitenstraße, dem Gürtel, in den Hof, in dem auch eine Schlosserei arbeitete. Die darüberliegende Wohnung wurde von der Mutter einer jungen Händlersfamilie bewohnt, die den Kolonialwarenladen an besagtem Gürtel betrieb. Martins Mutter kaufte dort ein und Martin besorgte dort ab und an für die ältere Frau in der Wohnung oberhalb der Schlosserei den Einkauf. Dafür erhielt er 20 Pfennig, die er in begehrte Süßigkeiten umsetzte, weil es diese von den Eltern aus Prinzip nicht gab.

Es war eine schöne Zeit, da vor allem die älteren Jungen im Hof immer etwas losmachten. Eines Tages holten sie Kleinholz von einem benachbarten Trümmergrundstück, schlichteten es auf, zündeten es an und sprangen mit aller Kraft über die Flammen. Bis der Hausmeister Lansdorf den erneuten Ärger bemerkte, loderten die Flammen bereits hoch empor. In seiner Wut nahm er eine herumstehende Kohlenschaufel und warf sie wie einen Speer nach den über das Feuer kreuz und quer springenden Jugendlichen. Er verfehlte nur um Haaresbreite den

Kopf von einem, der ihn schon öfters provoziert hatte. Nun wollte Martin zwar sehen, wie die Auseinandersetzung ausging, jedoch nahm ihn einer der älteren Jungs einfach auf seiner Schultern und trug ihn nach hause, da es schon Zeit für das Abendessen war. Es war üblich, daß die älteren Kinder der Familie, die über Martins Familie wohnten, für Martin schauten, denn er war immer der Jüngste im Hof.

Dem Haus gegenüber hatten Anwohner um einen Bombentrichter herum etliche Schrebergärten eingerichtet. Im Haus wohnte auch ein etwas älteres Mädchen, das mit Martin oftmals dorthin ging, um am Rand des Bombentrichters an der der Straße zugewandten Seite zu spielen. Aus Zweigen einiger wild wachsender, kleiner Bäume, baute sie mit ihm eine kleine Hütte. Es gefiel ihm. Seine Mutter lehnte Martins Kontakt mit dem Mädchen ab, denn die Mutter hatte das Mädchen unehelich bekommen. Und wer weiß, was die mit dem Jungen anstellte! Er litt unter der Kontaktsperre, drückte sich auf dem über ihrer Wohnung liegenden Balkon herum, wenn sie hochrief und ihn einlud. Er verstand das Ganze nicht, denn sie war doch sehr um seine Freundschaft bemüht. Einmal hatte er sie abgeholt und dabei in die Wohnung schauen können. Etwas ärmlich eingerichtet, natürlich. Aber das waren viele Menschen zu der Zeit.

Abends lief einmal die Woche im Fernsehen life Familie Schölermann, die erste deutsche Fernsehfamilie. Life deshalb, weil das Aufzeichnungsverfahren im Studio qualitativ noch nicht hochwertig entwickelt war. Eine hohe Anforderung an die Schauspieler, eine ganze Folge durchzuspielen. Das sogenannte Wirtschaftswunder verdeckte bei den meisten Menschen das schrecklich Erlebte und der Konsum wurde zum alles beherrschenden Lebensinhalt. Da bekannt war, daß aufgrund der Grundsatzkritik am Kapitalismus – unter anderem im Ahlener Programm der CDU – viele Menschen gewisse Sympathien mit dem DDR–System hegten, sollte die Amerikanisierung Deutschlands mit dem Arbeiten für Konsumgüter wie Auto oder Fernseher rasch vorangetrieben werden und es wurde buchstäblich eine Produktionsschlacht mit vollen Schaufenstern inszeniert: Man konnte sich wieder etwas „leisten". Ludwig Ehrhard propagierte „Wohlstand für alle", indem er den Unternehmen aufgab, lediglich moderaten Gewinn zu machen, zu reinvestieren und höhere Löhne zu zahlen. Die eigene Währung ermöglichte wirtschaftliche Stabilität und der Kurs ging auf Selbstversorgung des Landes mit gesunden Lebensmitteln, auch durch den Schutz der nationalen Landwirtschaft. Während der Kartoffelernte wurde beispielsweise eine sogenannte „Nahrungsmittelschleuse" installiert. Das hieß, keine Importe von Kartoffeln, so daß die Bauern für ihre Produkte die Höfe erhaltende, gute Preise erzielen konnten. Der Vater sparte längst auf ein eigenes Auto, welches Anfang der sechziger Jahre auch geliefert wurde.

Nur im Karneval, wie Martin ihn nun im Rheinland erlebte, flammten für seine Eltern die Schrecken des Krieges kurz auf. Verkleidungen der Kinder bestanden darin, entweder Räuber, Polizisten, Cowboys oder Indianer darzustellen. Ausgerüstet waren sie dabei mit Pistolen und Gewehren, die entweder mit Zündplättchen, oder bei den etwas älteren Kindern mit schreckschuß–ähnlicher Munition, ausgerüstet waren. Die Mutter hatte sich jedes Mal fürchterlich erschreckt, wenn auf der Straße die Knallerei losging. Sie begründete ihre Ablehnung des Spektakels auch, aber es tat dem karnevalistischen Treiben keinen

Abbruch. Martin trug voller Stolz einen breiten Gürtel mit Pistolentasche und entsprechendem Schießwerkzeug.

Krieg zu spielen war für die Generation der Eltern jedes Mal ein erneutes Wiedererleben der alten Schrecken und des Elends. Allerdings hatten sie für die Schrecken von Krieg, Gefangenschaft und dem Elend der Verschleppten – speziell im Osten – in die Kriegsgefangenschaft keine Sprache und so war ihr Schicksal von Einsamkeit einer verlorenen Zeit und der Angst ums Leben geprägt. Die nationalsozialistische Vergangenheit wurde nicht auf- und durchgearbeitet, sondern schlicht als Kollektivschuld den Menschen überstülpend angelastet. Sie hatten sich damals entweder aus Überzeugung in die sogenannte neue Zeit eingefügt oder verdrängt, daß sie belogen und betrogen wurden. Ohne das Vergangene zu leugnen, hätte es einen Neuanfang gebraucht, mit dem die mitmenschliche Haltung verbunden gewesen wäre, daß es bei jedem Krieg nur Verlierer gibt. Es gibt keine „humanitäre Intervention" oder gar einen „Krieg für Menschenrechte", womit die USA derzeit und zudem mit Kriegslügen vor allem die deutsche Bevölkerung jeweils auf ihre Seite zu ziehen versuchten und versuchen. Es gelingt auch deswegen oftmals, weil US–hörige deutsche Politiker zusammen mit willfährigen Medien einen Propagandateppich des Grauens verbreiten. Seit 1945, so erfährt Martin später, stehen die USA für etwa 20 Millionen Tote in den von ihnen ausgelösten Kriegen.

Rechtfertigungen

Mit der Umerziehung der deutschen Bevölkerung und der Unterstellung eines speziellen „German–Gens", das anfällig für den NS machte, sowie der so pauschalen wie historisch falschen Kriegschuldlüge war es leicht möglich, daß später – von der Studentenbewegung geschürt – die junge Generation ihre Eltern für ihre Vergangenheit im Dritten Reich ablehnen konnte. Wie konntet ihr nur Hitler wählen, warf auch Martin seinem Vater vor. Mit einer gnadenlosen Verständnislosigkeit begegnete die junge Generation Ende der sechziger Jahre ihren Vätern, die man schließlich zur Schlachtbank geführt hatte und die zwar den Krieg überlebt hatten, aber innerlich tief verwundete Seelen waren. Schuldgefühle, eine innere Leere oder aber geknickter Stolz vermischt mit Wut über die verlorenen Jahre und große Ängste vor der Zukunft, ließen die Väter oftmals stumm werden. Die Frontverläufe hatten bei Kriegsende dazu geführt, daß Familien auseinandergerissen wurden und die jungen Soldaten, wenn sie das Glück hatten, in westliche Kriegsgefangenschaft zu geraten, waren wie Martins Vater ohne Papiere und ohne Möglichkeit nach Hause zurückzukehren. Sie wurden in eine fremde, unbekannte Welt gerissen.

Später mußte sich auch Martin – wie viele andere – beschämt eingestehen, daß er verständnislos mit seinem Vater umgegangen war.[1] Längst war er in eine marxistische Organisation integriert und äußerte sich am Mittagstisch seinen Eltern gegenüber ganz im Sinne der marxistischen Schulungen. Die sozialistische Bewegung müsse gegenüber den bestehenden Verhältnissen destruktiv sein, um menschliche Verhältnisse aufbauen zu können. Mit solchen Phrasen aus der Studentenbewegung provozierte er gerne. Besonders, wenn der Vater immer mal wieder davon begann, wie wichtig es ihm doch gewesen sei, diese Beobachtung damals gemacht zu haben: Da lag ein Mitbürger zum Mittagsschläfchen auf einer Parkbank, die Brieftasche war ihm aus der Jacke gerutscht und ein zufällig vorbeigehender anderer Mitbürger schob sie ihm mitfühlend wieder in die Jacke zurück. Diese Ordnung hatte den Vater beeindruckt. Und dann hatte schließlich Hitler auch noch die Autobahn gebaut. Ja, als Transportwege in den Krieg, gab Martin zurück. Diese Gespräche endeten meist damit, daß der Vater von seinem Sohn als faschistoid tituliert wurde, wohingegen dieser den Sohn abfällig als Kommunisten ansprach und ihn dann aus dem Wohnzimmer warf.

Grundsätzlich hatte der Sohn kein Verständnis für die Gefühle des Vaters, den er als Ewiggestrigen, als Verharmloser des Holocaust oder anderes titulierte. Martin konnte nicht verstehen, was den Vater so fest am System des Nationalsozialismus hatte festhalten lassen, obwohl dieser doch immer betont habe, sein Elternhaus sei deutschnational gewesen und sein Vater habe als Vorsitzender des Roten Kreuzes den Nationalsozialismus immer abgelehnt. Zu verstehen, was einen Menschen innerlich zerbricht, was Krieg aus einem Menschen macht, das war Martin nicht nachvollziehbar, weil er die Geschichten, die der Vater aus dem Krieg erzählt hatte, nicht richtig deuten konnte. In Martins Elternhaus war, wie in vielen Millionen anderen Familien, der Krieg nach 1945 tabu. Seine Mutter konnte jedenfalls nicht über ihre Zeit im Bund Deutscher Mädel sprechen. Wurde sie danach gefragt, winkte sie einfach ab. Dabei mußte es doch gerade auch auf den Dörfern in den Organisationen des Dritten Reichs genau die gleiche Gewalt wie im Krieg gegeben haben. Ein ehemaliges, hochrangiges „Mädel" gestand Martin später, daß sie nach Hitlers Selbstmord mit diesem sogar beleidigt gewesen sei.

Der Krieg wirkte gefühlsmäßig in der Familie weiter und forderte auch in der nächsten Generation seine Opfer. Wer einen geliebten Menschen ablehnt, nimmt an der eigenen Seele Schaden. So hatte Martin lange Jahre später noch als Erwachsener an sich abgelehnt und versteckt, was er an positiven Einstellungen von seinem Vater gelernt hatte: Ehrlichkeit, Geradlinigkeit, nicht käuflich zu sein und eine unbedingte Zuverlässigkeit in der Freundschaft.

Mit alledem war Martin in der Zwickmühle, bemühte er sich doch als zuverlässiger Genosse in seiner sozialistischen Studentenorganisation darum, dazugehören zu wollen. Nicht sein zu wollen wie der Vater und doch dazuzugehören, genauso wie der Vater damals etwas begann zu bejahen, was er doch nicht vollends unterstützen wollte. So vertrat Martin vor sich selbst und anderen gegenüber die „reine“, marxistische Lehre, fühlte sich darob überlegen, wobei er das sowjetische System genauso ablehnte wie das chinesische. Damit vertrat er im Grunde genommen Diktatur und Unterdrückung anderer genauso wie es der Vater, ohne es wirklich zu wollen, unterstützt hatte. Die emotionale Versöhnung des Sohnes mit dem Vater in verständnisvollem Umgang mit der Last des Erlebten hätte als Neuaufbau und Aufarbeitung nationalsozialistischer Vergangenheit statt Klassenkampf in einer mitmenschlichen Haltung liegen können.

Rückblenden – Die Hitze des Anfangs

In der einen Hand einen Stapel Schnittchen und im anderen Arm hielt er Sibylle. So stand Martin länger im Flur zum Partykeller. Schließlich war der Keller bei Matthias halbdunkel, die Rockmusik laut und Martin wußte zunächst und auch später nicht mehr mit ihr anzufangen als auf den Matratzen sitzend mit ihr herumzuknutschen – was ihr nach einiger Zeit wohl zuviel wurde. Reichlich ungeübt, war es der allererste Versuch mit dem weiblichen Mysterium. So empfand er es. Schließlich hatte er es gewagt, sie auf der Straße vor ihrer Schule verlegen anzusprechen, ob sie mit ihm auf eine Party gehen würde. Es war klar, daß sie oder auch andere Mädchen der gymnasialen Oberstufe Klasse 11 nur dann kommen würden, wenn es keinen Alkohol gab. Cola und Limo waren angesagt. Geraucht wurde im Keller übrigens auch nicht. Martin war im Mädchengymnasium kein Unbekannter, sollte er mit zwei Freunden schließlich auf einem Schulfest am Ende dafür sorgen, daß niemand in den oberen Stockwerken herumgeistert. Da waren sie streng. Jeder hatte einen langen, weißen Arbeitskittel an, der hinten mit „Citybouncer" beschriftet war. Das machte etwas her, das bedeutete Autorität. Wie man auf so einer Fête etwas mit Mädchen anfängt und wie lange Mann das durchhält, das Knutschen (und gegebenenfalls auch das Fummeln), das hatte Martin in einem Oswald Kolle–Film gesehen. Nach dem Abend bei Matthias im Keller allerdings wollte Sibylle keine weitere Verabredung mehr. Gesprochen mit ihm hatte sie darüber mit keiner Silbe.

Martins Mutter war eine sparsame, karge Frau. Die Kriegsgeneration eben. Sie hatte eine alte Singer–Nähmasche mit Fußantrieb, der wie eine Wippe auf– und niederbewegt werden mußte. Aus drei alten, abgewetzten Jeans nähte sie ihm einfach eine neue. Dabei war er so stolz, als er mit der Hose mehrfach in die Badewanne stieg, um sie etwas abgewetzter aussehen zu lassen. Es sollte schließlich nicht bieder aussehen. Mit dieser von der Mutter gefertigten Hose erschien Martin in der Schule. So ein Saurierhöschen, belustigten sich seine Mitschüler. Die Oberschenkel hatten seitlich jeweils eine leicht flügelartige Ausstülpung. Martin bestand in der Folge darauf, seine Sonntagsstoffhose in die Schule anzuziehen. Seine Mutter war beleidigt, wo sie sich doch solche – allerdings ungefragte – Mühe gegeben hatte!

Anfänge politischen Erwachens

In Martins Elternhaus war der 2. Weltkrieg eigentlich ein Tabuthema. In seiner Jugendgruppe der Evangelischen Jugend führten die Gruppenleiter ab und an engagierte Filme wie etwa „Die Brücke" vor. Was die Jungen nicht wußten: Bei der Uraufführung des Filmes 1959 in Wiesbaden gab es Proteste von Kriegsveteranen. Eine Szene im Film hatte sie erzürnt: Ein Ritterkreuzträger türmt nicht!

Bernhard Wickis Credo, um Filme zu machen, bestand vor allem darin: „Ich habe immer versucht, nicht Theorien und Leitsätze zu verkaufen, sondern Leben, weil ich glaube, dass das der einzige Weg ist, an Menschen heranzukommen, wenn sie sich in einem Stück Leben wiedererkennen." Über die Wirkung dieses Antikriegsfilmes beschrieb er: „Film kann die Welt nicht verändern oder verbessern, er kann aber Stimmung schaffen." Und es ging um die bewußte Auseinandersetzung mit einem Stück deutscher Vergangenheit, die gerne verdrängt bzw. beschönigt wurde. Es war vor allem der Mißbrauch jugendlicher Ideale, um diese im Film gezeigten jungen Menschen zu einem bereitwilligen Kanonenfutter für geostrategische Kriegsziele zu bewegen. Das hatte den Regisseur motiviert, diesen Film zu machen.

„Zuerst wollte ich diesen Stoff nicht machen, denn der Roman von Manfred Gregor ist ja ein hohes Lied auf deutsche Tapferkeit. Er hat die Geschichte von der Brücke selber erlebt und er setzt in dem Roman seinen Freunden, die damals gefallen sind, ein Denkmal. Im Roman 'Die Brücke' ist es so, daß die Jungs von einem General an diese Brücke gestellt werden, und er sagt den Jungs: 'Wenn ihr diese Brücke haltet, habe ich die Möglichkeit, einen großen Teil meiner Division zurückzubringen und vor Gefangenschaft zu retten.' Und diese Jungs verlieren dabei ihr Leben. Bei mir ist es ganz anders: Sie sterben, weil sie einfach so erzogen worden sind. Sie verteidigen diese Brücke, weil es auch ihr Kinderspielplatz ist. Da sind sie aufgewachsen. Das ist eine ganz andere Weichenstellung. Ich konnte den Film nur als Antikriegsfilm machen, indem ich wesentliche Teile nicht in der Handlung, sondern in der Haltung verändert habe."[2]

Was Martin nicht wissen konnte: Jahre später kam die Zeit, deutsche Soldaten als Kanonenfutter für die Angriffsarmee einer US–NATO zu instrumentalisieren. Nach Umwandlung der Verteidigungsarmee Bundeswehr (der Name blieb) in eine Söldnerarmee und Werbung für die Kriegseinsätze im Interesse der USA, auch in Schulen, wurde Deutschland – auch über die massenmediale Bearbeitung der Jugend – Stück für Stück versucht, in eine Kriegsbreitschaft – wieder gegen Osten – zu manipulieren. Die Ergebnisse diverser Kriegslügen der USA, die zu Millionen Toter (Vietnam, Jugoslawien, Afghanistan, Irak, Libyen) und zerstörten, auch uranverseuchten, Ländern geführt hatten, wurden medial aufbereitet zum „Kollateralschaden" erklärt, die illegalen Kriege auch mit deutscher Unterstützung weiter durchgeführt. Die Kriegsverbrechen der USA, wie etwa extralegale Tötungen durch Drohnen, die ganze Dörfer in Schutt und Asche legen, wurden und werden nicht verfolgt.

Nachdem Frankreich in Indochina gescheitert war, übernahm Amerika das Abschlachten der Menschen, die nicht länger kolonialisiert sein wollten und opferte dafür zehntausende seiner eigenen jungen Generation. Allabendlich flimmerten in der Tageschau die Schreckensbilder aus Vietnam ins Wohnzimmer. Martin sah sie täglich sprachlos und zugleich wütend an. Es beschäftigten ihn auch die wachsenden Studentenproteste gegen den Schahbesuch und die damit verbundene Ermordung von Benno Ohnesorg im Juni 1967. Der Todessschütze, ein West–Berliner Polizist namens Kurras, ein Stasi–Mann ohne Auftrag, ging straffrei aus.

Martin hatte sich von Anfang an der Studentenbewegung verbunden gefühlt und die Proteste an der Berliner Universität imponierten ihm. Bereits zu Schulzeiten schwärmte Martin für Rudi Dutschke, den SDS (Sozialistischen Deutschen Studentenbund), aber auch für die CDU. Einer seiner Geschichtslehrer machte einen „fortschrittlichen" Unterricht, diskutierte mit ihnen aktuelle Fragen, verdeutlichte jedoch, daß er für die CDU eintrete. Das durfte er als Lehrer eigentlich nicht in den Unterricht einbringen, aber wenn es um die „etablierten" Parteien – also die, die sogenannten Eliten bildeten und den Bürgern vorschrieben, wie die Welt zu sehen ist – ging, war offensichtlich jedes Mittel recht. Da konnte gar nicht früh genug angefangen werden, Einfluß zu nehmen. Das war schon immer so? Und die Deutungshoheit über die Welt hatten trotz Vietnam schließlich die USA. Wehe, das stellte jemand in Frage. Der Blätterwald zeigte ein eindeutiges Bekenntnis zur unverbrüchlichen „transatlantischen Partnerschaft". Allerdings war das Weltbild in der Schülerschaft dennoch stark geprägt vom Vietnamkrieg, dessen Grauen täglich in der Tagesschau zu sehen war. Die bekannt–barbarische Kriegsführung der USA stieß weite Teile der jungen Generation schon damals ab.

Martins erster Sitzstreik auf dem Schulhof wurde auf einem Zeitungsbild festgehalten. Die Notstandsgesetze 1968 bewirkten seine ersten Demonstrationserfahrungen, indem er und andere Schüler statt Unterricht einen Zug durch die Stadt bevölkerten. Die Schulleitung konnte nicht anders, als einigen Studenten aus Köln die Möglichkeit zu geben, mit ihnen diese die Freiheit beschneidende Gesetzgebung zu diskutieren. So ganz verstanden hatten die Jugendlichen die Brisanz der Sache nicht, aber das machte auch nichts. Sie spürten die zunehmende Sorge in der Bevölkerung, daß die Notstandsgesetze ein neues Ermächtigungsgesetz bedeuten konnten. Nicht nur Gewerkschaften und ein Kuratorium „Notstand der Demokratie", aber auch vor allem die westdeutsche Studentenbewegung mit dem Sozialistischen Deutschen sowie dem Liberalen Studentenbund und dem Sozialdemokratischen Hochschulbund, opponierten als Außerparlamentarische Opposition (APO) gegen Pläne, die auf parlamentarische Weise nicht zu verhindern waren.

In Bonn wurde demonstriert: „Laßt das Grundgesetz in Ruh – SPD und CDU...". Was die CDU von Demokratie hielt, machte sie überdeutlich *„Halten Sie Ihre Türen geschlossen, wenn die Demonstranten zu Diskussionen in Ihre Wohnungen eindringen wollen"*, hatte die örtliche CDU die Bevölkerung in Hauswurfsendungen ermahnt.

Im Bonner Hofgarten sprach der Schriftsteller und Literaturnobelpreisträger Heinrich Böll vor etwa 60 000 besorgten Bürgern.

„Als Person aufgrund meiner Erfahrungen mit verschiedenen Notständen der deutschen Geschichte bin ich der Überzeugung, daß Notstände – was hier bedeutet Krieg oder Bürgerkrieg – durch Gesetze nicht zu regeln sind. Das Bösartige an dieser Gesetzesvorlage ist außerdem, daß ihre letzte Fassung bis vor wenigen Tagen fast geheimgehalten, daß die Öffentlichkeit fast gar nicht informiert wurde. (Beifall.) Das Gesetz erscheint den meisten Bürgern dieses Staates als eine Art Verkehrsregelung bei Naturkatastrophen (Beifall.), während es in Wahrheit fast alle Vollmachten für eine fast totale Mobilmachung enthält."[3] Erinnert das nicht fatal an das aktuelle, geheime Vorgehen der Politik hinter dem Rücken der Bürger in den Fällen von TTIP/CETA?

Als Martin zum ersten Mal wählen durfte, kreuzte er die CDU an. Gleichzeitig war Martin weiterhin vom Protest der Studenten angetan und fand Rudi Dutschke einfach immer noch stark. Zu der Zeit – Ende der sechziger Jahre – gab es zudem eine Reihe an schulkritischen Magazinbeiträgen, die von den Schülern begierig gelesen wurden. Etwa die allmonatliche Verleihung des Goldenen Schlagringes. Er war leider nicht darunter: Der stellvertretende Direktor am Gymnasium, das Martin besuchte, war für seine donnernden Ohrfeigen bekannt. Da flog ein Schüler durchaus schon einmal über Bänke hinweg.

In der Theater–AG hatte Martin einmal im Stück „Die Physiker" den Inspektor gegeben. Der Schulleiter hatte vor Beginn der Aufführung, damit die Darsteller nicht so aufgeregt waren, jedem ein Glas Rotwein zugestanden. Martin war der Wein schnell zu Kopf gestiegen. Und so kam es zur amüsanten Wendung einer dramatischen Stelle: Möbius, einer der Wissenschaftler wollte verhaftet werden. Worauf „Inspektor" Martin weinbeseelt antwortete: Aber wozu denn, mein lieber Möbius. Das Auditorium lachte. Der Schulleiter wollte daraufhin beim nächsten Mal keinen Wein mehr ausgeben.

In der evangelischen Jugendgruppe seiner Gemeinde hatte Martin schon gewisse Schritte des Widerspruchs geprobt. Der Pfarrer mußte mit der Bereitstellung eines Gruppenraumes schließlich einlenken, nachdem die Jugendlichen jede Menge Theater gemacht hatten. Mit dort gezeigten Filmen, wie „Die Brücke", „1984", „Farm der Tiere" und „Rosen für den Staatsanwalt", hatten die Jugendlichen andere Aspekte der Geschichte kennengelernt, als sie von Elternhaus oder Schule vermittelt worden waren. In der Schule waren hingegen das Dritte Reich und der Krieg weiterhin tabu. Die Jungen hatten bei einem Lehrer, der aus Ostpreußen kam, Sport und Geschichte. Diesem Lehrer wurde unterstellt, er habe eine NS–Vergangenheit, denn er war eben im Sportunterricht so „zackig". Zudem hatten die Schüler in der Abi–Zeitung den Lehrer über die Farbe des Turnanzuges mit einer Nazivergangenheit in Verbindung gebracht, was diesen sehr kränkte. Der Geschichtslehrer, dessen Unterricht mit dem Ersten Weltkrieg endete, „beichtete" Jahre später einem Schüler bei einem Klassentreffen von Ehemaligen den tieferen Grund: Mit Tränen in den Augen berichtete der mittlerweile pensionierte Lehrer auf die Frage Martins, warum er den Zweiten Weltkrieg im Unterricht nicht behandelt habe, daß er damals Deutschnationaler gewesen sei und deshalb Berufsverbot hatte. Er konnte seine Lehrerausbildung nicht fertig machen und sie erst nach dem Krieg beenden. Das hatte Martin tief beschämt,

Manuela

Die roten, glatten Haare und die süße Stupsnase waren ihm gleich sympathisch. Martin war ansonsten, was Mädchen anging, trotz einiger Versuche, eher schüchtern. Quasi der Typ, dem Mütter gerne ihre Tochter einen Tanzabend lang anvertrauten und die er auch stets versprochenermaßen gerne nach Hause brachte. Getanzt hatten sie jedoch mit anderen, nicht mit ihm. Mehr als der zuverlässige Chauffeur für ihre Heimfahrt auf dem Sozius seines Kleinkraftrades zu sein lief leider eher nicht.

Oftmals trafen sich Jungen und Mädchen an einem Büdchen vor dem Jungengymnasium, das jede Menge Süßigkeiten vorhielt. Die „Gefüllten", oben und unten Zartbitter– oder Vollmilchschokolade und dazwischen eine Füllung mit Kokosflocken in fester Schokoladenpaste: Eine Köstlichkeit für 10 Pfennig, jedes Stück aus der Rippe einer großen Tafel. Auch das Angebot, mit der Angebeteten großherzig ein Hanuta zu teilen, war als der Versuch einer Annäherung zu werten. Lehnte die Holde ab, konnte die vorgesehene Hälfte ebenfalls souverän verspeist werden. Eben: Immer locker bleiben.

Im Jahr vor dem Abitur hatte sich Martin anläßlich einer Schulfeier mit Manuela angefreundet. Sie ging auf das Mädchengymnasium und war ein Jahr jünger als er. Zudem hatte Martin auf Betreiben seiner Mutter ein Moped bekommen. 5,6 PS stark, Kreidler Florett. Die Mädchen aus Manuelas Klasse sahen dann meist aus dem Fenster, wenn er mit vom Winde verwehten, halblangen Haaren vorknatterte. Da gingen Fenster auf, das war interessant. Einen Helm trug man damals aus Prinzip nicht, war auch nicht verlangt und die verwehten Haare brachten Punkte für Verwegenheit. Nicht so wie James Dean, aber so ähnlich, dachten sich die Jungen. Jungen– und Mädchengymnasium waren in zwei getrennten Gebäuden in etwa 300 Metern Abstand untergebracht. Die Jungen hatten im Mädchengebäude Hausverbot, war wohl zu gefährlich. Deshalb vollzog sich der Prozeß einer Annäherung oftmals in Etappen.

Auf der Jungenseite lag kurz vor der Kurve am Stadtpark besagtes Büdchen. Dort konnte man sich treffen und in der Oberstufenzeit kamen auch einige Mädchen „unverbindlich" dorthin. Die Röcke waren halblang und manchmal modisch, die Mäntel oder Jacken je nach Saison passend. Manuela hatte er auf einem Schulfest im Mädchengymnasium kennengelernt und es war der erste Versuch, sich einem Mädchen etwas anzunähern. Ihre rotbraunen Haare wusch sie mit einem Teershampoo gegen Schuppen. Bis heute steht Martin der Geruch in der Nase. Ihre Eltern hatten im Nachbarstadtteil ein eigenes Haus und Einzelkind Manuela bewohnte im ersten Stock ihr Mädchenzimmer. Dort besuchte Martin sie zunächst immer öfter und ihre Mutter brachte beiden Tee und Gebäck in selbiges Zimmer. Dabei überraschte sie die Jugendlichen beim Schmusen. Ab dem nächsten Besuch mußte Martin Manuela auf Anweisung ihres Vaters im Wohnzimmer unter seiner Aufsicht treffen. Fortan lud Martin sie folglich zu sich nach Hause ein, was auch nicht der Hit war. Seine Mutter schickte seine jüngere Schwester immer mal wieder unter einem Vorwand in sein Zimmer. Sie nannten Manuela „die Bauchkrabblerin". Auch hier konnten sie nicht ungestört zusammensein. Sie fühlten sich buchstäblich verfolgt.

An Weihnachten erhielt er von Manuela seinen ersten Liebesbrief.

„Mein lieber Martin,

hiermit sende ich Dir die herzlichsten Grüße zum Weihnachtsfest. Ich werde sehr oft an Dich denken und hoffe, daß auch Du an mich denken wirst. Übrigens: Du willst doch immer, daß ich Dir von meinen Komplexen rede. Du bist der erste Junge, der mir wirklich etwas bedeutet. Vor Dir habe ich noch keinen gehabt, mit dem ich „gegangen" bin (außer Bekanntschaften). Mit denen konnte ich mich nie ausreden. Das ist etwas Neues für mich, das Miteinander aussprechen. Du mußt viel Geduld mit mir haben, aber ich glaube, das hast Du auch. Und merke eins: Wenn ich auch so tue, als wenn bei mir alles egal wäre, es nicht egal, was in Verbindung mit Dir besteht

denn ich liebe Dich Deine Manuela"

Er schwelgte in höheren Sphären. Seinen ersten Wangenkuß hatte er von der hübschen Theresa, der Freundin seines Schulkollegen Matthias, bekommen. Der spielte Schlagzeug, hatte einen echten Schlag bei den Mädchen, konnte sich aber nicht so recht festlegen. Mit ihm war er quasi als „Anstandswauwau" auf seinem Moped in den Nachbarort zu ihren Eltern gefahren. Der Kuchen war köstlich. So etwas mit Pfirsichen und Sahne, das gab es bei seiner sparsamen Mutter nicht. Nur die Kinder nicht verwöhnen, ein sogenannter Abgerührter mußte reichen. Er überlegte, ob er sich an der Stelle auf seiner Wange eine Zeit nicht waschen sollte, verwarf das aber als zu albern. Als der Karneval in Köln näher heranrückte, besuchte er mit Manuela das Café „Oma Plüsch". Bei dem Karnevalslied „Ein Besuch im Zoo" tauschten sie Zärtlichkeiten aus. Ihre Haare rochen wieder intensiv nach Teerschampoo. Auf seiner Jacke hielten sich einige ihrer Haare. Das jedoch tat der Knutscherei keinen Abbruch. Er merkte, daß er bei ihr gut ankam. Und vom Küssen bekam man keine Kinder, soweit war er schon.

Ihre Begegnungen bestanden also hauptsächlich im Austausch von Zärtlichkeiten und sein Umzug nach Bonn zum Studium rückte immer näher. Darüber war Manuela jedoch beunruhigt. Eines nachmittags trafen sie sich, wie immer, bei ihm in seinem Zimmer. Sie eröffnete ihm, daß sie jemanden kennengelernt habe, der ihren Ehevorstellungen mehr entsprach als Martin. Er war von ihren Heiratsvorstellungen mehr als überrascht. Seitdem hat er sie nie wieder gesehen. Später erfuhr er, daß sie seine Mutter nach vielen Jahren angerufen hatte. Seine Mutter hatte sie, ohne mit ihm zu sprechen, am Telefon abgewimmelt und ihr bedeutet, daß Martin längst vergeben sei. Manuela hatte zwischenzeitlich einen Beruf erlernt, drei Kinder großgezogen und war geschieden. Was für eine Schande, befand seine Mutter.

Aufbruch zu neuen Ufern

Der Auszug im Herbst 1970 von zu Hause vollzog sich etappenweise. Der Wagen von Martins Vater, die berühmte Badewanne von Ford, wurde dazu mit zwei Bücherkartons, einem Regal, einer Stereoanlage, einem kleinen SW–Fernseher und einem Karton voller Schallplatten gefüllt. Zwischen Abitur und Studienbeginn hatte Martin bei Agfa in der Verpackung gejobbt und sich so ein Zusatzgeld verdient. Den kleinen Fernseher hatte er sich davon u.a. deswegen gekauft, weil sein Vater traditionell festlegte, welche Sendungen gesehen wurden. Über viele Monate schleppte er den Fernseher stets am Wochenende in Zug und Bus mit nach hause.

Mit dieser Ausstattung suchte Martin in Bonn ein Studentenzimmer. Das Geld für Essen und Miete wurde vom Vater so knapp berechnet, daß er freitags nach Seminarschluß nach Hause fahren mußte. Durch im Laufe der Semester mittels Jobs erlangter finanzieller Spielräume konnte Martin diesen Druck mildern. Natürlich hätte er auch weiter zuhause wohnen und in Köln studieren können. Jedoch war er der Ansicht, daß etwas Distanz speziell zu seiner Mutter ihm guttun könnte.

Die studentische Zimmervermittlung gab ihm vier Adressen, die er der Reihe nach aufsuchte. Bei seiner ersten Adresse gehörte die Wohnung einer älteren Dame, die die Zimmer einzeln an Studenten vermietete. Ausgestattet waren die Zimmer mit alten Möbeln (vermutlich Vorkriegsinventar) sowie einer Schüssel und einer Kanne voll Wasser, die beide auf einer Kommode mit einem Spiegel, der dreigeteilt war und dessen beide äußeren, kleineren Teile anklappbar waren, standen. Damenbesuch war nicht erlaubt. Erinnere ihn sehr an die Feuerzangenbowle, bemerkte Martin in sich hinein. Nach 22 Uhr überhaupt kein

Besuch mehr, knarzte die Dame. Bei seiner zweiten Adresse erlebte er dasselbe. Nun hatte er zwei Adressen, bei denen kein Damenbesuch erlaubt war. Das Studentenleben hatte er sich allerdings anders vorgestellt. Leicht niedergeschlagen fuhr er zur dritten Adresse.

Es begann leicht zu regnen. Der Weg schlängelte sich zwischen verschiedenartigen Bäumen, von deren Blättern Wasser tropfte, bergauf. Er bemerkte, daß es an einer Friedhofsmauer entlang ging. Über die Mauer des Friedhofs ragten düstere Engel empor. In Martin kam leicht depressive Stimmung auf. Der Eingang zu seiner dritten Adresse lag gegenüber einer solchen Engelsgestalt. Die Umgebung wirkte kühl und feucht. So verzichtete er auf das Klingeln, setzte sich in das Auto und fuhr zu seiner letzten Adresse.

Das Zimmer befand sich im dritten Stock eines Hauses in einer Seitenstraße, die von einer lauten Hauptverkehrsstraße mit Straßenbahn abging. Jedoch hatte die Eigentümerin glücklicherweise kein Problem mit irgendwelchem Damenbesuch. Die beiden oberen Stockwerke waren an Studenten vermietet und mit älteren Holzmöbeln sowie einer Ofenheizung ausgestattet. Auf der obersten, später von Martin gemeinsam mit zwei Studenten bewohnten Etage, gab es ein Waschbecken mit fließend kaltem Wasser auf dem Flur. Drei Personen, drei Zimmer – Strom inklusive. Es waren die ersehnten sturmfreien Buden. Eine Toilette mit oben offenen Spülkasten und Kette zum Abziehen gab es eine Etage tiefer und sie war für sechs Personen vorgesehen. Die Wasserspülung hörte man durchs halbe Haus. Die Stromleitungen hatten teilweise an der Verteilerdose keine Isolierung, sondern waren vielmehr in eine Kontaktdose gesteckt. Belastbar schien die Leitungen nicht zu sein. Eine Wahrnehmung, die sich im Laufe der

Zeit als richtig herausstellen sollte. Spätestens dann, als die drei Bewohner daran gingen, einen Kühlschrank anzuschließen, war die Grenze der Belastbarkeit erreicht. Die Leistung reichte allerdings für drei Stereoanlagen und eine mittelmäßige Beleuchtung. Damenbesuch wurde in der Regel mit einem Großeinsatz an Eierkohlen oder Briketts vorbereitet, so daß der Ofen buchstäblich glühte.

Martins Mutter hatte ihm eine kleine Herdplatte mitgegeben, auf der er sich in einem Stieltopf Ravioli zubereiten konnte. Überhaupt wollte die Mutter sein vom Vater sparsam gewährtes Budget entlasten und gab ihrem Jungen jedesmal, wenn er sonntags zurück nach Bonn fuhr, einen großen Beutel, gefüllt mit Aldi „Bremsklötzen", sprich Camembert in Dosen, besagten Ravioli, diversen Eintöpfen ebenfalls in Dosen und Dosenwurst mit.

Kollezeit – Das Erwachen des Mannes

Martins Vater war, was Kleidung anging, ein ziemlicher Knauser. Eines samstags öffnete er seine Spendierhosen und gab Martin 50 Mark, damit dieser sich in der Hosenzentrale der Stadt ein Hemd kaufen sollte. Ein modisches Hemd von Pierre Cardin in schön gemusterten Blautönen hatte es ihm angetan und so kaufte er es. Zusammen mit seiner Jeans und den Boots aus Wildleder erhoffte er sich, in der Disko einen Stich zu machen. Der Vater erwartete Wechselgeld, hielt erwartungsvoll die Hand auf, in die Martin eine Mark fallen ließ. Der Vater war sprachlos: 49 Mark für ein Hemd! Unter Martins Kumpels war es dann das geflügelte Wort: Er wieder in seinem 49–Mark–Hemd. In der Disko mit Freund Rolf wurde Martin von einer Perle namens Julia angetanzt. Sie lud ihn ein, mit ihr und einigen Freunden in eine Villa am Rhein Richtung Königswinter zu fahren. Warum nicht?

Rolf willigte ein, Martins Eltern am nächsten Morgen anzurufen und die aushäusig verbrachte Nacht zu erklären. In der Villa war es, mit Verlaub gesagt, „arschkalt". Martin machte beim Sex dazu verlegen einige Witze wie: In einem so kalten Saal spielt es sich nicht so toll. Julia nahm es cool. Irgendwann im Halbdunkel ging die Tür auf und ein etwa 10–jähriger Junge mit langen, wuscheligen Haaren schaute herein. Es war der Sohn eines der in der Villa Mitfeiernden. Ach, ihr seid beim Bumsen, merkte er an und verschwand.

Am Morgen beim Frühstück erblickte Martin die restlichen Mitschläfer im Haus. Sie waren offensichtlich wesentlich älter als er, so wie auch diese Julia. Martin wurde von ihnen bis fast vor die Türe nach Hause mitgenommen. Rolf hatte vergessen Martins Eltern anzurufen. Insofern waren die Eltern bei Martins vormittäglicher Heimkehr in heller Aufregung. Martin mußte erst einmal ins Bett, um sich etwas auszuruhen. Die Mutter wollte es wieder ganz genau wissen. Also versetzte Martin sie in einen etwas höheren Aufregungszustand: Ja, er habe Sex gehabt. Die Mutter hielt sich am Türrahmen fest, einer gespielten (?) Ohnmacht nahe. Martin doppelte nach: Mit einer verheirateten Frau. Sex mit einer verheirateten Frau, wiederholte die Mutter und ging am Türrahmen fast zu Boden. Sie wankte nach vorne zum Vater ins Wohnzimmer, um ihm die furchtbare Mär zu berichten. Der Vater grollte seinem Sohn eine Woche lang und sprach mit ihm kein Wort.

Martin hatte das nächtliche Erlebnis und seine Wirkung genossen, hatte er doch in der Anfangszeit in Bonn jedes nette Wort einer Frau gleich als Einladung zu Grundsätzlichem angesehen. Da galt es zu differenzieren. Oswalt Kolles pseudo–dokumentarischer Film vom Jahr vorher war doch kein so guter Ratgeber gewesen. Ja, es war der Film „Dein Mann, das unbekannte Wesen". Das Filmplakat hatte einen aufgeklebten Streifen unten, auf dem stand: „Mit dem 7–Minuten–Orgasmus" – was für eine unüberwindbar erscheinende Aufgabe lag vor Martin! Das wollen Frauen? Martin bemühte sich, beim nächsten Betterlebnis an Eisberge zu denken – war auch nicht das Wahre. Also ließ er sich lieber doch treiben, war für beide auch gesünder. Zumal er sich endlich dazu durchgerungen hatte, nicht mehr Vaters abgetragene Unterhosen anzuziehen, die ihm seine Mutter immer am Wochenende für die nächste Woche in Bonn frisch gewaschen eingepackt hatte. Die Mädchen schauten anfangs immer so seltsam auf diese Hosen, bis eines Martin darauf aufmerksam machte, wie merkwürdig und unattraktiv er aussah. Dabei machte er eigentlich eine gute, schlanke Figur – es wirkte, als wolle seine Mutter ihn absichtlich klein und als sexuelles Neutrum halten. Gell, mein Junge, du bleibst immer bei deiner dich liebenden Mutter, versprichst du mir das? Du brauchst doch ansonsten niemanden, außer deiner Mutter! Ihn schauderte.

Sexuelle Überflieger

Überhaupt Oswalt Kolle: Spießig galt ihm eheliche Treue. Als etwas, „das man von einem Hund verlangen kann, aber nicht von einem Mann", wurde er in einem Interview zitiert. Die Journalistin referierte aus einer „Homestory" über Kolle weiter: „Im Hause Kolle lebten damals übrigens auch ‚ein Mädchen und eine Sekretärin'", schrieb sie, „‚und damit der Haushalt sich nicht unerwartet vergrößern kann, müssen beide Angestellte allmorgendlich unter Kolles Aufsicht Anti–Baby–Pillen zu sich nehmen.' Irre Zeiten müssen das gewesen sein, der coole Kolle muss sich für einen Gott gehalten haben." Davon wußte Martin nichts, aber „cool" über den Dingen stehen und mit Mädchen Sex haben, das gefiel ihm schon. Eine Ehe, wie die seiner Eltern, in der die Prüderie und Doppelmoral klebrig zu Hause waren, wollte er auf keinen Fall. Zwar sehnte er sich nach einem treuen Kameraden und fand ihn in einer Reihe Mädchen auch, die ebenfalls Sehnsüchte hatten. Aber jedesmal, wenn es enger wurde, befielen ihn diese Gummibandgefühle und er schreckte zurück, brach ab und ließ jede Menge gebrochener Herzen zurück. Er verstand sich nicht, denn ihm war nicht bewußt, wie im Elternhaus die Mutter und seine sechs Jahre jüngere Schwester bei der Ausbildung seines Gefühlslebens gewirkt hatten.

Oberflächlich gesehen war der allmächtige Vater das Oberhaupt der Familie. In den Feinstrukturen zeigte sich jedoch, daß es der Mutter mit der Zeit gelungen war, nicht nur die Geschwister gegeneinander auszuspielen. Mutters Ablehnung des Sexuellen, von Zärtlichem überhaupt, war verbunden mit der Ablehnung und Ausgrenzung des Mannes. Und Martin war nun mal ein Junge. Sein Vater kaufte jede Woche die Zeitschrift „Wochenend", die mit dem nackten Mädchen vorne drauf. Und er las auch die Bildzeitung, manchmal auch die Nationalzeitung – nach den Kriegserlebnissen und als ein studierter Mann!?

Merkwürdigerweise schaute Martin in den elterlichen Kleiderschrank, als die Eltern eines samstags zur „Nachmittagsspazierfahrt" wegfuhren. Er fand unten im Schrank ein Buch mit Bildern über Brustformen von Frauen in verschiedenen Ländern sowie Hefte mit Pin Up–Mädchen. Die Mutter redete sich damit heraus, daß es Leihgaben vom Onkel Alois seien. Der hatte eine kleine Dorfbäckerei in Franken und eine Frau so hart wie Martins Mutter. Das konnte schlecht sein, oder etwa doch nicht?

Von den samstäglichen Ausflügen brachten die Eltern jedesmal eine Single–Schallplatte mit. Irgend so einen nichtssagenden Schlager. Später, als großer Jugendlicher, fuhr Martin mit Schulfreunden am Wandertag nach Köln und so fiel ihnen ein Pornokino am Ring auf. Als Eintritt kaufte man eine Schallplatte. Das also waren die elterlichen Ausflüge. Die Jungen waren zwar noch nicht 18 Jahre alt, jedoch erregte ein anderes Kino in einer Seitenstraße eher ihre Aufmerksamkeit. Martin als der Größte mußte sich zum Kauf von Eintrittskarten ganz tief herunterbücken. Das ging als 18–jährig durch. Es war ein richtiges Schmuddelkino, aber die Jungen bekamen etwas für ihr Geld zu sehen. So vermischte sich die Filmphantasiewelt eines Oswalt Kolle mit der Prüderie zuhause und den Sehnsüchten nach Geborgenheit zu einer sexualisierten Traumwelt, in der Martin hin– und hergerissen war zwischen ehelichem Moraldiktat und bindungsbefreitem „Du mußt".

Ein Kleeblatt entsteht

Manfred zog am gleichen Tag in der oberen Etage ein wie Martin. Vervollständigt wurde das Kleeblatt durch Walter. Am ersten Abend, kurz vor Beginn des ersten Semesters, gingen Martin und Manfred in Richtung Innenstadt, um Anschluß zu finden. Unterwegs kamen sie an einem christlichen Versammlungshaus vorbei. Das konnte nicht verkehrt sein. Von außen sah es wie eine Party aus, es herrschte Gedränge. Beim näheren Zutreten bemerkten die beiden, daß im Haus einige Polizeibeamte postiert waren. Es handelte sich um einen Razzia wegen möglicher Drogenprobleme, worauf die beiden schleunigst das Weite suchten. Weiter ging es, in den Universitätsgebäuden brannte noch Licht und der Lärm aufgeregter Stimmen schallte bis auf die Straße. Im Inneren des Universitätsgebäudes gab es einen Auflauf. Lautstark verkündeten einige Studenten, daß es gelungen sei, einen gewissen Hubert Schrübbers, damaliger Präsident des Bundesamtes für Verfassungsschutz, zum Rücktritt zu bewegen:

„Bis 1955 stand die Behörde [Bundesamt für Verfassungsschutz] unter Aufsicht der Alliierten. ... 1963 wurden noch 16 Mitarbeiter als ehemalige Mitglieder von Gestapo, SS oder SD ermittelt. Den Alliierten war dies bekannt, es war ihnen im antikommunistischen Kampf des Kalten Krieges aber nicht mehr wichtig. Sie wurden in andere Ämter versetzt. Danach war der Öffentlichkeit auch die Mitgliedschaft in der NSDAP zunehmend suspekt für eine leitende Tätigkeit, weshalb der Behördenleiter Schrübbers gehen musste."[4] Merkwürdig: Es schien die Mehrheit der Deutschen keineswegs zu beunruhigen, daß der Bundestag lange Zeit unter Adenauer eine größere Anzahl ehemaliger Nationalsozialisten, wie etwa den umstrittenen Staatssekreät Hans Globke, beherbergte. Wieviel die schützende Hand der USA über dem Vermächtnis des Grauens bedeutete, konnte daran ersehen werden, daß Reinhard Gehlen – ehemals „Fremde Heere Ost" – zum Chef des Bundesnachrichtendienstes ernannt wurde. Davon jedoch wußte Martin zu dem Zeitpunkt noch nichts.

Die fremde Stadt beunruhigte Martin und er kaufte sich zunächst eine Straßenbahnkarte, um die fünf Stationen bis zur Universität, die mitten in den Stadt lag, bewältigen zu können. Es wurde schon früh dunkel und er hatte Sorge, eventuell nicht mehr nach hause zurückzufinden.

Diese Verunsicherung legte sich erst nach einiger Zeit. Er hatte keine Orientierung darüber, wie er die Zeit mit Seminaren und Vorlesungen so ausfüllte, daß ein strukturierter Aufbau entstand. So besuchte er eine Übung in Bibliothekskunde spätabends, die er jedoch abbrach, weil er nicht wußte, wonach er in den Karteien suchen mußte.

Sich orientieren, das nahm sich Martin zunächst vor und suchte das Seminargebäude Erziehungswissenschaft. Es war als Neubau rechts an einem Nebeneingang zur Universität hinter einer Buchhandlung liegend untergebracht. Die Fachschaft für Erziehungswissenschaft bestand aus sogenannt fortschrittlichen Studenten, was sich für Martin beruhigend an deren Haarlänge zeigte. Er wollte sich die Haare künftig auch wachsen lassen. Das sah bedeutsam aus. Immerhin zog ins Nachbarhaus seiner Wohnstätte eine Wohngemeinschaft mit diesen sich „Genossen" nennenden langhaarigen Kommilitonen. Einer von ihnen war auch Tutor bei einem Professor, dessen Seminare Martin besuchte. Was ihn beeindruckte war, daß der neue Nachbar namens Pit ihm zeigte, wie man verschiedenfarbige Textmarker sinnvoll benutzte. Schließlich hätte Martin von seiner Erziehung her es ger— ne gehabt, wenn klar gewesen wäre, welche Farbe beispielsweise für Definitionen zu verwenden war. Aber wie identifiziert man Definitionen? Schwierige Frage, aber lösbar. Der nette Nachbar von nebenan wußte auch hier Rat.

Das mittlere Zimmer bewohnte ein gewisser Walter, wie Manfred ein starker Raucher. Seine immer wieder gern gespielten Songs von Leonhard Cohen und Elton John quälten sich ins Gemüt und blieben dort haften. Martin vergaß sie nie mehr. Walters Einrichtung beinhaltete in der Mitte einen kleinen, runden Tisch, an dem drei mit Schnurgeflecht bespannte Sessel standen. Wenn Manfred und die anderen denn morgens erwacht waren, was nicht allzu früh geschah, gab es für Walter und Man–fred Kaffee, oft von diesem schon gekocht. Martin blieb seinem Tee stilgemäß in Tonkanne auf Stövchen treu.

Am Abend klingelte es 2x, war für Walter. Eine gewisse Françoise knarrte die Treppe hoch, einen Zettel in der Hand, auf dem mit großen Lettern Walters Name stand. Wo er die nun wieder aufgegabelt hatte? Eine gemeinsame Freundin, Martha – die mit dem beige–braunen Poncho – hatte eine soziale Ader, sprach fließend französisch, hatte das Mädchen vor dem Eingang des *Institut français* aufgegabelt und befand die vom Talweg wegführende Straße als eine Topadresse. Als Françoise den kippetragenden Mitbewohner Walter erblickte, hauchte sie mit kleinem Augenaufschlag so etwas wie: Oh, quel homme![5] Walter strahlte. Sie sprach kein deutsch, er kein französisch. Martin versuchte sich mit seinen Erinnerungen ans Schulfranzösisch: Sie findet dich einen interessanten Mann, führte er blumig aus. Walter drückte verlegen die Taste seines Tonbandgerätes. Wieder Elton John. Manfred und Martin hatten, es ging schon auf 21 Uhr zu, mehr als je ein Glas guten Kölschs intus. In leichter Bierlaune nahm Martin das Mädchen in den Arm und erläuterte ihr, was für eine famoser Mitbewohner Walter sei. Dieser sah das, vermutete falsch, daß Martin seinen Sprachvorteil ausnutzen wollte und reagierte säuerlich. Martin war darüber gekränkt, denn er war ein ehrlicher Vertreter der Männlichkeit. Die Kleider des Mädchen rochen stark nach Rauch. Manfred, ein starker Raucher, rettete die Situation, indem er eine Runde Goloises ausgab. Françoise lungte das Kraut ganz schön tief hinein und umarmte spontan Walter. Eine deutsch–französische Völkerverbrüderung bahnte sich an, als Walter dem Mädchen strahlend entgegenwarf: Karl Marx. Oui, Oui, sagte sie seufzend. Parti communiste français. Dann zeigte Walter auf den einzigen blauen Band MEW, den er im Regal stehen hatte. Sie reagierte entzückt und Walter komplimentierte seine Kumpels nach draußen. Er hatte mittlerweile eingesehen, daß Martin das junge Leben nicht anbaggern wollte. Manfred und Martin mußten am nächsten Abend alleine in die Schumannklause aufbrechen. War das ein Gejuchze aus Walters Zimmer. Das setzte sich auch in den nächsten Tagen fort.

Aufbrüche ans Mittelmeer und neue Eindrücke

Zwei ehemalige Schulfreunde von Martin waren nach Metzingen gegangen – weniger zum Studieren, als vielmehr, um ein Leben der Bohème zu führen. So schlugen sie und mit ihnen eine Clique langhaariger, folglich sogenannt fortschrittlicher Kommilitonen, vor, doch einmal an Pfingsten zum sogenannten „Zigeunerfest" nach Stes. Maries de la Mer in die Camargue zu fahren. Kurzfristig reisten Martin und Wilfried nach Metzingen, um die Details zu besprechen. Eigentlich waren in der Woche nach Pfingsten die Seminare geschlossen, nicht jedoch schon am Freitag vorher. Martin hatte an diesem Termin zwar Seminar und sollte auch ein wesentliches Referat zur Entwicklungspsychologie halten, gab aber seinen Teil des Vortrags in die Arbeitsgruppe und ließ über Mitstudenten dem Dozenten jedoch ausrichten, daß er einmal Abstand und eine Woche Mittelmeer bräuchte. Es soll wohl etliche Lacher im Seminar gegeben haben.

Martin hatte zu Beginn des Studiums noch Kontakte zu alten Schulfreunden, fühlte er sich doch in Bonn noch nicht so richtig angekommen. Er traf an Wochenenden in

Köln oftmals Wilfried, der dort Medizin studierte. Eines Samstagnachmittag holte Martin Wilfried in dessen Studierstube ab. Wilfried hatte gerade eine Suite Anatomie zu lernen gehabt. Jeden kleinen Knochen auch noch auf Latein! Gigantisch, wie man das behalten konnte. Am Ring gab es eine Diskothek, Café de Paris, man konnte auch sagen, Ball der einsamen Herzen. Am Tresen saß jedesmal ein blonder Langweiler und ließ den Autoschlüssel seines Ford Mustang wieder und wieder über die Finger gleiten. Beindruckt hat es nach Martins Be—obachtungen keines der anwesenden Mädchen. Postbotinnen und Krankenschwestern waren die beiden Gruppen, die häufig anwesend waren. Und Martin wurde von einer solchen erhört und sie nahm ihn auch mit nach Hause. Festlegen wollte er sich aber wieder noch nicht. Mit seinem Freund hatte er schließlich vor Wochen den „Krankenschwesternreport" gesehen und ging davon aus, daß vor allem nachts die jungen Frauen nur darauf warteten, endlich in die Krankenzimmer einfallen zu können.

An diesem Abend waren Martin und Wilfried mit einem höhersemestrigen, adeligen Medizinstudenten, von der blauen Tanne oder so ähnlich, in dessen nagelneuem Mini Cooper unterwegs. Martin ließ sich vor Abgang mit besagter Krankenschwester kurz darüber „briefen", wann mit den fruchtbaren, gefährlichen Tagen bei der Frau zu rechnen sei. Mulmig war ihm schon. Sie nahm zum Glück die Pille, wie sich hinterher herausstellte.

Mittelmeerfieber

An Pfingsten also war Martin mit besagtem Wilfried unterwegs nach Stes. Maries de la Mer zum „Zigeunerfest". Mit einem Zweimannzelt und seinem Käfer in 15 Stunden anstrengender Fahrt durch die Nacht – um am Morgen die

Sonne in den Überschwemmungsläufen der Camargue glitzern und die Herden von Flamingos im kniehohen Wasser stehen zu sehen. Die beiden trafen sich gemeinsam mit Freunden und Bekannten aus Metzingen, Frankfurt und anderen Städten für eine Woche Strandleben. Zu der Zeit konnte man noch in den Dünen zelten. Die Prozession der „Heiligen Marien" und ihre Segnung am Meeresstrand war wie jedes Jahr ein Ereignis. Die „Zigeunerwallfahrt" der Sinti und Roma umfaßte wie jedes Jahr viele – manche in Tracht – bunt gekleidete Menschen, berittene Hirten (Gardiens), Priester und Ministranten.

In allen Straßen des Ortes wurde getanzt und musiziert. Die Landfahrer hatten sich am Ortsrand mit ihren großen Wagen, Zugmaschinen und Großfamilien in Form von Wagenburgen gruppiert. Darin lebten sie ihr Leben in der Sippe. In den Cafés erklang Musik, meistens Gitarre mit Gesang und dazu tanzten die bunt gekleideten Landfahrerfrauen. Ob es nur eine Touristenattraktion und Folklore oder Ausdruck von Lebensfreude war – das war den jungen Leuten egal. Sie genossen es und ließen sich vom Flair des Besonderen einfangen.

Die Camargue war um diese Jahreszeit nur noch teilweise überschwemmt und die Gruppe mietete sich später auch Pferde für eine kleinen Ausritt. Immer wieder ging es an diesen Herden von Flamingos, die links und rechts im flachen Wasser standen, vorbei. Alles spiegelte sich im Wasser, wie das Erlebnis auf einer Postkarte. Das Wiedersehen mit ihren Freunden, mit denen Martin und Wilfried in der Zwischenzeit seit ihrem ersten Besuch in Metzingen nur per Brief verkehren konnten, war berauschend. Es war für Martin erst einmal wieder spannend, wen er diesmal neu kennenlernen würde. Sarah aus Metzingen hatte sich von ihrem Freund getrennt, dieser war jedoch mit seiner Schwester angereist und so hoffte Martin endlich einmal auf eine nähere erotische Begegnung mit Sarah. Dazu sei sie so kurz nach der Trennung vielleicht später einmal in der Lage, flötete sie. Zugleich versicherte sie Martin, daß sich nichts Näheres entwickeln würde. Man könne sich ja schreiben. Insofern kam ihm die Begegnung mit Ingrid, die etwas später angereist kam, sehr gelegen. Inhaltlich hatten beide eigentlich wenig auszutauschen, da Martin mit seinen hochschulpolitischen Verwicklungen und sie mit ihrem kunstgeschichtlichen Gedankengängen wenig Berührungspunkte fanden.

Wilfried hatte sich unsterblich in eine gewisse Gaby verliebt. Sie jedoch ging immer noch mit ihrem Froschkönig, wie der Spitzname in Metzingen lautete. So sehr sich Wilfried mit provokativen Anwürfen und Körpereinsatz um eine Annäherung bemühte, sie hielt Distanz. Beim gemeinsamen Spaziergang konnte er ihr zwar einmal den Arm um die Taille legen, aber das war es auch schon. Überhaupt hatten die Metzinger interessante Spitznamen. Ein anderer hieß Schokobär. Er war leider mit der Realität nicht so sehr in Beziehung, weshalb er einige Zeit später, so hörten die Bonner nach ihrem Aufenthalt am Mittelmeer, psychiatrische Hilfe in Anspruch nehmen mußte.

Obwohl nun Wilfried und Martin nach Stes. Maries in Metzingen Ingrid und ihre Wohnkollegin Alexandra aufsuchten, ließen sich die Differenzen in der Beziehung zwischen Ingrid und Martin, die sehr gerne das Drachenbuch las, nicht überwinden. Wilfried versuchte es zwar mit Alexandra, jedoch war diese wiederum an gesellschaftlichen Fragen mehr interessiert als er. Eigentlich hätten Wilfried mit Ingrid und Martin mit Alexandra besser harmoniert. Ingrid entschied sich nach einem Besuch in Bonn bei Martin dazu, sich mit Wilfried in Köln zusammenzufinden. Leider hatte Martin es versäumt, die Zeichen der Zeit zu erkennen – Alexandra, genannt Alex, hatte ihm brieflich Brücken gebaut – er konnte sie nicht gehen. Inzwischen hatte Wilfried Interesse an gesellschaftspolitischen Fragen gewonnen und sein Verhältnis mit Ingrid, die Martin „Verstiegenheit" in seinen Gedankengängen vorwarf, ging in die Brüche. Alexandra hatte während der Semesterferien in einem Autozuliefererbetrieb gearbeitet und Martin in einem Brief von ihren Erlebnissen und Betroffenheiten über die Arbeitsverhältnisse geschrieben. Bedauerlicherweise erkannte Martin auch diesmal nicht, daß zwischen Alexandra und ihm eine tiefere Übereinstimmung in gesellschaftlichen Fragen bestand. Bei ihrem zurückliegenden Besuch in Bonn hatte er, seinem sozialistischen Anspruch folgend, Alexandra mit einem Schwall an Soziologenkauderwelsch überschwemmt. Obwohl sie, ausgehend von den Diskussionen in einem marxistischen Arbeitskreis ihrer Betriebsgruppe, über ein gewisses Grundwissen verfügte, hatte sie Grund, sich bei Martin zu beschweren.

„Die Diskussion am letzten Abend hat nicht allzuviel gefruchtet. Es war so scheißunbefriedigend, ich fühle mich aufgrund dieser Sache so richtig zum RCDS-Sympathisanten abgestempelt, was mir nicht so ganz arg schmeichelt. Meine Argumentation ging wohl hauptsächlich dahin, Dich etwas konkreter zu fassen, damit Deinen Redeschwall etwas aufzufangen, um somit zu einem Dialog zu kommen. Ich werde einfach aggressiv, wenn ich eine konkrete Antwort erwarte, und es kommt nur ein abstraktes Faseln. Solche Diskussionen bringen einfach zuwenig, weil man zuwenig aufeinander eingeht. Ich hatte so das Gefühl, daß Du mir da kaum Raum läßt. Als Deine

Freunde seinerzeit da waren, habe ich Euch mal längere Zeit zugehört. Da fiel mir auf, daß dies eigentlich weniger ein Gespräch, als ein Wissensaustausch war, wo tausend Namen, noch mehr Buchtitel fallen. Oft habt Ihr Euch gerechtfertigt, daß Ihr diesen oder jenen Typen noch nicht gelesen habt, was aber schleunigst passieren wird – aber es kam einfach nicht zu einer Diskussion ihrer Ansätze, bzw. zu einem Vergleich. Denk jetzt nicht, ich sähe in Dir einen einzigen Narzißten. Dazu mit einer völligen Wirrnis im Kopf. Das ist beileibe nicht der Fall. Ich finde nur, daß Du das, was da so alles in Deinem Kopf gestapelt ist, etwas verständlicher Deiner Umwelt klarmachen solltest. Es wäre echt gut, wenn Du Dich dazu äußern könntest." Leider konnte Martin auf ihre zugeneigten Werbungsversuche nicht eingehen und empfand ihr Anliegen nicht als verständnisvolles Entgegenkommen. Trotz ihrer wohlwollenden Worte fühlte er sich auf den Schlips getreten. Er gefiel ihr grundsätzlich schon. Seine Wortkaskaden bedeuteten für ihn jedoch eine gewisse – scheinbare – Sicherheit vor weiterer Entwertung, wie er sie im Elternhaus erlebt hatte. Das war ihm nicht bewußt und so verhinderte er, ohne es zu wollen, das Entstehen einer näheren, vertrauensvollen Beziehung. Es waren eben „gschlamperte" Verhältnisse.

Martins heißer Liebesversuch

Im nächsten Sommersemester schrieb sich Martin für ein Seminar zur antiautoritären Erziehung bei Doktor Tresen ein. Hatte Martin sich vorher in Seminaren eher zurückhaltend verhalten, so sprintete er nun gefühlsmäßig buchstäblich nach vorne. Bereits in der ersten Sitzung forderte Martin den Dozenten lautstark auf, über den Ablauf des Seminars doch zu diskutieren. Daraufhin wurde eine sich später als Inge vorstellende Schönheit gemeinsam mit ihrem ehemaligen Freund namens Christoph (blonde, schulterlange Haare, heller Fellmantel Modell Hippie) auf Martin aufmerksam. Bei der Verteilung von Referatsthemen eilte sie mit Christoph auf Martin zu und warb sehr bestimmt dafür, aufgrund seiner provokanten Initiative gemeinsam etwas zur Geschichte der Kinderläden zu schreiben. Dies taten sie auch und trafen sich in Martins Studentenbude, wobei dieser merkte, daß sie mit ihren schulterlangen braunen Haaren, ihren grün schimmernden Augen und diesem bräunlichen Fellmantel ihm ausgesprochen gut gefiel. Da der mittlere Bewohner Walter mittlerweile in eine andere Stadt gezogen war, zog Martin in das größere Zimmer um. Einige Matratzen vom Sperrmüll und eine hellgrüne Plüschdecke ermöglichten eine ideale Liegewiese, die sich auch zu einem Bett und einer Sitzgelegenheit umbauen ließ – je nach Bedarf und Entwicklungsperspektiven des jeweiligen Damenbesuchs.

Die seelische Befindlichkeit war zu dem Zeitpunkt für Martin vorrangig. Das Studium zog sich eben etwas in die Länge und die Inhalte wurden je nach attraktiv erscheinender Präferenz respektive dem Vorhandensein weiblicher Ansprechpartner ausgewählt.

„Jede Fehlentwicklung des Gemeinschaftsgefühls bedeutete eine insuffiziente Vorbereitung auf die Anforderungen des Zusammenlebens und führt – je nach ihrem Grad – zu einem gewissen Maß an psychischer Irritation. Was später als Neurose in Erscheinung tritt, ist ein ‚kulturell verfehlter Versuch‘ der Befreiung von einem Gefühl der Minderwertigkeit, und zwar der Versuch der auf dem Wege des Rückzuges von der sozialen Aktivität, von der realen Lösung der gestellten Lebensaufgaben unternommen wurde [...]. ... Der Ansatzpunkt der Fehlentwicklung beim Kind und damit der Ursprung der Störung im Gemeinschaftsgefühl ist [...] in einem verstärkten Gefühl der Unsicherheit zu suchen.“[6]

Martin jedenfalls lud Inge einige Abende später zu sich ein. Dort schwärmte Martin ihr vor, wie bedürfnislos und einfach er doch in Kleiderfragen geworden sei, wobei das Wort Konsumverweigerung dabei aufflammte – und das alles müsse im Rahmen einer Kapitalismuskritik auch noch politisch gesehen werden. Inge war von seinen revolutionären Ideen des einfachen Lebens und der Bedürfnisreduktion extrem angetan. Im Grunde genommen wollte Martin bei ihr Eindruck machen und ihr gerne körperlich näher kommen. Sie genoß Martins Zärtlichkeiten, mit den Wimpern die Wangen streichelnd.

An diesem Abend hatte Martin seinen Ofen fast bis zum Glühen vorgeheizt. Und so kamen sie sich in der Hitze des Ofens und der Diskussion rasch näher. Inge war übrigens die einzige und erste Freundin, die Martin mit nach Hause zu seinen Eltern nahm. Sein Vater machte umfangreiche Vorschläge, wie man mit Briketts kostengünstig heizt. Man nimmt ein Brikett, wickelt es in feuchtes Zeitungspapier, legt es zur Nacht in den noch glimmenden Ofen und schon hat man am nächsten Morgen ein warmes Zimmer. Das war der Hauptinhalt des Gesprächs am Abendbrottisch. Es schien eher, als sei der Vater neidisch auf die attraktive Freundin des Sohnes. Das idealisierte Bild, welches Martin von sich ihr gegenüber zeichnete, war von nicht mehr zu überbietender Perfektion geprägt. In einem der Gespräche mit Inge räumte Martin ein, daß er dazu eine Stelle in den Marx–Engels–Werken nachschlagen müßte. Daraufhin schaute sie Martin völlig fassungslos und überrascht an: Wie, das weißt du nicht auswendig?

Dennoch erhielt er von Inge einen wunderschönen Lieberbrief:

„Mein lieber Mann,

Du wunderst Dich bestimmt, von mir auch mal einen Brief zu bekommen, noch dazu einen in dem ich klar und deutlich sage: Ich liebe Dich.

Die letzten Tage waren so wundervoll, ich überlege mir manchmal, ob so etwas real sein kann. Besonders gestern Abend war die Atmosphäre so fantastisch, so eine Ruhe und Harmonie, wie ich sie selten empfunden habe.Weißt Du, ich hab mich gestern geborgen und sicher gefühlt, hatte keine Angst. Wovor ich sonst Angst haben könnte? Vor mir, meiner Unfähigkeit, mein Leben überhaupt zu akzeptieren, vor einer Art Verzweiflung, aber ich will das alles nicht mehr. Ich puste es weg wie Puderzucker. Ich weiß, daß ist keine Lösung (wirst Du jetzt sagen?). Aber ich will es so nicht mehr. Ich bin fest entschlossen, bei Dir zu bleiben (auch wenn Du mich nicht heiraten willst), weil ich Dich mag, auch mit kleinen Fehlern, die auch Du, großer Meister, hast.

Was ich Dir sagen möchte und nicht kann:

Ich hab Dich so lieb

Ich würde Dir ohne Bedenken eine Kachel aus meinem Ofen schenken

Ich lache

die Löcher sind die Hauptsache an einem Sieb

Ich habe Dich so lieb

das es ein Gedicht von Ringelnatz, mir gefällt es sehr,
Inge"

Dafür hatte er zu sorgen: Sie wollte ihre eigenen
Ängste von ihm geheilt haben. Das, mit dem sie nicht zurecht kam, das sollte er ihr lösen, ihr einen wohligen
Rahmen bieten, in dem sie sich bewegen konnte. Er fühlte
sich überfordert. Dabei hatte er sich ihr schließlich von
Anfang an in der Rolle präsentiert, keineswegs ein Mo-
defuzzi, vielmehr bodenständig gekleidet, eloquent und
wissend zu sein. Er trug Boots, einen Parker, manchmal
auch aus Protest eine Bundeswehr–Arbeitsjacke mit einem Igel der Firma Steiff in den Brusttasche. Den ver-
schenkte er manchmal an Frauen seines Herzens. Inge bestärkte ihn zu für ihn weitreichenden Schreibhandlungen.
Es war ein etwas sehr verwegener Ansatz ihrerseits, denn
er erlebte hingegen etwa beim Schreiben eines Flugblattes
für das Pädagogikseminar zum ersten Mal in seinem Leben, daß er bedeutend war! Das hatte er weder in der
Schulklasse noch im Elternhaus erlebt.

Oh ja, einmal Anerkennung für das Richtige zu finden,
es dem Vater einmal beweisen, daß er doch recht hatte,
davon träumte Martin. Manchmal erinnerte er sich daran,
daß es in den 60er Jahren neben ARD und ZDF noch ein
drittes Programm gab. Dies wäre am Kanalwähler des
ZDF–Tuners einzustellen gewesen. Der Vater hatte behauptet, das Umstellen schade dem Gerät. Martin wußte
es besser, probierte es aus und siehe da, da war es, das
dritte Programm. Am Abend erzählte er dem Vater voll
stolz von seiner Entdeckung, was ihm jedoch schlecht bekam. Daran und auch an der immensen Anstrengung da-

hingehend, eventuelles Nichtwissen zu verdecken, krankte er lange. Er fand zwar Frauen, die intellektuell beschlagen waren, anziehend. Zugleich fürchtete er ihre Kritik und das Verlassenwerden bei Nichtgenügen.

In einem hatte Inge Martin gegenüber recht: Was seinen Diskussionsstil anging, so war es eher ein Überrollen des Gegenübers mittels eines Wortschwalls aus philosophisch–soziologischen Abstraktionen, wobei er immer schneller wurde und Gefahr lief, sich selbst zu überholen. Eine Bekannte von Inge charakterisierte es einmal so, daß er die Sätze buchstäblich übereinander stapele. Subjektiv empfand er es allerdings so, daß es eben lange gedauert hatte, bis die Möglichkeit der freien Persönlichkeitsentfaltung, wie er es sah, zum Durchbruch kam. Einstmals als Schüler war er eher schüchtern. Zu Schülerzeiten bei Manuela mußte er nichts leisten. Sie war froh, wenn er einfach da war und wollte auch mit ihm die ersten zaghaften körperlichen Annäherungen erleben.

Mit Inge war es etwas anderes. Im vierten Semester stieg er zum Volksredner auf, wie ihn eine Genossin betitelte und da ging es für ihn wie um Sein oder Nichtsein. Am Anfang lernte er die Flugblätter der marxistischen Fachschaftsgruppe auswendig, um gescheit zu wirken. Vor allem machte das bei manchen Frauen in jüngeren Semestern Eindruck. Deshalb bestand auch die Gefahr, über das Ziel hinaus zu schießen. Aber Martin glaubte, daß die Extremphase notwendig sei, um sich die Hörner abzustoßen. Es war wie eine hinausgeschobene spätpubertäre Phase. Gerade deshalb konnte Martin sich eines gewissen Abhängigkeitsgefühls von der Erwiderung körperlicher Sympathien nicht erwehren. Ein Widerspruch zwischen revolutionärem Anspruch und mickriger Realität? Gibt es nicht, der wird niedergekämpft – auch mit einer

Wahlkampfansprache in der Aula vor 600 Kommilitonen, wenn es sein mußte. Die reine Lehre des Fortschritts muß siegen!

Inge hatte noch eine Schwester, die verheiratet war und der sie nacheiferte. Deren Mann war reichlich älter und trieb seine Frau zu Höchstleistungen an, was die doktrinäre Verbreitung aller Verlautbarungen des dortigen Politbüros aus dem anderen Teil Deutschlands betraf. Nie hätte sich Martin einer das Unrecht und die Willkür am Einzelnen positiv bemäntelnden Haltung anschließen können. Hinzu kam, daß Inge auch in Alltagsdingen sich blind ihrer Schwester anschloß. So wollte Inge sich ein Tonbandgerät kaufen und Martin suchte ein vom Preis–Leistungsverhältnis gutes, bewährtes Gerät aus. Nein, Inge kaufte ein qualitativ weniger leistungsfähiges Gerät. Gut. Das Ehepaar hatte schließlich auch die gleiche Marke.

Nach fast drei Monaten empfand Martin die Beziehung zwischen Inge und ihm fast schon als selbstverständlich. Da Martin das größere der drei Zimmer hatte, fand die Silvesterfeier an einem Sonntag in diesem Raum statt. Die alten, blau–grauen Bettmatratzen wurden reihum aufgereiht, so daß sich jeder bequem anlehnen konnte. Gegen 23 Uhr begann es richtig interessant zu werden. Inges Freunde Martina, Katharina und Gunnar verstiegen sich zur allumfassenden Grundsatzaussage, daß alles hier es doch nichts brächte. Daraufhin wollten sie gehen und nun setzte eine Diskussion darüber ein, was es denn wirklich bringen würde. Intellektuellengewäsch, scheintiefsinniges Gelaber, dachte Martin. Das Gespräch zerfaserte zusehends.

Martina wollte zu Inge ins Zimmer von Manfred gehen, wo diese sich hingelegt hatte. Gunnar stellte den Absolutheitsanspruch darüber auf, daß schließlich keiner in der Lage sei, auf den anderen konkret einzugehen. Diese Tendenz, wie er es nannte, sei auf alle Fälle grundsätzlich von vornherein ausgeschlossen. Somit sei diese Situation für ihn nur frustrierend. Wilfried warf ein, daß der Mensch ein Mensch ist und auch als solcher handele, weil er eben kein Roboter ist. Die Einflüsse, so vielfältig sie auch sind, hinterlassen jedenfalls ihre Spuren. Welcher Art, bitte einmal konkret, sagte Martin leicht genervt. Deshalb müsse man auf den anderen eingehen, erst mal im Kleinen anfangen zu arbeiten. Immer war noch niemand bereit, auf Martins Forderung einzugehen. Langsam löste sich alles auf. Martina, die mit ihr in die Runde zurückgekehrte Inge und Martin redeten über Martinas Situation als Flucht vor Konsequenzen und Perspektiven derweil vor sich hin. Wie egozentrisch, hohl und unpolitisch, empfand Martin.

Am Dienstag darauf, Martins Geburtstag, kam es zwischen ihm, Katharina, Inge, und Gunnar zu einem Gespräch über die sexuellen Verhaltensweisen. Entzündet hatte sich das Ganze an Martins Wunsch, öfters mit Inge intim zu sein, was diese jedoch erklärtermaßen „psychisch" nicht vermochte. Sie meinte, sich unterzuordnen, wenn die Initiative nicht auch von ihr ausginge. Tags drauf, am Mittwoch, hatten beide nun doch zusammen gefunden. Er empfand ihrer beider Verhaltensweise als gelöster, ja gewissermaßen vertrauter. Hoffentlich, so zitterte Martin innerlich, kann sie in dieser Nacht bei mir bleiben. Sie konnte. Am nächsten Tag war Inge deprimiert, denn für sie gebe es keine positive Perspektive. Den ganzen Tag über redete sie kein Wort mit Martin und rannte wie der Tiger im Käfig durchs Zimmer. Martin war blockiert, konnte nicht mehr, rannte weg. Inge fuhr ihm nach.

Seine Wege waren ihr bekannt. Es war nicht so schwer, ihn zu finden. Auf dem Weg zum Venusberg hinauf überholte sie ihn mit ihrem dunkelgrünen VW–Käfer. Süß sah sie aus, mit dem bräunlichen Fellmantel, der immer so gut zu ihren langen Haaren paßte. Martin sah den Wagen bereits aus den Augenwinkeln und wußte nicht so recht, ob er stehenbleiben sollte. Inge kam um den Wagen herum. Bei ihm angekommen, brach sie schließlich zusammen. Ihre Stimmung offenbarte wieder ihre Perspektivlosigkeit, ihre Ängste vor schwerwiegender Krankheit nebst entsprechenden Untersuchungen. Floskelhaft empfand Martin, daß er sich bei Inge derzeit wahnsinnig emotional engagiert fühlte. Am Ende konzentrierte sich mal wieder sehr viel auf das Sexuelle. Martin konnte ihre Problemlage gar nicht wirklich an sich heranlassen. Dabei merkte er nicht, daß er sie eigentlich schon längst verloren hatte. Martins Lektüre von Wilhelm Reich, dessen These vom Kern des Lebensglücks als dem sexuellem Glück seine Projektionen dahingehend verstärkten, daß er förmlich die knisternden Triebspannungen zu spüren glaubte, versperrte ihm den Weg.

Inge und Martin verstanden sich immer weniger und er begann noch mehr zu klammern, was ihre depressive Stimmung verstärkte. Ja, immer wieder seine liebevollen Zärtlichkeiten, die hielten sie – noch.

Versuche, sich zu verstehen

Eines Abends war Martin mal wieder seelisch am Ende. Einfach deprimiert. Daß die Probleme eines anderen ihn so mitnehmen, hätte Martin zunächst nicht gedacht. Waren es aber nicht auch seine Probleme? Seine Hektik, sein Eindruck, manchmal etwas zu verpassen. Leistungsdruck. Inge leistete. Sie hatte ein Ziel, das sie zur Daseinsrechtfertigung angab. Sonst wüßte sie nicht, was ihr Spaß macht. Sie könne nicht ohne Perspektive leben. Sicher, eine langfristige Perspektive ist gut. Das darf aber Martins Meinung nach nicht das Jetzt einengen. Eine rein vernünftelnde, abgehobene Frage. Wie ist das zu überwinden? Was impliziert Leistung? Praktisch das Wirken nicht unbedingt für sich selbst? Roger von nebenan, ein neuer WG[7]–„Genosse“, hatte ihm einiges „aufgezeigt“, wie es der neue Jargon erforderte. Er hatte eine beneidenswerte Locken– und Bartpracht und seine Beziehung zu Meike war auch mit Hürden versehen. Seine Lösung lag darin, daß eine Beziehung nicht auf Emotionen aufgebaut sein könne. Ein seltsamer Gegensatz. Man könne nicht nur zusammen Freizeit konsumieren. War auch nicht Martins Anliegen. Konfusion.

Inges Perspektivensuche seien bloße Ausflüchte, so seine klare Diagnose, und haben wenig Hand und Fuß. Er sei einfach zu stark für sie, sagte wiederum Inge zu Martin. Ist er zu selbstsicher? Das traf ihn. Ausgeschlossen ist es nicht, was sie meint. Letztlich ist sie offen, flieht aber zugleich vor ihm. Sie meinte, lieber lasse sie Martin einen Abend frustriert zurück, als daß sich bei ihr Aggressionen aufbauen. Sie hatte also die ganzen Probleme wochenlang mit sich herumgeschleppt. Martin sah die Gefahr heraufziehen, daß beide von einem Extrem ins andere fallen. Die Fehler, die sie glaubten, aus früheren Beziehungen erkannt zu haben, wollten sie jetzt geballt berichtigen. Dabei liegt es dann auch an beiden, wenn es kracht. Vielleicht, so befand Martin, tut eine grundsätzliche Auseinandersetzung mal ganz gut. Er müßte sich natürlich auch etwas selbst erziehen. Komischer Gedanke. So kreisten seine Gedanken stets um das Vermeiden von Distanz. Ein schöner Projektionszirkus. Aber das wußte er zu dem

Zeitpunkt nicht. Er glaubte, sie mit dem halten zu können, was er im Elternhaus gut trainiert hatte: Überlegene, intellektuelle Leistung, auch wenn sie nur vorgeblich war. Anstrengend. Später erfuhr er in einer individualpsychologischen Gesprächsgruppe, daß seine Gedanken immer nur von der Kompensation eines Gefühls des Ungenügens als Mann getragen waren. Dieses Schwächegefühl zu überwinden erforderte Höchstleistung und so wollte er sich auch Inge gegenüber mit sexueller Leistung beweisen – was sie verständlicherweise überforderte.

Martin begann sich immer weiter an sie zu klammern. Versuchte, mit Zärtlichkeiten und sexuellem Begehren sie weiterhin zu halten. Hatte sie in der Universität zu tun, wurde er unruhig. Eines Tages wollte sie nach Köln fahren. In eine Kölsch–Kneipe mit echtem Köbes. Er diskutierte mit ihr lange hin und her, ob er nicht nach Köln kommen sollte, um sie dann später zu treffen. Nach etwa einer Stunde der Diskussion gab sie erschöpft auf und sie verbrachten den Abend bei ihm auf der Matratze, womit wohl? Mit Sex. Ihre „Gemeinsamkeit" reduzierte sich immer mehr darauf und so zogen sie sich gemeinsam immer mehr zurück. Nun kann ein Mensch nicht alle Facetten, die ganze Vielfalt des Lebens abdecken. So waren sie bald gemeinsam einsam.

Da es weder gelehrt noch ihm anderweitig vermittelt wurde, wußte Martin nichts von Alfred Adlers Ausführungen zum Gemeinschaftsgefühl: „Mit den Augen eines anderen zu sehen, mit den Ohren eines anderen zu hören, mit dem Herzen eines anderen zu fühlen."[8] Von diesen Gedanken war er weit entfernt.

Verbundenheit miteinander konnten sie nicht erlangen und er war mit ihren nur um sich kreisenden, lebenspessimistischen Tendenzen überfordert. In hilfloser, erotischer Umklammerung erhoffte er weiterhin, sie zu halten. Er verstand ihr Anliegen wohl. Wozu brauchte sie ihn dabei? Und was war der Inhalt ihrer „Liebe"? Hoffte sie, sich wie weiland Münchhausen selbst aus dem Sumpf zu ziehen? Sie hatte nicht den Mut, sich an einen Fachmann zu wenden. Innigkeit umfaßt Einblick in den eigenen Charakter und Erfassung des Anderen in dessen eigenen Zielen.

„Der Lebensstil als weithin unbewusstes (unverstandenes) Programm umfasst sowohl das Selbstkonzept (die Meinung von sich selbst), die Ziele des Individuums (die Vorstellungen darüber, was es meint, erreichen zu sollen), die Meinung von der Welt und Verhaltensstrategien, die es für geeignet hält, von seinem subjektiven Ausgangspunkt zum Zielpunkt zu gelangen. Nach Adler kann man den Lebensstil bereits im Alter von vier bis fünf Jahren deutlich erkennen, und mit den durch ihn ausgeprägten und eintrainierten Verhaltensmustern liegt der individuelle Charakter im wesentlichen fest."[9]

Eine tiefe Gemeinsamkeit entwickelt sich in vertrauensvollen Gesprächen, die auf einem Fundament ähnlichen Anliegens aufbauen. Martin jedoch wußte nicht, daß Beziehungsbildung und Gemeinschaftsorientierung von diesen Einblicken abhängen und ein vertieftes Miteinander auch eine gewisse Übereinstimmung in weltanschaulichen Fragen voraussetzte. Das ist keine Typfrage, wie es Illustrierte und andere mediale Erzeugnisse in schönen Hochglanzbildern gerne vorgaukeln oder heutzutage bei Internetdatings dahingehend abgearbeitet werden. Diejenige oder denjenigen zu finden, der es „bringt" – oft eher auf sexueller Basis, ein trügerisches Eis. Eine Verbundenheit und Vertrautheit wächst, auch indem die gegenseitige Erfahrung der Gleichwertigkeit des jeweiligen

Wollens beide in der Gewißheit stärkt, sich aufeinander verlassen zu können.

Mit Inge hatte Martin vor längerer Zeit – als der berühmte Himmel noch voller Geigen hing – einen Ausflug nach Metzingen gemacht, ihr den Ort gezeigt und wohnte einige Tage mit ihr bei Sarah auf einem Bauernhof etwas außerhalb des Ortes. Stolz wollte Martin ihr die Stadt zeigen, die ihm sehr viel bedeutete. Sarah zeigte beiden ihr Arbeitszimmer, in dem sie schlafen konnten. Martin wollte mit Inge Sex und sperrte Sarah aus ihrem Zimmer aus, was diese etwas ratlos und wütend zurückließ. Es war nicht mehr die unbeschwerte Strandsituation und die Freunde von damals waren mittlerweile in der Universität engagiert beziehungsweise in diversen Wohngemeinschaften unterwegs.

Martin und Inge trafen seinen ehemaligen Schulkollegen Matthias in dessen Stammkneipe „Barriere". Dieser lud ihn ein, am Tag darauf einmal in der chemischen Fakultät der Universität vorbeizuschauen. Es war seltsam, Matthias im weißen Kittel zwischen dampfenden Erlenmeierkolben und Bechergläsern umherhuschen zu sehen. Du studierst ernsthaft? fragte Martin, der den lockeren Lebenswandel von Matthias kannte.

Monate vorher hatte er zusammen mit Wilfried noch Matthias mit einen gewissen Ernst angetroffen, die in Metzingen ein schmuckes Appartement über der Stadt bewohnten und ihr Geld mit Drogenkleinhandel verdienten. Ein Mädchen war auch dabei. Diese trug eine lila Latzhose mit passendem T-Shirt, hatte wuschelige dunkle Haare und eine Metallbrille mit dicken Gläsern. Weitsichtig. Sie war eine der Abnehmerinnen von Matthias und bewegte sich stets in leicht wiegenden Bewegungen. Ja, sagte Matthias, das Mädchen ist gewissermaßen mein

Anhang und grinste. Wovon lebt sie, fragte Martin er—
staunt. Sie hat wohlhabende Eltern, die denken, sie studiert intensiv Kunstgeschichte. Wieder grinste Matthias
süffisant. Sie treibt uns sozusagen die Kunden zu. Aber
bei der Fête vor zwei Monaten in der Gartenkolonie war
sie noch nicht dabei.

Martin war beim Treffen der Ehemaligen aus dem Urlaub in Stes. Maries ebenfalls eingeladen. Es lief John
McLaughlins *My Goal's Beyond,* mit ausgelassener
Stimmung wurde getanzt und Matthias wirkte so merkwürdig erheitert. Es war eine bunte Gesellschaft auch aus
Mannheim und Karlsruhe. Zwischendurch nahm eine gewisse Jenny die Gitarre und sang mit rauchiger Stimme
Freedom von Richie Havens, mit der dieser das Woodstock–Festival eröffnet hatte. Ja, ein Hauch von Mittelmeer tauchte wieder auf und Sarah schwelgte leicht lallend in hinausgestoßenen Sätze wie: High sein, frei sein,
etwas Wasserdampf muß dabei sein. Studium? Es war eine verschworene Gemeinschaft, die mit den Macken eines
Jeden auskommen wollte und wo sich im Grunde genommen jeder doch nur um sich selber drehte.

Na ja, sagte Matthias zum erstaunten Martin. Eines
Tages stand mein Vater in der Tür des Labors und ich
sollte ihm erklären, in welchem Projekt ich denn stecken
würde. Pustekuchen, ich konnte ihm nichts erklären.
Nicht einmal die Grundlagen der Chemie, alles verflogen.
Ich druckste nur herum mit etwas Erinnerungen aus dem
Schulunterricht. Er als Fachmann durchschaute mich sofort und stellte mich vor die Alternative: Entweder demnächst Zwischenprüfung oder Geldsperre. Das war das
Ende meines lockeren Lebenswandels. Siehst du, sagte
Inge zu Martin, Hochschulpolitik allein wird dich nicht
zum Examen bringen. Statt Pamphlete gegen andere poli

tische Gruppen zu schreiben, empfehle ich dir, die Scheine gründlich zu machen. Martin hatte bislang als Maßstab für die Themenauswahl stets den Oberbegriff „Sozialistisches Studium" gewählt und war auch nur zu solchen Dozenten gegangen, die diesen Kriterien entsprachen. Einige Professoren hatten in der Tat ihre Seminare denjenigen Studenten überlassen, die den Universitätsbetrieb mit der sogenannten „Kritik der bürgerlichen Wissenschaft" neu ausrichten wollten. Martin wurde nachdenklich.

Es waren die verwinkelten Gassen, in denen Martin mit Wilfried zu anderen Zeiten mit zwei ehemaligen Schulfreunden herumgezogen waren. Er zeigte Inge auch die ländliche Umgebung von Metzingen und war stolz auf seine Ortskenntnisse. Nähergekommen war er sich bei alledem mit Inge deshalb nicht. In den gemeinsamen Tagen auf dem Hof hatte Sarah Inge ein wenig kennengelernt.

Zwei Monate nach dem ersten Liebesbrief schrieb diese ihm:

„Ich habe ein wenig nachgedacht über uns. In den letzten Wochen war alles irgendwie verkorkst. Ich war oft nahe daran durchzudrehen. Manchmal war es wirklich sehr sehr schlimm mit mir. Ich habe Dir wenig erzählt davon wie es mir ging, was ich auch nachträglich noch richtig finde. Ich hätte Dir immer dasselbe in verschiedenen Variationen erzählen können, was Dich wahrscheinlich sehr belastet hätte. Sicher, Du wirst jetzt etwas empört oder unangenehm berührt sein, weil ein Verhältnis schließlich nicht nur darin bestehen kann, an der Oberfläche … Aber Du weißt, wie leicht Du Dich emotional engagierst. Du hast schon genug an den Auswirkungen meiner Stimmung zu knacken gehabt. Aber damit genug. Ich bin angefüllt mit guten Vorsätzen, einem Allesbessermachenwollen, so daß ich glaube, überschwemmen zu müssen. Ich habe eher ein Bild, eine Vorstellung, lange und glücklich mit Dir in einem großen, weichen Bett in einem gemütlichen Zimmer, Ruhe, draußen Regen, Kälte.

Manchmal denke ich, ich will oder kann gar nicht den Willen haben zu genießen, zu lieben. Ich weiß auch nicht, ob es so etwas gibt. Ich muß mich dazu zwingen, sicher, so wie ich es gelernt habe, mich „zur Räson bringen" (Zitat meiner Mutter von heute). Das ist an sich schlecht, Du hast völlig recht. Aber wenn ich aus mir heraus, ohne diesen schleimigen Zwang, es nicht vermag zu leben, muß ich eben diesen Weg beschreiten. Manfred sagte neulich auf meine Meinung hin, daß es nur die Alternative gibt, mich umzubringen oder mich in gewisser Weise anzupassen, einzuleben, daraufhin sagte er lakonisch, daß man viel verdrängen muß. Ich liebe Dich sehr, auch wenn ich oft Angst davor habe. Ich liebe Dich und ich brauche Dich, hörst Du."

So konnte Martin in Erinnerung an eine kurze, intensive Zeit einen verzweifelten Brief nach Metzingen schreiben, daß er im Leben in der Beziehung zu Inge feststecke. Die Treffen mit ihr zeigten immer mehr seine Fehlleistungen – wie er sie nannte – in der Fühlungnahme, er drohte, Inge völlig aus seinem Wahrnehmungsrahmen zu verlieren. Das illusionäre Verständnis von Gruppensituationen, in denen er glaubte, seinen vermeintlichen, marxistischen Wissens– und Bewußtseinsvorsprung einwerfen zu können, sich also „voll" zu produzieren, ging oftmals über die Köpfe der Teilnehmer hinweg. Inge zeigte ihm dies jedes Mal deutlich auf. Sie wollte Martin sehr gerne von seinen sozialistischen Vorurteilen ihr gegenüber „heilen", ihn auf ihr positives DDR–Verständnis umprägen und Martin zu einer kritischen Distanz alles in seiner Gruppe Vorgegebenen bewegen. Inge verlangte nicht weniger von ihm, daß er sich einfach von ihr „helfen" lasse, quasi konvertiere. Ihn schüttelte es. In ihm stieg wieder und wieder eine diffuse Angst auf, sie zu verlieren. Er spürte, daß sie ihm die Basis entzog. Die Schwierigkeiten, die jeder Tag in einer neuen Auseinandersetzung mit sich bringt, ließen Martin nicht zur Ruhe kommen. Aber auch er war von der Richtigkeit seines eingeschlagenen Weges überzeugt.

Inge kam Martin eines Abends besuchen und er fragte sehr direkt, ob sie auf ein intimes Beisammensein Lust habe. Das machte sie sauer und sie erzählte ihm dann, daß das Wochenende in Metzingen eher als fremdes, kaltes und deprimierendes Erleben in Erinnerung geblieben war. Woraufhin ein leicht gekränkter Martin patzig erwiderte, daß für ihn die Angelegenheit klar sei. Bei ihrem dauernden Durchrationalisieren, losgelöst von der Situation, könne es in ihrem Gefühlsleben nur kalt sein. Woraufhin sie sagte: Ja, eiskalt und fing an zu heulen. Martin habe da etwas Dummes gesagt, denn ihre Mutter hatte ihr oft vorgeworfen, sie sei so kaltschnäuzig. Sie kotzten nun Martins erotische Probleme langsam an. Überhaupt redeten sie seit langem über nichts anderes, als darüber, daß sie sich zu wenig sehen und mehr Sex haben müßten. Vielleicht, meinte sie, gehe es eines Tages deswegen nicht zwischen ihnen, da Martin Privates manchmal der politischen Arbeit vorziehe. Inge ließ einen schweigenden Martin zurück, der nicht sehen wollte, daß ihre unterschiedlichen Lebensauffassungen einfach nicht zu überbrücken waren. Sein Schwächegefühl als Mann, dessen Herkunft er ohne fachkundige Hilfe nicht ergründen konnte, meinte er in Anlehnung an Oswalt Kolle nur durch sexuelle Eroberungen ausgleichen zu können.

Martin schüttete Sarah sein „liebeskrankes" Herz aus.

Sarah antwortete ihm brieflich und sehr einfühlsam, daß die von ihm aufgeworfene Problematik „total aktuell" sei: „Inge entzieht sich Dir, hat Angst! Was weiß ich, was sie für eine Sozialisation hat, es scheint aber, daß sie gewaltig leistungsorientiert ist, und die Sache vor die Person stellt. Ist ihr wohl eben so eingetrichtert worden, wie uns allen. Sie wird nur schwieriger damit fertig. Und dann ihre Scheu vor Dir. Ihre Sexualverleugnung. Ihr Bedürfnis, für sich zu sein, ohne Dich mit sich fertig zu werden. Angst vor Vertrauen, vor Hingabe. Oh Gott, wie viele haben das, nicht wahr? Und Du bist fixiert, schreibst Du. Ich würde sagen, Du liebst sie einfach ohne Komplikationen, Du stehst dazu, Du erlaubt es dir, eine Beziehung als vorrangiges zu setzen. Den anderen Menschen als primäres. Du suchst doch auch schon lange nach so etwas. (Wer nicht, nur sind die einen ehrlicher und stehen dazu, die anderen zu verkorkst und kaputtgemacht, um es zuzugeben). Aber gerade, weil Du schon so lange suchst und so stark eine Liebe leben willst, ausleben, bist Du vielleicht zu fordernd und damit natürlich zu abhängig, zu unsouverän. Und das hemmt sie. Sie bräuchte wohl einen Typen, der sich ziemlich stabil und sicher fühlt und sie deshalb nicht so fordert. Somit kann sie mehr auf ihn zugehen. Und das möchte sie wohl lernen. Du mußt ihr wohl die Zeit und die Möglichkeit lassen. Und wenn ja, dann mußt Du auf ihren Wunsch des ‚lockeren Verhältnisses' eingehen. Sonst bringst Du sie zu sehr in Bedrängnis, ihr verkrampft euch bis zum Tod eurer Beziehung. Und dann überleg, ob Du bei ihr bleiben willst, kämpfen willst, Du mußt einfach mehr für Dich leben und trotzdem für sie da sein. Ist natürlich die Frage, wie sehr sie für Dich letztendlich fühlt. Oh je, gut reden, aber schwer getan."

Sarah hatte genau den Finger auf Martins wunden Punkt gelegt. Hatte er im Elternhaus doch intensiv gelernt, sich permanent zu übergehen, so konnte er gar nicht überlegen, ob er so ein Verhältnis überhaupt aufrechterhalten wollte. Was war ihm eigentlich wichtig im Leben? Er klebte buchstäblich an dieser Frau, die zu sehr mit sich beschäftigt war, um ihn auch nur ansatzweise ins Auge zu fassen. Sie genoß seine Zärtlichkeit und fühlte sich von ihm erotisch angezogen. Das erschöpfte sich bald, was er aber nicht wahrhaben wollte.

Warum war es so erstrebenswert, sich um jeden Preis mit einer attraktiven Freundin zu schmücken?

Adler hält ein *„Streben nach Anerkennung und Geltung als Kompensation des allgegenwärtigen Minderwertigkeitsgefühls* zwar auf der einen Seite für eine verfehlte Antwort auf die objektiv gegebene Minderwertigkeit, auf der andern Seite aber für den Motor für die allermeisten menschlichen Verhaltensweisen. ... Mit andern Worten: Das Kind legt sich schon früh einen *persönlichen Lebensstil* zurecht, von dem es annimmt, dass er ihm das Erreichen der erwähnten Ziele (Anerkennung und Geltung, vielleicht auch Überlegenheit und Macht) garantiert. Adler spricht in diesem Zusammenhang von einem ‚geheimen Lebensplan' und drückt damit aus, dass diese Zusammenhänge dem Kind selbstverständlich *unbewusst* sind. Adler verwendet für die individuellen Verhaltensmuster, mit denen Minderwertigkeitsgefühle kompensiert werden, gelegentlich den Ausdruck ‚Lebensschablone', meistens jedoch den Begriff *‚Leitlinie'*.

Leitlinien können unterschiedlich stark ausgeprägt sein. Je grösser die Minderwertigkeitsgefühle sind, desto tyrannischer ist die Leitlinie und desto mehr wird sie auch vom Individuum als innerer Zwang erlebt. Dieses

Zwanghafte der Leitlinien kommt in den Formulierungen durch das ‚Ich muß ...' zum Ausdruck."

Martin empfand es tatsächlich als inneren Zwang: *„Ich muß mich selbst aufgeben und mich ganz für andere aufopfern." „Ich muß mich stets anpassen und unterziehen." „Ich muß immer angreifen und darf mich nie in die Defensive drängen lassen."*

Adler ist davon „überzeugt, dass man erst dann in Anspruch nehmen kann, das Wesen eines Menschen (einigermassen) zu verstehen, wenn man dessen Leitlinie erkannt hat; dann ist man auch in der Lage, sein Verhalten in einer bestimmten Situation *vorherzusagen*. Das zeigt natürlich, daß die zwanghafte Wirkung der Leitlinie stets ein Stück *Unfreiheit* bedeutet und die Vielfalt menschlicher Verhaltensmöglichkeiten einschränkt. Es ist daher nach Adler die Hauptaufgabe der Psychotherapie, die Leitlinie aufzudecken und den Menschen von ihrem tyrannischen Einfluß zu befreien. Gelingt dies, so muss der betreffende Mensch nicht länger der Fiktion der individuellen Selbsterhöhung (Adler nennt dies auch: ‚Gottähnlichkeitsstreben') nachjagen, sondern kann seine Lebensaufgaben *sachlich*, d.h. im Hinblick auf deren gesellschaftlichen Nutzen angehen und lösen:"[10] Und Martin schwelgte darin, im Besitz des „reinen" Marxismus so zu sein, wie ihn seine Genossen vertraten und er trug ihn vor sich her mit allem Nachdruck des Alleinseeligmachenden. Bei Kommilitonen hießen sie rasch „Seminarmarxisten".

Später erfuhr Martin, daß „Störungen in der mütterlichen Persönlichkeit, die sich in mangelnder oder fehlender Zuwendung zum Kind äußern können, sich auf die psychische Entwicklung des Kindes schädigend auswirken können. Die Folgen einer ungenügenden Mutter–Kind–Beziehung aufgrund einer irritierten Haltung der

Mutter bezeichnet Spitz als psychotoxische Störungen, da solche Fehlhaltungen nach der Art eines kontinuierlich einwirkenden psychischen Giftes wirken".[11]

Die erlebte Kargheit seiner Mutter, ihr krankhaftes Mißtrauen den Menschen gegenüber, die Ablehnung und Ausschließung des Mannes, verbunden mit einem gespielten Interesse an der anderen Person, ließen bei Martin eine tiefe innere Zerrissenheit und Unsicherheit als Mann entstehen.

Irrwege und Klärungen

Er erinnerte sich daran, daß er am Anfang, als er nach Bonn kam, in jeder Einladung zum Tee durch eine sympathische, nette Frau gleich eine Einladung zu zärtlichem, auch sexuellem Interesse sah. Die wollte etwas, fieberte er. Das legte sich mit der Zeit und er lernte zu unterscheiden. Was ihm jedoch nicht gelang, war Abstand von seinem Bestreben zu finden, sich als Mann exzessiv unter Beweis stellen zu müssen. Mehrfach in einer Nacht sexuell „ran zu können" überfiel ihm regelmäßig fast wie ein Zwang. Eine Psychologin eröffnete ihm später:

„Daß Gefühle der Unsicherheit sich so gravierend auswirken können, hängt mit der naturgegebenen Schwächeposition des Kindes zusammen. Das durch organische Störungen oder durch unsachlichen Umgang bedrängte, in seinem innersten Wesen unsicher gewordene Kind ist sensibilisiert; es nimmt eine verschärfte Selbsteinschätzung vor, die das Gefühl der Schwäche und der Ohnmacht ins Irreale treibt. In diesem verstärkten Gefühl der Minderwertigkeit sucht es einen Halt zu finden und greift zu Hilfskonstruktionen. [...] Im Gefühl der Schwäche wird die Position der Stärke zum einzig erstrebenswerten Ziel, auf das hin alle Kräfte mobilisiert werden. Damit hat es sich aber vom Boden der Realität bereits entfernt und ‚hängt in den Maschen der Fiktion'".[12]

Ein liebender Mensch ist ziemlich hilflos, zumal wenn er sich zwischen innerer Unruhe und Hilflosigkeit seinen eigenen Strebungen gegenüber bewegt. Und Emotionen durchzurationalisieren hielt Martin für eine gefährliche, weil eigentlich fruchtlose Angelegenheit. Vielleicht machte er auch irgendwo diesen Fehler, um nicht den Kopf zu verlieren. Er hatte ihn längst in hilfloser Umklammerung Inges verloren, die er nur noch enger an sich binden wollte.

Inge machte in anderer Hinsicht auch diesen Fehler. Um nicht den Kopf zu verlieren, versuchte sie Martin immer mehr zu entfliehen. In ihrer sozialistischen Gruppe übernahm sie eine Fülle an Aufgaben: Die Gruppenzeitung am Bücherstand vor dem Hörsaal E genannten Erfrischungsraum sowie Flugblätter zum BAföG (Bundesausbildungsförderungsgesetz) verbreiten. Und sie bereitete gemeinsam mit ihren Genossen eine entsprechende Demonstration vor unter dem Liedmotto „Wir klagen den Dohnanyi an, 500 Mark. Wir wollen nicht am Hungertuche nagen!" Die „armen", privilegierten Studenten! Als Sprechchor sollte kommen: „Wir holen uns die Kohlen von den Monopolen". Und wenn sie diese nicht freiwillig hergeben? Ja ja, der Staat als direkter Handlanger der Monopole, sinnierte Martin. Die Theorie des staatsmonopolistischen Kapitalismus, kurz Stamokap genannt, geht, verkürzt gesagt, davon aus, daß die Einrichtungen und Träger des Staates im Sinne direkter Befehlsempfänger von Industriellen zu sehen sind. Sie seien von daher bloße „Agenten des Monopolkapitalismus". Blödsinn, dachte sich Martin. Inge erahnte seine Gedanken. Nein, du mußt an die Kampfkraft des Proletariats in Gestalt der Partei des Arbeiter– und Bauernstates glauben, beschwor sie Martin. Der Staat ist idealer Gesamtkapitalist, ereiferte er sich. Dieser stelle den Eigentümern der Produktionsmittel allgemeine Voraussetzungen ihrer Konkurrenz bereit, sorge als Sozialstaat auch für die Erhaltung der Klasse, die keine Mittel hat, damit sie als Mittel des Eigentums tauglich ist. Von der Klassentheorie waren nun wieder beide überzeugt.

Martin hatte im Studium von einem gewissen Raiffeisen[13] und dem Genossenschaftsprinzip gehört, beruhend auf den Grundsätzen von Selbsthilfe, Selbstverwaltung und Selbstverantwortung. Jeder „Genosse" hat unabhängig von der Höhe der Geschäftsanteile in gleichberechtigtem Miteinander das gleiche Mitbestimmungsrecht und wenn das im Staat in den öffentlichen Belangen verwirklicht würde, dann hätten die Bürger wirklich etwas zu sagen. In einer Demokratie müssen die Bürger eigentlich direkt das letzte Wort haben. Die Abgehobenheit der politischen Eliten stört zunehmend weite Bürgerkreise. Statt unmittelbaren Einfluß auf die Politik nehmen zu können, rast der Zug unserer Gesellschaft auf den Abgrund zu und alle vier Jahre wird nur der Lokführer ausgetauscht, wie es ein Kabarettist formulierte. So schnell wie ihn diese Gedankensplitter durchfuhren, wurden sie jedoch vom hochschulpolitischen Kampfgetöse aus Martins Gedanken gedrängt.

Worin sich Inge und Martin allerdings noch einig waren: Verluste von Unternehmen werden sozialisiert, Gewinne privatisiert. In einer ihrer kritischen Blätter hatte Inge gelesen, daß es dem Staat im Interesse eines funktionierenden Privateigentums (der Konzerne) eine „soziale Verpflichtung" sei, in den Gang von dessen Geschäften einzugreifen und dabei (teilweise) die Kosten zu übernehmen, die den Gewinn größerer Unternehmen verhindern. Deshalb subventioniere er die Grundstoffindustrie, die Energieproduktion, die Landwirtschaft und nicht zu vergessen, die Banken. Damit weiterhin schön Boni an die „verdienten" Manager ausgeschüttet werden können! In einer Zeitung, so empörte sich Inge, habe sogar gestanden, daß die Vorstandsbeteiligte Randtsaad aus einem großen Betrieb, der zu 22% dem Land gehöre, nach nur einem Jahr „Arbeit" mit 12 Millionen abgefunden wurde, als sie aus der Firma ausschied. Oh, und der Chef einer großen Krankenkasse verdiene 340 000 im Jahr. Auf eine ähnliche Summe kommt aktuell tatsächlich auch ein Spitzenpolitiker, der früher durch Alkoholexzesse aufgefallen war. Wer fällt immer noch auf die parteipolitischen Gerechtigkeitsphrasen herein? Wie viele Jahre muß eine Verkäuferin mit wievielen Jobs schuften, um am Ende doch nur eine unzureichende Rente zu bekommen?

Es war so eine Stimmung unter manchen Bürgern zu verspüren: Ohne etwas gelernt zu haben, außer vielleicht ein Megaphon zu bedienen, habe einer es sogar bis zum Minister geschafft. Was aber machen die hart arbeitenden Fachkräfte, die sich als Leiharbeiter durchkämpfen müssen? Bis 1972 gab es eine Preisbindung für Lebensmittel und ein Verbot von Leiharbeit. Die Aufhebung der Verbote ermöglichten zum Beispiel Aldi und Co. ihr Milliardenvermögen anzuhäufen – auf Kosten des lokalen Einzelhandels. Die etwas gelernt und wirklich geleistet haben müssen sich doch tatsächlich von Ministern dafür als „Pack" oder „Pöbel" beschimpfen lassen, wenn sie mit solchen entgrenzten Entwicklungen nicht einverstanden sind und dies auch öffentlich äußern. Meinungsfreiheit? Längst passé.

Na ja, die sich als Marxisten verstehenden Studenten waren untereinander sich nicht sonderlich grün und beharkten sich in Bezug auf „Das Kapital" von Karl Marx etwa mit folgenden Spruch: Wem das Lesen zusammenhängender Texte Probleme bereitet, für den legen wir es demnächst in Comicform auf. Mehr als ein Hauch von Arroganz? Keine Spur der Selbstkritik.

Inge war gekränkt. Aber Martin bastelte an seiner Detailanalyse von Inges Befindlichkeit. Sie drehe sich nur im Kreis, befand er. So, als müßte sie etwas betäuben. Permanente Aktion. Das nervte Martin etwas. Wie kann er das überwinden? Gut, längerfristige Planung! Keine übereilten kurzfristigen Entscheidungen! Alles schöne Worte. Aber: Konnte Inge das durchhalten? Sie sei etwas pragmatisch angehaucht, warf er ihr vor. Sendepause bei ihr. Soll dein Psychotrip noch lange dauern, ätzte Inge. Läuft unsere Beziehung nicht Gefahr, pragmatisiert zu werden? Martin kam ganz auf die rationale Schiene. Reduziert sich unsere Beziehung letztendlich auf ein paar geplante Treffen, Kompaktseminaren gleich? Martin nannte diese Entwicklung beschämend. Eine Beziehung baut sich doch nicht nur aus Sachbezügen auf. Meine Hektik, deine Hektik stehen beide in einem Wechselverhältnis, stößt er noch hervor. Was hat uns eigentlich zusammengeführt? Ja, das frage sie sich langsam auch. Der Streit war da. Es war doch nur der hilflose Versuch, dort noch nach Brücken zu suchen, wo die Divergenzen un–überbrückbar waren. Sie sahen beide die Welt eben jeweils komplett anders an.

Sie trafen sich in der Halle des englischen Seminars. Sie hielt den Kopf etwas schräg und prüfte ihn. Er dachte in dem Moment eher an Bedürfnisse erotischer Art. Hingegen sie an die letzte Schulung ihrer politischen Blätter.

Muß ich mich kasteien, fragte er sich? Nun, hast du es dir überlegt? Was? Na ja, komm doch mal zum Genossen–kennenlern–Abend mit. Erotische Bedürfnisse müssen überwunden werden. Zumindest ihr gegenüber. Er war so auf gemeinsamen Sex mit ihr zugespitzt, daß ihre Worte nur wie durch Watte an ihn drangen. Warum dieser Drang, immer zu können, zu wollen? War er sexkrank? Warum wußte keiner seiner guten Freunde dahingehend Rat, indem er ihm erklärte, daß die Beziehung gestört war. Es war nur eine Verlagerung. Er und Inge waren in zwei völlig verschiedenen Denkrichtungen unterwegs, inkompatibel sozusagen. Wie im Elternhaus versuchte Martin Dinge zu verbinden, deren Enden sich nicht verknüpfen ließen. Eifersuchtsgefühle plagten Martin, die er jedoch nicht so benennen konnte.

Der Abend der Wahrheit kam und es war der Hammer, fand er. Was stimmt nicht, grollte er? Sie fliehe vor ihm in die Gruppe, konstatierte er säuerlich. Gruppengespräche erscheinen ihr wichtiger als das momentane Zusammensein mit ihm. Martin kam sich ziemlich beschissen vor, seine hehren Ideen, die er immer vor sich her getragen hatte, lösten sich in Luft auf. Wer kann wem die Schuld in die Schuhe schieben? Blödsinn. Er war drauf und dran, sie weinerlich um Bestätigung zu bitten. Schluß mit dem Gejammer, er fühlte sich hilflos. Eigentlich müßte Martin zufrieden sein, denn schließlich hatte er eine Frau zum Vorzeigen. Und er wollte sozialistischer Kader werden? Gab sich solchem Tinnef hin? Diese Gedanken kreisten auch nur wieder um sein eigenes Unzulänglichkeitsgefühl.

Nur kann Martin nicht alle Mißverständnisse darauf schieben, daß er getrunken hatte. Das fand Inge nicht prickelnd. Langsam kamen Martins Unsicherheiten durch und je mehr er sie krampfhaft zu überspielen versuchte, desto lächerlicher wurde das Ganze. Es wäre besser und für ihn eine echte Stärkung des Selbstwertgefühle gewesen, wenn er sich auf sein Studium konzentriert hätte. Statt dessen klammerte er sich an Sentenzen aus den Flugblättern seiner Organisation, versuchte originell überheblich zu wirken. Dabei stand er längst mit dem Rücken zur Wand und Inge konfrontierte ihn gnadenlos mit seinem Nichtwissen. Er zog sich daraufhin zurück, was wiederum sie veranlaßte, das Ganze zu intensivieren. Bis der große Zusammenbruch kam und Martin aus dem Zimmer lief, weil er sonst wie ein Schloßhund losgeheult hätte. Wohnkollege Manfred kümmerte sich sehr nett um Martin. Inge war sauer, empfand seine Not als Gejammere. Die Situation war ziemlich verfahren. Später erkannte Martin, daß seine Flucht aus dem Zimmer eine Zielrichtung hatte: Er wollte, daß sie ihm nachfolgt und dann von Inge die Bestätigung erwirken, daß sie sich ihm erklärt und trotz seiner Macken sich ganz eng an ihn binden würde.

Inge hatte ein befreundetes Paar sozusagen als Daueranwesende eingeladen. Bald klebten alle vier förmlich aufeinander. Katharina und Gunnar verbreiteten eine Leere, die deprimierend und ansteckend zugleich wirkte. Gunnar äußerte mehrfach, daß er genau wisse, wo er bei Katharina die richtigen „Knöpfe" drücken müsse, dann gab es Sex. Darauf war er richtig stolz und sie lächelte nur zu seinen Sprüchen. Je mehr die vier auf den Venusberg zu einem ziellosen Spaziergang fuhren oder einfach bei Martin herumhingen, desto deprimierter wurde Inge. Sie sei sogar einfach über den Friedhof gegangen. Endzeitstimmung.

Ihre ältere Schwester hatte sich im elterlichen Bad umgebracht und Inge hatte sie gefunden. Darunter litt sie immer noch. Ihre depressive Stimmung verstärkte sich immer mehr. Sie verstrickte sich immer mehr darin, keine Rechtfertigung für ihre Existenz zu finden und reagierte auf seine Klammerversuche mit zunehmenden Depressionen. So blockierten sich Martin und Inge gegenseitig. Ihm blieb längerfristig nur eine Trennung von ihr übrig, denn je bedeutsamer das sexuelle Ankommen als Mann bei ihr wurde, desto weniger emotionalen Spielraum empfand er. Auch sie empfand Abhängigkeitsgefühle, obwohl sie sich dagegen wehrte. Seine zärtlichen Annäherungen bedeuteten für sie einen Moment der Ruhe, genießen konnten sie diese dennoch nicht. Da war der innere zwanghafte Anspruch. Weltanschaulich trennten sie Welten, was Martin nicht wahrhaben wollte. Es wurde zu einem immer mehr bedrängenden, ideologischen „wer zieht wen auf wessen Seite".

Der Zugverkehr durch Bonn erforderte an den querenden Straßen zwei Bahnschranken. Es gab ein geflügeltes Wort: Es regnet, man ist müde oder die Schranken sind zu. Auch Martin litt manchmal unter der übermäßigen Schwüle, die der unzureichenden Luftbewegung im Talkessel geschuldet war. So stand er eines mittags, dadurch wieder einmal leicht abgeschlafft – woran jedoch auch ein schlecht verdauliches Mensaessen schuld trug – an der geschlossenen Schranke. Der erste Zug rauschte gerade vorbei, als er jemanden hinter sich bemerkte, diesen aber in dem Lärm nicht verstand. Bis zum nächsten Zug wiederholte sich der von Martin mittlerweile als entfernter Bekannter identifizierte Sprecher: Die Maria ist tot, hattest du es schon gehört? Nein, antwortete Martin erschrocken. Er kannte sie aus dem Friedenskreis der Evangelischen Studentengemeinde. Der Bekannte fuhr fort: Sie wurde ermordet. Aus ihrer Gutmütigkeit heraus und weil sie die Gefahr unterschätzt hatte, nahm sie einen Drogenkonsumenten bei sich auf. Sie wollte ihm mit Geld und Quartier aus seiner Misere heraushelfen, was seine Drogenabhängigkeit und damit sein Leiden lediglich verlängert hatte. Die Inanspruchnahme fachmännischer Hilfe hätte notgetan. Er hatte in ihr den Teufel gesehen und sie im Schlaf erstochen. Martin war schockiert und begann sich verstärkt gegen die Laissez–faire–Haltung in der Drogenfrage bei einer Reihe seiner Freunde zu wenden. Nur Abstinenz bringt ein gesundes, gesellschaftsrelevantes Miteinander.

Der Drogenpropagandafilm „Easy Rider" mit seiner Verharmlosung des Konsums von Cannabis hatte zu der Zeit gerade in der jungen Generation viel Unheil angerichtet. Er galt und gilt als sogenannter „Kultfilm" und propagiert ein ungebundenes Hippieleben, welches sich den Lebensunterhalt durch Drogenschmuggel bzw. – dealen beschaffte. 1969 war „Easy Rider" der offizielle Beitrag der Vereinigten Staaten zum Filmfestival von Cannes! Der Film war als bester Wettbewerbsfilm für die Goldene Palme nominiert. Er gewann sie zwar nicht: Der Film beziehungsweise Dennis Hopper wurde jedoch mit dem „Prix de la première oeuvre" als bestes Erstlingswerk ausgezeichnet. Und das, obwohl der Film eine anklagende Kampfansage an das Bürgertum und seine Konventionen darstellte bzw. darstellt.

Auch Martin hatte sich den Film damals angesehen und die Propagierung von Freiheit auch in Drogenkonsum, Abenteuer und politischer Anklage verbunden mit der temporeichen Rockmusik begeisterten ihn zunächst. Der gewaltsame Tod von Maria war der Auslöser, diesen

Film längerfristig kritisch zu beurteilen. In Stadt- und Kreisbildstellen wurde er später beispielsweise als der „klassische Jugendfilm der 60er Jahre" beworben. Die Verharmlosung des Drogenkonsums durch Politik und Bildungseinrichtungen scheint dazu geführt zu haben, daß in Deutschland aktuell jeder dritte zwischen 14 und 17 Jahren Cannabis mindestens einmal probiert hat.

Da durch Cannabiskonsum u.a. das Kurzzeitgedächtnis angegriffen wird, konnte Martin bei einem ehemaligen Schulkollegen dessen Abstieg aus der Studienwelt beobachten. Später erfuhr Martin, daß ein Joint unter Umständen ausreicht, um eine Psychose hervorzurufen. Manche Cannabiskonsumenten sind von daher in der Jugendpsychiatrie gelandet. Bekanntlich ist der Hauptwirkstoff von Cannabis (das THC), im Unterschied zum wasserlöslichen Alkohol, der daher relativ schnell wieder ausgeschieden wird, fettlöslich und reichert sich deshalb gut im Gehirn an. Bei regelmäßigem Cannabiskonsum selbst nur einmal pro Woche steht man deshalb immer unter Drogeneinfluß. Mit der Beschäftigung dieses umfangreichen Problems gelang es Martin, wenigstens kurzfristig aus seiner Belastung wegen der ungeklärten Situation mit Inge auszusteigen.

Im Laufe seines späteren Lebens erfuhr Martin etwas von den eindrücklichen Worten Frau Prof. Jeanne Herschs, Philosophieprofessorin an der Universität Genf, was ihn nachhaltig beeindruckte:

„Zum Wesentlichen des Menschseins gehört die Freiheit zur Entscheidung. Der Drogenkonsum aber verhindert, dass der Mensch wirklich Mensch sein kann. Der Drogenkonsument verliert seine Freiheit und seine Fähigkeit, Verantwortung für sich und andere zu übernehmen. Deswegen ist es eine reine Perversion des Denkens, wenn man behauptet, es gehöre zu den Menschenrechten, Drogen konsumieren zu dürfen."[14]

Die Semesterferien begannen und Martin mußte bei der großen Weltfirma, wie in allen Ferien, arbeiten gehen. Ein Büro–Job, Abrechnungen sortieren und am Ende des Arbeitstages die Endabrechnung ins Rechenzentrum übermitteln. Die Kollegen unterhielt er in der Frühstückspause mit seiner Marx–Exegese. Das „Kapital" hatte er in Zeitungspapier eingewickelt durch die Pforte geschmuggelt. Die Kollegen verstanden zwar nichts von den abstrakten Wortkaskaden, blieben jedoch freundlich und hörten andächtig zu. Der Bürobote, ein mittelgroßer, stämmiger Typ, nannte ihn immer mal wieder „Rotfuchs".

Nichts wurde unversucht gelassen, ihn von seinem Sendungsbewußtsein abzubringen. Martin wurde zum Kegelabend eingeladen. Ein wohlmeinender älterer Kollege hatte eine attraktive, dunkelblonde, sympathische Tochter, die er mitbrachte. Es war damals keineswegs üblich, daß die Mädchen wurstpellenähnliche Kleidungsstücke etwa in Schockfarben trugen. Dreiviertellanger Rock und Blazer in gedeckten Farben waren das Angesagte. Helene, wie die Tochter hieß, arbeitete ebenfalls in einem Büro. Sie konnten beide nichts miteinander anfangen. Der Vater warf dann und wann einen Blick auf die beiden Kegler – nun ja, es gab also keinen Schwiegersohn.

Da er nicht jeden Tag nach Bonn fahren konnte, mußte Martin zwangsläufig zu Hause wohnen. Sein Vater hatte ihm untersagt, ihn in seiner Abteilung zu besuchen. Die Kollegen hätten ihn einmal auf Martins lange Haare angesprochen. Daran hielt sich Martin. Er zweifelte wie immer daran, ob sein Vater ihn gerne hatte. Mutter und Schwester verband weiterhin eine unglückliche Allianz. Die Mutter hatte das Mädchen ganz auf ihre Seite gezogen. Die beiden Männer im Haushalt waren isoliert. Martin spürte, daß er zum Außenseiter, zur unerwünschten Person gedrängt wurde. Die Ablehnung mußte schon beim Säugling stattgefunden haben, mutmaßte er richtig. In Gemeinschaften brachte er sich immer wie von außerhalb ein, so, als werfe er einen Eckball ein. Das brachte ihm nicht immer die Sympathien vor allem der Mädchen ein.

Er hatte zwar einige Male mit Inge telefoniert, aber nur Bürokram berichtet. Er war befangen. Sie fahre jetzt eine Woche nach Dänemark und hinterließ ihm einen Brief. Sein Herz pochte, als er ihn öffnete. Keine Liebeszeilen mehr.

„Ich glaube, ich bin mir und Dir noch einiges an Erklärungen schuldig. Ich will mich nicht rechtfertigen oder entschuldigen, aber ich muß mir selbst Klarheit verschaffen. Auf der einen Seite steht die Tatsache, daß es so nicht weitergeht wie bisher. Wenn ich so weitermache, lande ich wirklich noch irgendwann vor einem Laternenmast. Ich akzeptiere mich nicht und dadurch kann ich mit mir nicht fertigwerden. Was ich suche? Es kann wahrscheinlich nicht darin liegen, große Probleme zu reden, gegen Wände zu laufen, nicht mehr weiterzukommen, sondern ich muß eine andere Richtung einschlagen. Du magst es Flucht nennen. Ich will, nein ich muß, um zu leben, Freude haben können, Unsinn machen, es lernen mich wohl zu fühlen, ganz einfach ohne zu fragen, warum ich es tue. Dabei kann ich nicht allein fertigwerden mit mir. Ich brauche andere Menschen. Deine Emotionalität macht mich kaputt, ich ertrage es nicht, wenn jemand derartig auf mich eingestellt ist. Das bedeutet Druck für mich. Wenn Du mir alles von Dir gibst, erwartest Du eine Resonanz. Ich kann sie so nicht geben, ich weiche zurück, wenn jemand versucht, in mein wohlbehütetes, eingeschlossenes ICH einzudringen. Weißt Du, ich kann nicht schon wieder alleine sein, Angst haben vor unbewältigten Wochenenden, Stunden, in denen ich mich versuche zu verstecken. Du brauchst nichts antworten, ich melde mich dann wieder. Wie gesagt, keine großen Erwartungen. Ich kann sie ganz bestimmt nicht erfüllen. Kuß Inge"

Er litt, wartete auf ein Zeichen von ihr. Im Werk mußte er noch zwei Wochen weiterarbeiten. Sein Freund Manfred arbeitete ebenfalls in den Semesterferien, war also nicht greifbar. Eines Abends klingelte bei Martins Eltern das Telefon. Inge war dran. Na, hast Du es dir überlegt, wie es weitergehen soll? Na klar, wir versuchen weiter, uns näher zu kommen. Nun ja, da ist nur ein Problem. Ich hatte jemanden kennengelernt und mit dem war ich in Dänemark. Martin schwanden fast die Sinne. Später erfuhr er, daß es Bertold war, einer ihrer Genossen. Er fühlte sich elend, verraten, zurückgesetzt. Was hat der nur, was mir fehlt? Inge und Bertold gingen nach Gießen. Das Schwächegefühl, als Mann versagt zu haben, nagte schwer an Martin. Ob auf Fêten, in der Schumannklause oder in der Mensa – er ließ keine Gelegenheit aus, sich sexuell zu bestätigen. Sein Selbstwertgefühl war gründlich erschüttert. Er hatte sich gerade zum Schluß Inge gegenüber völlig ungeschützt gezeigt, hatte keine innere Abwehr dagegen, daß er von Mitmenschen verletzt werden konnte. Durch diese Verletzung erhielt insbesondere das bei allen Menschen latent vorhandene Minderwertigkeitsgefühl neue Nahrung.

„Je grösser bei einem Menschen nun die Minderwertigkeitsgefühle sind, desto heftiger ist seine Angst vor dem Unterliegen. …[Das] erlebte Minderwertigkeitsgefühl [führt] zu jeder Form von Kompensation. *All die Kompensationen des Minderwertigkeitsgefühls entsprin-*

gen demgemäss der Angst, die selbst erlebte Minderwertigkeit könnte von andern wahrgenommen und ausgenützt werden. Jeder Mensch sichert sich daher ständig mehr oder weniger ab, um sich ja keine Schwäche oder Blösse zu geben. Adler nennt diese Grundgestimmtheit *„Sicherungstendenz'.* Je grösser die Minderwertigkeitsgefühle sind, desto grösser ist auch die Sicherungstendenz und desto geringer ist die Bereitschaft, ein Risiko einzugehen. Damit wird die Begegnungs– und Liebesfähigkeit in erheblichem Masse eingeschränkt ...“[15]

Wie Zufälle so manchmal eben spielen. Zwei Jahre nach dem Desaster mit Inge brachte ihn eine Exkursion nach Gießen. Von Inges Mutter hatte er sich deren Adresse besorgt und nutzte die Mittagspause, um mit öffentlichen Verkehrsmitteln ihre Wohnung aufzusuchen. Die Straße schien endlos, als er endlich vor ihrem Haus stand. Mit etwas Herzklopfen klingelte er und zu seiner Überraschung schien jemand zu hause zu sein. Dann endlich sah er ihn, Bertold, das Phantom. Nach einem kleinen Schlagabtausch über Hegel meldete sich Inge zu Wort, daß sie noch Wäsche zu machen habe. Martin verließ die Wohnung voller Zufriedenheit. Sie hat sicherlich einen schlechten Tausch gemacht. Seiner marxistischen Gruppe konnte der nicht das Wasser reichen. Entspannt absolvierte Martin die weitere Exkursion und war ab sofort wieder offen für nähere Liebesdinge.

Neues Psychoglück in Emmerich am Rhein – Aus Martins Aufzeichnungen

Stine, Christoph, Martin und Jakob kannten sich sowohl aus politischen Zusammenhängen als auch aus einer Selbsterfahrungsgruppe. Martin hatte in der Hoffnung dorthin gefunden, nach seinen Mißerfolgen auf der Partnersuche wieder Selbstwertgefühl tanken zu können. Sie alle hatten gehört, daß es einige Zugkilometer weg von Bonn das Mekka des losgelösten Urschreis geben solle. Eine Woche nur mit sich beschäftigt sein, das eigene Ego streicheln und sich buchstäblich auskotzen, indem man Vater und Mutter aus sich herausschreien konnte.

Die Anzeigenseiten im studentischen Szeneblatt „Lebensgruß" priesen den Studenten die Psychotechniken mit klingenden Namen wie Gestalt, Bioenergetik und Urschrei an. Es tönte nach: „Mal wieder etwas anderes erleben", „mit sich selbst besser in Kontakt kommen", oder „Konflikte schneller transparent werden lassen". Die wohlklingende Ankündigung einer „Förderung intersubjektiver Begegnungen und dialogischer Lernprozesse" kaschierte, daß es keineswegs um die Förderung von psychischer Gesundheit ging. Statt wie gewohnt marxistisch–kritische universitäre Seminararbeit zu leisten, sollten die Studenten „erlebnisorientiert" zu antisozialen Einstellungen umprogrammiert werden.

„Die Gestalttherapie kennt kein Über–Ich und kein Realitätsprinzip, sondern nur die Bedürfnisse des Organismus und die Ich–Funktionen der Orientierung und der Handhabung der Umwelt; sie ist damit potenziell subversiv gegenüber jedem gesellschaftlichen Status quo."[16] Damit wird der ganze Kulturbereich verneint und der Mensch auf seine Triebe reduziert. In der Folge konnte nach Auffassung der Gestalt„therapeuten" eine tiefgreifende Umwälzung von Gesellschaft und Kultur erreicht werden. Um es mit einem der Hauptvertreter der Gestalt„therapie", Fritz Perls, zu sagen: „So tue ich (...) etwas gegen die Gesellschaft, (...). Ich stoße ein Trojanisches Pferd – die menschliche Seele – in diese Gesellschaft, aber ich werde dafür bezahlt. Ich tue das nicht, weil ich ein Reformer oder ein Weltverbesserer bin, sondern weil es mir Spaß macht; ich bin lebendig, wenn ich das tue".[17]

Die Überschreitung der Intimsphäre, eine Außerkraftsetzung von Spielregeln des zwischenmenschlichen Umgangs und Rücksichtslosigkeit, den eigenen Standpunkt auf Kosten des anderen durchzusetzen, waren Lernziele, die z.T. auch offen so benannt wurden. Entgegen der Beteuerung einer Förderung sozialen Handelns und Sensibilität soll es offensichtlich auch darum gehen, daran Vergnügen zu haben, wenn der Mitmensch übergangen wird, sich distanzlos und unverschämt, ja gewalttätig zu verhalten. Martin hatte es bereits in den Lehrbüchern der Väter der Gestalt „therapie" Perls und Goodman gelesen, deren Hintergrund vor allem die Ideen von Wilhelm Reich waren. Dieser hatte in den 30er Jahren versucht, die Theorien von Sigmund Freud und Karl Marx zu verknüpfen, um so psychoanalytische Ansätze für die Revolution nutzbar zu machen.

Die Zukunft dessen an Kultur, das auch Martin in jeder Beziehung hochhielt und dabei ethisch verbindlich zu stabilisieren versuchte, wurde für belanglos erklärt: „Nur im Jetzt bist du im Kontakt mit dem, was geschieht. … Ein guter Therapeut hört nicht auf den Inhalt von dem Geschwätz, das der Patient hervorbringt, sondern auf den Klang, die Musik, das Zögern. Die sprachliche Kommunikation ist gewöhnlich lauter Lüge. Die wirkliche Kommunikation liegt jenseits der Sprache. ... Was wir sagen ist meistens entweder Lüge oder Bockmist."[18]

Mittels einer solchen künstlichen Infantilisierung wurde der Mensch auf einen besinnungslosen, kulturunfähigen Organismus reduziert. Gerade aber auf die Vermittlung intellektueller Einsichten legte Martin großen Wert, hatte seine Mutter doch stets versucht, ihn aus jedem fachlichen Bezug zu anderen Menschen sowie aus lebensangemessenen Lernprozessen in Gemeinschaft herauszulösen.

Die Begriffe Gestalt „therapie" bzw. –„pädagogik" waren insofern irreführend, weil sie ein politisches Programm zur gezielten Auflösung traditioneller Bindungen darstellen. Deshalb sollte besser von Gestalt"ideologie" gesprochen werden. Die kapitalistische und religiöse Entwicklung der Gesellschaft trug nach Perls die Hauptverantwortung für die Entstehung kollektiver Neurosen. Die Gestaltideologie konstruiert dabei einen Gegensatz zwischen Gefühlen und Vernunft und denunziert die Vernunft als Unterdrückerin menschlicher Bedürfnisse. Die Gestalt„therapie" hieß das Ausleben und den Ausdruck aller gefühlsmäßigen Impulse gut, ungeachtet der Konsequenzen für den einzelnen Mitmenschen und die Gesellschaft, denn ideal sei das Leben nur im „Hier und Jetzt". Das hat allerdings nichts mit Realismus zu tun, sondern jedwede Verantwortung im Handeln, Fühlen und Denken wird anscheinend geleugnet. Weder Vernunft noch Verbindlichkeit wurden anerkannt, Perls wertete vielmehr Gewissensregungen und explizit den Gebrauch der Vernunft vulgär als „mind–fucking" ab[19]. Insofern merkte Martin zunächst nicht, daß das gestalttherapeutische Menschenbild vom Ziel der Destruktion her seinen marxistischen Vorstellungen ähnelte. Das prüde Zwangskorsett der Moral seines Elternhauses sollte zwangsweise zertrümmert werden und er in der Folge stets von neuem im planlosen Kompensieren seiner Schwächegefühle und in immer neuen, von Ängsten getriebenen Bedürfnisregungen, versinken.

Vor diesem Hintergrund bietet die Gestaltideologie mittels abstruser Psycho„spiele" ihr rein körper- und affektbezogenes Konzept als Befreiung an, wobei tatsächlich der Mensch auf das Ausleben primitivster Affekte wie Wut oder Aversion trainiert wird. Anarchisten wie Paul Goodman hatten ein Faible für die Gestalt„therapie". Das Ausleben primitiver Affekte wird von den Gestaltlern mißbräuchlich mit positiv besetzten Begriffen wie „Echtheit", „Kontakt", „Verantwortung" usw. benannt. Damit verschleiern sie die menschenverachtenden Inhalte und Ziele ihres Konzeptes.

Indem der Einzelne lernt, seine Mitmenschen nicht mehr als Persönlichkeit zu respektieren, schafft er gleichzeitig den freiheitlich–demokratischen Rechtsstaat ab, der von der Unverletzlichkeit der menschlichen Person und damit ihrer Würde ausgeht. In den Aggressionstrainings, die in erster Linie das Ausleben von Sexualität als unbeherrschtem Triebleben propagierten, wurde der Mensch lediglich als vorgebliches Ergebnis seiner Triebe gesehen.

Die Wahrnehmung des einzelnen Menschen sollte dabei von dem Gefühl geleitet werden, andauernd durch irgendwelche gesellschaftlichen Normen und Zwänge daran gehindert zu werden, sich selbst zu „entfalten". Das Ausleben grundlegender Ich–Bezogenheit führte zu einem schleichenden Prozeß, die für ein demokratisches Zusammenleben notwendige Verbundenheit und Kooperationsbereitschaft aufzugeben.

Indem Erregungszustände zur Normalität erklärt wurden, galt nun der Mensch als normal, der sich das nimmt, was er glaubt gerade zu brauchen. Vor allem ohne sich darum zu kümmern, ob es irgendwelche Konsequenzen hatte. Für ihn stimmte es schließlich. Die autoritäre Führung bestand beispielsweise darin, auf einem großen Teppich übereinander hinweg zu rollen oder wenn sich wildfremde Menschen einander bei den Händen faßten, um damit eine scheinbare gefühlsmäßige Vertrautheit zu schaffen. Diese Bereitschaft des einzelnen, solche Spiele mitzumachen, brach Hemmschwellen des Respekts vor dem nächsten auf.

Das Programm der Gestalt„therapie" könnte also übertitelt werden mit „Ja zur Gehirnwäsche[20] – Nein zur Vernunft"[21]. Waren nicht bereits Fälle dokumentiert, daß Teilnehmer solcher Gestalttrainings auch in berufsbezogenen Fortbildungen nachher psychiatrische Hilfe in Anspruch nehmen mußten und Ehekonflikte eskaliert sind? Die Gestalt „therapie" war somit das schärfste Instrument, die eigentliche Speerspitze im machtpolitischen Konzept der antikapitalistischen Zerstörungsarbeit linker Kreise[22].

Wie das Gemeinschaftsgefühl junger Menschen gezielt mißbraucht wurde

Sie saßen bequem im Eisenbahnwaggon am hinteren Ende des Zuges und der Beförderer der Gruppe, Christoph, die Mundharmonika in den Mund gequetscht, erheiterte mit diesen Klängen sich und die anderen. Dazu schwebten später seine Gitarrenklänge, leicht disharmonisch, dezent gepflanzt, durch den Raum. Vom Bahnhof aus erreichten sie nach erquickendem Marsch zu Fuß, empor in Serpentinen durch Feld und Wald, den umgebauten Scheunenkomplex, ein Idyll. Es war eine kleine

Ansammlung um eine Wiese gruppierter Fachwerkhäuser inmitten von Nadelwald. Es gab ein frugales Mittagsmahl.

Martin verspürte eine kleine „erotische Fixierung" auf ein Mädchen beim ersten gemeinsamen Mittagsmahl. So schön, unerreichbar durch die Scheibe der Rezeption, hatte sie dort gestanden, mit einem schwarzen Pullover und ihrem halblangen, rötlich–dunklen Haar, das glatt wie bei seiner verflossenen Inge schimmerte. Gefährliche Wasser. Ein anderes Mädchen saß am Tisch neben ihm – sie war aus Frankfurt. Ihr Freund hatte nichts dagegen, daß Martin mit ihr anbändelte. Es klingelte bei ihm. Assoziationen brachen auf. Interesse aufgrund einer sexuellen Assoziation mit ihrer sehr weiblichen Figur. Zärtliche Gedanken an eine gewisse Margitta blühten auf. Merkwürdig, gerade hier. Nicht schuldbewußt. Christoph spielte Donovan, Rockanklänge, walk along, talk along. Durch diese Landschaft drumherum inspiriert. Sonnenstrahlen fielen ein. Er teilte das Zimmer mit Christoph. Leicht entgrenzte Gedanken, Sprachbilder, durchfluteten Martins Kopf. Die Unverbindlichkeit in den Kontakten, Zufallsbekanntschaften gleich, umschmeichelten Martins Ego. Die Mädchen erschienen willig, auch auf schnellen Sexgenuß programmiert. Martin hoffte, hier endlich seine Fixierungen und Zwänge zu erkennen, sich freizügig und schamlos ausleben zu können. Das sogenannte Gestaltgebet, die Hymne der Verantwortungs– und Beziehungslosigkeit, konnte er bereits auswendig:

„Ich tue, was ich tue; und du tust, was du tust.

Ich bin nicht auf dieser Welt, um deinen Erwartungen zu entsprechen.

Und du bist nicht auf dieser Welt, um meinen Erwartungen zu entsprechen.

Du bist du, und ich bin ich, und wenn wir uns zufällig finden, – wunderbar.

Wenn nicht, ist das nicht zu ändern." (1969)
Fritz Perls

Es gefiel Martin, daß der große Übungsraum mit großflächigen, beigen Berberteppichen ausgelegt war und alle Erlebnishungrigen sich enger oder weiter auseinander zur Entspannung auf den Boden legen konnten. Am ersten Gruppennachmittag hatte Martin die erste Gestalt miterlebt. Ausgelöst wurde das Ganze durch eben seine „Fixierung" auf Connie (so hieß das rötlich–haarige „Geschöpf"), die, je mehr er sich auf sie fixierte, ihm andauernd gedanklich in die Quere kam. Eine große Angstschwelle baute sich bei ihm auf und so wählte er sich denn auch aus der Runde als Partnerin eine Marlies aus Frankfurt, die gesprächsbereiter schien als Connie, für ein kleines Gespräch in der Gruppe. So ein Mädchentyp eben, wie Caroline und andere. Aber er fühlte sich in seiner Rolle nicht sehr wohl und teilte, von Therapeut Mike ermuntert, besagter Marlies dies auch mit. Daraufhin sagte sie, daß ihr Freund das auch immer sagen würde. Martin erkannte, daß seine Aggressionen sich eigentlich gegen ihn selbst richten sollten: Er aber machte Marlies unterschwellig für sein Versagen sich selbst gegenüber zum Sündenbock und überschüttete sie mit all seinen aversiven, abwertenden Gefühlen. Marlies begann zu schlucken. Martin schielte fortwährend zu Connie herüber und das ließ nicht nach. Als er nun artikulierte, daß er eigentlich eine vollbusige Frau und kein kleines, schmales, blasses Mädchen suche, fing Marlies an zu heulen. Das sei jetzt aber ihr Problem, befand Martin mit aller Härte, obwohl er sie tief verletzt hatte.

Mike, der Therapeut, holte sie in den Kreis und die Arbeit auf zwei Stühlen begann. Beide sollten sich einander gegenübersetzen. Mutterabhängigkeit von beiden Seiten, etikettierte er das Problem, „wie gehen wir das herunter", sagte Mike. Die Umherliegenden verstanden das als Aufforderung, sich gefühlsmäßig zu öffnen. So spürte Martin, daß er seine Mutter am liebsten hätte erwürgen können, um sich endlich von ihr zu befreien. Keine Abschweifungen! Dann bekam Martin von Mike ein Handtuch überreicht. Erwürge deine Mutter, zeig ihr, was für eine Scheißmutter sie war. Und Martin schrie und würgte. Alle waren von seinem Ausbruch beeindruckt.

Man stelle sich vor: Die eigene Mutter ermorden! Statt seine negativen Empfindungen auflösen zu helfen, den Hilfesuchenden therapeutisch davon zu befreien, trieben die skrupellosen „Therapeuten" Martin noch tiefer ins Elend seiner Abhängigkeitsgefühle hinein und bauten eine aggressive Wahnwelt auf.

Danach kam eine Sensibilisierungsübung. Man hauchte sich in die Handfläche und sollte registrieren, was passierte, welches Körpergefühl sich einstellte. Martin empfand eine warme Handfläche. Er wartete darauf, damit endlich einen Lösungsansatz für seine Partnersuchprobleme zu finden. So oft er auch hauchte, die Handfläche wurde lediglich warm. Sodann „soundeten" die Teilnehmer die Tonleiter herauf und herunter. Wie im 2. Grundschuljahr, erinnerte sich Martin und kicherte in sich hinein. Dann erfolgte ein Blasen in die Handfläche des Nachbarn, während der Nachbar zur anderen Seite in die eigene linke Handfläche blies. Individueller Körperkult und Affekterleben als neue „Wahrheiten" sollten das ersetzen, was einmal Zielvorstellung hin zu einer „Diktatur des Proletariats" hieß, denn vom Proletariat versprachen sich manche der neuen revolutionären Eliten keinerlei gesellschaftliche Umwälzung mehr.

Zum Schluß setzte sich aus der erlebnishungrigen, teppichkuscheligen Runde ein Typ namens Detlef auf den von Mike angebotenen Stuhl. Detlevs Entwicklung war nahezu analog zu der Martins verlaufen. Dieser, fand Martin, heulte nur herum über die Demütigungen, die er durch seinen Vater erlitten hatte. Die Freundin von Detlev, Susanne, fiel Martin ins Auge, noch eine Fixierung. Wie sollte er den damit verbundenen Triebstau überwinden und vor allem Detlev davon überzeugen, seine „Besitzansprüche" einmal kurzfristig für eine kurze amoröse Zeitspanne auszuknipsen? Wie breit war wohl deren Bett? Später konnte Detlev überzeugt werden.

Spontan fielen Martin bei Detlevs „Stuhlarbeit" wieder die Worte seines Vaters über die Besuche des Sohnes in seiner Abteilung ein: Du siehst ja aus wie Rainer Langhans! In der Folge wollte er Martin nicht mehr in seiner Abteilung sehen. Die aktuelle Botschaft Mikes an Detlev lautete: Das ist mein Körper und die Dinge die ich tue, tue <u>ich</u>. Mike und ein gewisser Siegfried „erarbeiteten" für den Stuhlarbeiter Alternativen. Ein Tennisschläger sollte es ihm ermöglichen, dem Vater zu zeigen, was dieser an Aggressionen provoziert hatte. Im emotionalen Ausnahmezustand von Detlev, der mit Schaum vor dem Mund sabberte, „starb" der Vater unter den Schlägen eines verrohten Antihumanisten. Seine Freundin applaudierte.

Die Theatergesellschaft lagerte über– und untereinander um die jeweiligen Stuhlarbeiter herum. Langsam näherte sich Martin einer gewissen Ina. Sie war 32 Jahre alt, Psychologin und wirkte auf ihn sehr abgeklärt. Daß sie etliche Jahre älter war als Martin, gefiel ihm sehr. Sie signalisierte ihm, daß er bei ihr „andocken" könne. Tags da-

rauf belegten sie über Mittag ihr Zimmer zum „gepfleg-
ten" Sex. Sie stand mit den Beinen da, wo er noch hin
möchte. Nämlich fest auf der Erde. Ohne Absicherungen
nach allen Seiten, damit er auch ja der Zärtlichkeit immer
sicher sein konnte. Selbstbetrug. Mit anderen Mädchen
wollte er sich nicht zerfasern. Durch Ina wollte er soviel
Zärtlichkeit tanken, wie nur irgend möglich. Er hatte gehört, dann könne man emotional abgesättigt sein. Wie ein
Vorratsbehälter in der Speisekammer.

Martin erklomm später den Stuhl. Mike fragte, wo-
rüber er arbeiten wolle. Über seinen Bezug zu Frauen.
Und um es konkret zu machen, wollte Martin über Ina arbeiten. Er merkte, wie sehr er sich verkrampfte, „gepan-
zert" gegen seine Gefühle. Nur noch seine Lippen konnten sich bewegen. Er wand sich im Stuhl. Da rief Mike:
Setz deine Mutter in den anderen Stuhl. Er merkte, daß er
sich in die Gebärmutter einer Frau verkriechen wollte.
Stück für Stück arbeitete Martin sich windend empor und
hatte das Gefühl, eingeklemmt zu werden. Er hyperventi-
lierte. Der Therapeut sagte: Willst du wirklich mit deiner
Mutter schlafen? Lege mal Ina und deine Mutter nebeneinander – so, und mit wem willst du jetzt schlafen? Der
Atem stockte Martin. Mike sagte, er solle sich eine Annäherung an eine Frau vorstellen. Prustend erklärte Martin,
er stelle sich eine liegende Frau vor, mit gespreizten Beinen. Eine gewisse Silke schrie, sie sei sicher diese Frau,
wolle aber nicht vergewaltigt werden. Martin war irritiert.
Seine „Panzerung" stünde ihm im Weg. Dann wurde er
von Mike aufgefordert, mit Silke zu kämpfen. Sie trat
nach ihm. Er sollte versuchen, an sie heranzukommen. Es
gelang nicht. Am Ende kauerte Silke vor ihm und hielt
ihre gefalteten Hände über ihren Schoß. Je lauter beide
bei der „Übung" schrien, desto mehr identifizierten sich

einige Mädchen schreiend mit Silke und schließlich wogte die ganze Gruppe mit allen Gliedern auf und nieder.

Martin schrie: Laß mich raus, Mutter! Ich will raus, und strampelte einen über ihn gelegten Teppich weg. Dann sollte er sich auf die inmitten des inzwischen orgiastisch gierenden Zirkusses liegende Matratze legen. Immer mehr wand er sich in Krämpfen. Je erruptiver, desto mehr Begeisterung konnte auf den Rängen verzeichnet werden. Mike ließ Martins Beine zunächst auf- und niederhopsen. Dann begann dieser die Beine rasend schnell zu schlagen. „Sag deiner Mutter, was du willst" Martin sagte: „Laß mich los Mutter, raus, weg! Du bist nur eifersüchtig, gönnst mir meine Lust nicht!" Er schrie und stampfte. Aber noch zu sehr Kopf, sagte Mike, lege deine Hand auf deinem Penis und sage: Ja! Und Martin schrie mit Inbrunst: Ja! Das wiederholte sich einige Male, dann ließ Martin es langsam ausklingen, kroch zu Ina herüber und fragte sie seelig, ob sie gerne mit ihm schlafen würde. Ja, antwortete sie, heute abend. Martin keuchte vor Erschöpfung und Glück.

Zum Abschluß wurde noch eine Runde gemeinsames Sounden angeordnet. Man hauchte sich zunächst in die eigene Handfläche und sollte registrieren, was passiert, welches Körpergefühl sich einstellen würde. Danach erfolgte ein Hauchen mit Tönen befrachtet. Es war ein albernes Quietschen und Brummen, wie in einer Kindergartengruppe kurz vor dem Mittagessen.

Nach der Rückkehr aus Emmerich wollten Stine, Christoph, Martin und Jakob die Ergebnisse des Aufenthalts weiterführen. Sie trafen sich allwöchentlich, um zusammen zu Sounden oder gemeinsam mit den Zehen zu wackeln. Alle soundeten die Tonleiter herauf und herunter. Wie im Grundschuljahr, kicherte Martin wieder in sich hinein. Und er blies wieder, so, wie er es bei den „Sensibilisierungs"übungen gelernt hatte, in seine Handfläche. Diese wurde dann jeweils warm. Noch immer nicht gerade bewußtseinsfördernd für sein Partnersuchproblem. Dann sollte jeder in die Handfläche seines Nachbarn blasen, während der Nachbar zur anderen Seite in die eigene linke Handfläche blies. Mit der Zeit wurde es Martin langweilig.

Die ebenfalls antrainierten Aggressionsübungen sollten für den politischen Kampf gegen die bestehende Gesellschaft fruchtbar gemacht werden. Wie die Neandertaler kamen sie sich vor: Unterkiefer vorschieben, Hände in die Pobacken stemmen und das Gesäß nach vorne drücken. Wie ein Flitzebogen stehen. Dann die Arme seitlich ausstrecken und alles herausschreien, was anliegt. Die Schulterblätter wurden ganz weit zurückgebracht. Sodann wurde in einem Partnerspiel sich abwechselnd gegenseitig angebrüllt und gesoundet. Danach mußten sich beide Partner gegenseitig so lange auf die Oberarme schlagen, bis einer aufgab. Das härtete ab und sollte unempfindlich gegenüber mitmenschlichen Regungen, wie etwa Mitgefühl, machen. Martin fühlte sich an den faschistoide Jugendlager erinnert, die er in Filmen gesehen hatte,

Co–Therapeut Siegfried hatte den Teilnehmern seinen Orgon–Akkumulator nach Wilhelm Reich gezeigt. Siegfried hatte ihn in einer Autowerkstatt entsprechend seinen, zugegebenermaßen fülligen, Körpermaßen bauen lassen, so daß er bequem auf einem Schemel in diesem Kasten sitzen konnte. Der Kasten war aus Schichten, die abwechselnd organisch und anorganisch aufgebracht waren, aufgebaut. Hierdurch sollte soviel „kosmische Energie" gesammelt werden, um den Körper mit ihr aufzuladen. Allen Ernstes behauptete Siegfried, er habe einmal so viel Energie bekommen, daß sein Arzt erstaunt gewesen sei, wie er trotz schwerer Krankheit noch auf den Bei–nen war. Ein Teilnehmer führte einen kleinen, rohrförmigen Akkumulator mit sich und ließ die fühlende Herde draußen im Garten damit an der kosmischen Energie teilhaben. Es war ein Metallrohr, um das abwechselnd Alu–Folie und Plastikfolie gewickelt war, erfuhren sie staunend. Hielt man dieses Rohr mit der Öffnung beispielsweise an die Stirn, so zeigte sich ein roter Fleck. Das galt als Beweis für die Richtigkeit der behaupteten Energiezufuhr.

Bei seiner Rückkehr schwärmte Martin seinem Wohnkollegen Manfred davon vor. Dieser war Naturwissenschaftler und wollte in einem Experiment für Gewißheit sorgen. In einem Wattebett zog er Kresse und hängte darüber ein Metallrohr, das ebenfalls mit organischen und anorganischen Schichten umwickelt war. Die Kresse wuchs noch ein wenig, so wie sie es immer tat und das war es. Aufgrund von in Wilhelm Reichs Werken geschilderten angeblichen Studien behauptete Martin in einem universitären Seminar steif und fest, es habe in Amerika Wachstumsexperimente gegeben und die Bestrahlung eines größeren Erdbeerfeldes habe hier zu enormen Wachstum geführt. Der Professor war über die Darlegungen nicht verärgert, vielmehr fand es einen diskussionswürdigen Ansatz. Merkwürdig: Eigentlich mußte eine wissenschaftliche Theorie objektiv sein, d.h. den Fachgegenstand in seiner Realität richtig wiedergeben. Zudem mußte sie allgemeingültig, also nachvollziehbar und überprüfbar sein, indem sich ihre Richtigkeit empirisch laufend bestätigen ließe. Die Gewöhnung jedoch an Aufreihungen subjektiver Wahrnehmungen entsprechend beliebig auftauchender Lust– und Unlustgefühle war weder für ein berufsorientiertes Studium noch eine strukturierte politische Arbeit brauchbar.

Stine fuhr für einige Tage nach Österreich, um sich in der Aktionsanalytischen Organisation (AAO) von Otto Mühl, in der Zweierbeziehungen und Kleinfamilien abgeschafft wurden, „neu" zu erfahren. Sie kam sehr geschockt wieder. Jeden Abend habe der Meister öffentlich danach gefragt: Hast du heute schon „gepudert", also Sex gehabt? Wer es noch nicht hatte, mußte sich einen Partner oder Partnerin suchen, um es zu tun. Diese Selbstvergewaltigung machte Mathilde schwer zu schaffen. 1991 wurde Otto Muehl in Österreich wegen Kindesmißbrauchs und Verstoßes gegen das Suchtgiftgesetz zu sieben Jahren Haft verurteilt. Martin realisierte, daß sich seine Wertvorstellung von Friedfertigkeit zu wandeln begann, indem die Aggression und ihrer Äußerung zur Normalität, buchstäblich zu Befreiungsschlägen, hochstilisiert wurde. Obwohl jeder Mensch natürlicherweise interessiert auf seinen Mitmenschen reagiert, wird diese Verbindung dazu mißbraucht, Abneigungen zu erzeugen und die Menschen werden dazu trainiert, anderen die Kooperation zu verweigern, sie sogar körperlich zu mißhandeln. Martin jedoch wollte weiterhin konstruktiv im Rahmen seiner sozialistischen, antimperialistischen 3. Welt–Gruppe wirken. Er verließ die Selbsterfahrungsgruppe.

Geknickter Selbstwert und seine
Heilungsversuche

Und wieder Pfingsten, wieder ein neues Stes. Maries
mit freier Fahrt in die Dünen – das war auch die Gruppe
Metzingen mit Bastians Citroën Dyane, die neben einem
Rolldach auch ein Uher–Report Tonbandgerät enthielt,
sowie einen externen Lautsprecher, der sich auf das Dach
stellen ließ. Die Autobatterie war stark genug, stundenlang den Betrieb des Gerätes sicherzustellen. Rolling Sto-
nes, John McLaughlin oder Quicksilver Messenger Ser-
vice, Eric Clapton – es wurde stundenlang im Sand der
Dünen getanzt, mit wallenden Kleidern oder auch ohne.
Alles war möglich, unendliche Freiheit im Konsum-
rausch. Bastian hatte sich mit seiner Unstetheit von seiner
langmonatigen Freundin Sarah aus dem Stuttgarter Raum
entfremdet. Nach einer leidenschaftlichen Tanzsession in
der Abendsonne am Strand und einem Hippiegruppenaus-
flug am nächsten Tag nach Marseille, sahen sich Sarah
und Martin filmreif an und dann ging alles sehr schnell.
Mittags in ihrem Zelt, es war berauschend.

Sie suchte nach ihrer Rückkehr weiter brieflich Trost
bei Martin, der ihn ihr auch gab. Nun waren sie schon
länger befreundet und sprachen viel zusammen, wenn
Martin die Decke auf den Kopf zu fallen drohte, er aus
Bonn ausbrach und nach Metzingen kam. Da weder er
noch sie ein Telefon hatten, schrieben sie sich zwischen
den Treffen weiterhin ihre Gefühle und Erlebnisse in längeren Briefwechseln.

Es gefiel Martin, daß es sie beschäftigte: „Warum haben die Leute so Angst vor Problembewußtsein? Was
bringt uns jenes?“ fragte sie. Schrieb, daß sie gerade mal
in eine Vorlesung über Gewässerverschmutzung „hu-
sche“, das „zentrale Problem (schon von K. Marx er-

kannt). Die Entfremdung von uns, unseren Produkten der NATUR!! Wir benützen sie und benützen uns selbst dabei, wir beuten sie aus und bekriegen sie und das tun wir genauso mit uns selbst, wir zerstören sie selbst und zerstören uns selbst. ‚I'm a freedom man that's how lucky I am'. Das fleht Jim Morrison im Hintergrund. Wie laß ich's in mir aufkeimen, aufblühen, umsetzen in mein Gefühl, wo ich's doch meist nur auf mich einrieseln lasse. Martin, wo treiben wir eigentlich hin? Du sollst dich nicht siedendheiß meiner erinnern [wie er ihr schrieb]. Du lebst in Bonn und da gibt es eine liebenswerte Marlies und andere Mädchen (Inge?) und da ist Deine direkte Praxis, dein Lebensfeld. Wir hier sind Bezugspunkt, klar, wir existieren für Euch, für Dich, wir tauschen uns aus, aber wir leben nicht konkret so zusammen, hab keine Schuldgefühle. Und wenn es nämlich mit einem Mädchen gut und sicher klappt, wenn ihr euch ‚liebt', dann wird sie primär, dann denkst Du sehr häufig nur an sie, dann sind die anderen Mädchen unwichtiger, aber solange der Fall noch nicht so richtig eingetroffen ist, ist's doch so o.k.??!! Ach Martin, es ist immer wieder too much. Ich fühl mich sehr abgeschlafft und motivationslos. – Warum das nun plötzlich nach all der Euphorie und Energie für Menschen in Stes. Maries?? Deine dumpfe, losgelöste, versumpfte Sarah.“

In einem weiteren Brief schrieb sie: „Wenn ich denke, daß ich gestern vor einer Woche noch in unseren Dünen war, werd ich fast wahnsinnig. Das alles dort unten hat sich so richtig eingebrannt. Ich möchte wieder runter ans Meer.“

Im nächsten Brief ließ Sarah verlauten: „Ach, Martin. Stes. Maries – es war – Du – man kann es nicht beschreiben. Es war das mit Dir, aber das konnte nur dort sein.

Und all das Verrückte mit Bastian spielte rein und doch nicht rein. Und Du kamst nach Metzingen und es alles total wieder student–like, problem–like, mensa, uni etc. Es ist mal wieder zu fragen, warum's in Saintes Maries so irre war. Du warst auch so hektisch plötzlich, das fiel mir in Saintes Maries nicht auf. Obwohl Du photographier–besessen warst, fand ich's nur lustig, liebenswert. In Metzingen fand ich's übertrieben, seltsam. Wo ist die wahnsinnige, allumfassende Toleranz–Wärme geblieben? Wir waren alle verändert nach Stes. Maries, aber nur kurz, dann waren wir wieder normal. Alles versunken und vergessen. Guck, ich verlier die Beziehung zu Dir (und hatte sie mal so eine warme, normale ‚lockere' zwar, aber doch wichtig etc.) – wir sehen uns zu wenig und wenn wir uns sehen, dann klappt's nicht mehr so spontan–innerlich. Vielleicht, wenn ich mal alleine zu Dir käme, aber dazu ist halt zu gewaltig viel los in Metzingen." Martins Kontakte nach Metzingen verliefen nach und nach im Sande. Seine spontane, warmherzige Sarah sah er nie wieder.

Ausgerechnet an einem Novemberabend sah er sich den Film „Asphalt Cowboy" an, in dem die Brutalität der Individualisierung extrem deutlich aufgezeigt wurde. Menschen liegen auf der Straße, niemand der vorbeigeht, beachtet sie, brutale USA. Ein Mann versucht mittels (erfolglosem) Anbieten von Sexdienstleistungen Geld zu verdienen. Er scheitert jedoch. In einer Szene liegt er hilflos im Hotelzimmer, nachdem er eine Treppe heruntergefallen war und beweint seine Unnützigkeit, seine Hilflosigkeit und Verlassenheit. Seine Bleibe im Hotel verliert er und muß deshalb zu einem anderen Obdachlosen in ein abbruchreifes Haus ziehen. Martin nahm der Film sehr mit und er kam sich so schematisiert vor. Was bleibt übrig, wenn er seine Krücken Marx, Hegel, Reich etc. wegwerfen würde? Und wonach stufte er die Menschen, mit denen er zusammen war, ein? Nach der Funktionsfähigkeit seiner Krücken. Martin begann zu schlucken. Der Film konfrontierte ihn mit einer Situation der Hilflosigkeit als kleiner Junge. Seine Mutter hatte einen sehr fetten Schokoladen–Keks–Palminkuchen zusammengestellt. Mit starken Bauchschmerzen wand er sich gegen abend auf dem Sofa und rief „Vater, hilf mir". Er mußte dann einen bitteren Magentee, Tausendgüldenkraut, trinken und es ging ihm langsam besser. Sein Vater verbot seiner Mutter, noch einmal einen solchen „kalten Hund" anzufertigen. Die Filmhandlung ging dem Ende entgegen. Die zwei Habenichtse hofften auf ein besseres Leben in Florida. Auf der Fahrt dahin verstirbt einer der beiden in einem Greyhound Bus. Bei Martin verschwimmen beide Szenen. Als einer der beiden Männern, Joe, seinen toten Freund im Arm hielt, fing Martin an zu heulen..

Kindheitsausflüge

Martin war wie in einer Parallelwelt gelandet. Seine Erinnerungen gingen immer mal wieder zu seiner Mutter zurück. Von klein auf hatte sie ihm vermittelt, daß sie seine Welt ist und über alles Bescheid weiß. Gell, du liebst nur deine Mutter. Die versteht dich. Es ist auch der einzige Mensch auf der Welt, der das kann. Die anderen Menschen haben es nur auf ihren Vorteil und dein Geld abgesehen. Die wollen dich ausnehmen. Besser, du bleibst bei deiner Mutter. Eine andere Frau kam von daher nicht in Frage. Das erfüllte er, ohne daß ein Wort zwischen Mutter und Sohn gefallen wäre. Innerlich zog er sich trotz besten Vorsätzen, beginnenden Verliebtheitsgefühlen, immer wieder, wie von einem unsichtbaren Gummiband gezogen, von sehr zugewandten, netten Frauen zurück.

Er klammerte sich zwar an Inge, fühlte sich auf Gedeih und Verderb von ihr abhängig. Ihm wurde bewußt, was es heißt, daß die Mutter ihn als Säugling nicht hatte stillen können. Sein Vater hatte schließlich bemerkt, daß sie keine Milch hatte. Sie merkte es nicht. So beziehungslos war sie. Der Junge schrie. Später wurde ihm deutlicher, daß Männer zuhause die Abgelehnten waren. Die Mutter ekelte sich vor Küssen. Igitt. Mußte das für den Vater eine schreckliche Offenbarung gewesen sein. Keine zärtliche Annäherung. Und jede Nacht neben einer den Mann und seine Sexualität ablehnenden Frau liegen zu müssen. Die Moral der Körperfeindlichkeit, eine unglaubliche Prüderie. Er fand sie als Frau nicht besonders anziehend, entdeckte er eines Tages seinem jugendlichen Sohn, ihr Busen sei zu klein. Woran man als Mann eben seine Unzulänglichkeitsgefühle so festmacht. Mutter bekam ein Massagegerät für den Kaltwasseranschluß, mit zwei rotierenden, sich drehenden Düsen zur Brustmassage. Geholfen hat es nichts. Gute Ratschläge für den Sohn vom Vater. Wehe, du onanierst. Davon bekommt man Rückenmarksschwindsucht, es fließt langsam heraus und außerdem sieht man es im Gesicht des Jungen. So sprach der Vater. Ja, die Galen'sche Säftelehre hat viel Unheil angerichtet.

An einem Freitag im Sommer ging der Jugendliche im Badezimmer duschen. Mit einige Tropfen, die vom Körper abperlten, wollte er nackt in sein Zimmer laufen. Du verkühlst dich, rief die Mutter und lief mit seinem roten Tangaslip hinter ihm her. Nacktheit war eben verpönt.

Die Verklemmtheit des Elternhauses hatte Martin natürlich verinnerlicht. Gierig hatte er die Stunden des protestantischen Schulpfarrers aufgesogen, als dieser in der Oberstufe einen Kurs anbot, in dem es auch um Ehe und Familie ging. Ganz gespannt erreichten die Jungen seine Ausführungen zum Verhältnis von Mann und Frau: Es war eine partnerschaftliche Vorstellung, die er den Jungen da entfaltete. Sowohl der Mann geht liebevoll – auch auf die körperlichen – Bedürfnisse der Frau ein und umgekehrt. Es war für Martin nicht ganz neu, daß auch Frauen sexuelle Bedürfnisse haben. Schließlich hatte er ja Oswalt Kolle verinnerlicht. Der Pfarrer wollte allerdings die Beziehung des ganzen Menschen im Verhältnis von Ich und Du vermitteln.

Die Jungen hatten auch den Film „Helga – Vom Werden des menschlichen Lebens", gedreht im Jahr 1967, gesehen, den man gewissermaßen als seriöse Antwort auf Oswalt Kolle durch Käthe Strobel, der damaligen Gesundheitsministerin, verstehen konnte. Es ging um die sexuell unerfahrene und unaufgeklärte Helga, die heiraten möchte. Sie wird zunächst von einer Frauenärztin über

Geschlechtsverkehr, Geburtenkontrolle und dann in einem Kurs zur Geburtsvorbereitung über die bevorstehende Geburt aufgeklärt.

Hier standen im Mittelpunkt die Sexualität in partnerschaftlicher Gebundenheit, eine realistische Aufklärung von Jugendlichen durch eine sympathische Ärztin, die Geburtsvorbereitungen einer werdenden Mutter und eine Geburt. Ein Großteil der Klasse von Martin saß gemeinsam in einer Vorstellung. Erstaunlich: Der immer cool wirkende Horst wurde bei der Geburtsszene kurz blaß und dann ohnmächtig. Später soll bei den Vorführungen das Deutsche Rote Kreuz anwesend gewesen sein.

„Helga" zeigte, daß, wie in der aktuellen politischen Diskussion allerdings üblich, es weder um bezahlte Mütter oder bezahlte Väter gehen kann. Eltern haben sowohl das Recht als auch die Pflicht, ihre Kinder aufzuziehen. Elternsein ist auch kein „Job". Wieso werden Mütter durch zunehmenden politischen Druck soweit bedrängt, daß sie, sofern sie sich dafür entscheiden, selbst zu erziehen, sich in diesem Land dafür rechtfertigen (oder werden gar dafür diffamiert), daß sie das tun?[23] Dieser heutzutage politisch unerwünschte Film bleibt offensichtlich unter staatlichem Verschluß. Warum?

Wurde nicht längst das im Film vermittelte Frauenbild einer gleichwertig familiensorgenden Ehefrau mit einer (bindungsnotwendigen) Mutter–Kind–bezogenen Familienvorstellung – auch ministeriumsseitig – als „veraltet" entwertet? Schließlich galt die Auflösung der Familie hin zu einem ökonomischen Zweckverband anscheinend längst als das neue Credo. Hatte nicht ein namhafter Politiker aus einer großen Partei bereits gefordert, der Staat müsse die „Lufthoheit über die Kinderbetten erobern"? Die DDR läßt grüßen.

Die sexuelle Revolution

Die sich auch als sexuelle Revolution gebende Studentenbewegung fiel auf fruchtbaren Boden. Das Menschenbild, das Oswalt Kolles ideologischem Hintergrund entsprach, speiste sich aus verschiedenen Quellen. Der erste Irrtum fußte auf der Freudschen Absage an das soziale Beziehungswesen Mensch, wie es die Bindungsforschung hingegen eindrücklich belegte. Freud behauptete statt dessen, der Mensch sei von Natur aus ein antisoziales und polymorh–perverses Triebwesen. Der weitere Irrtum Freuds bestand darin, daß Beziehung und Mitmenschlichkeit nicht aufgrund einer Disposition, die das Kind mitbringt und von der Mutter richtig beantwortet werden muß, entsteht. Wenn die Mutter beim Säugling bereits Körperteile pflegt, würden diese über den Sexualtrieb zu Lustzentren, und es entstünden sekundär – sozusagen als Nebenprodukt – Liebesgefühle und eine emotionale Beziehung zur Mutter. Allerdings sah Freud trotz seiner Trieblehre beim Menschen ein Gewissen, das er allerdings nur als sekundär und nicht als Disposition begreift.

Eine weitere Quelle erschien in Wilhelm Reichs Orgasmusideologie. Ziemlich zu Anfang seiner Studentenzeit hatte Martin „Die Funktion des Orgasmus" gelesen und willig in sich aufgesogen. In der Bewerbung durch den Verlag war zu lesen:

„Über Freud hinaus, der die Notwendigkeit der Triebsublimierung für die kulturelle Entwicklung postuliert, stellt Reich die Frage nach den gesellschaftlichen Bedingungen der Neurosenentstehung und kommt zu der Feststellung, daß jede Neurose die Folge einer gestauten Sexualenergie ist, deren Verdrängungsmechanismen von der autoritären Familien– und Ehestruktur automatisch erzeugt werden. Er weist nach, daß die orgastische Potenz gleichzeitig soziale Potenz ist, die eine Humanisierung und ungestörte Leistungsfähigkeit erst garantiert."[24]

War für Freud der liebes– und arbeitsfähige Mensch der gesunde Erwachsene, so deutete Reich diese Vorstellung Freuds um in den „bürgerlichen Charakter", der nur darum lieben und arbeiten könne, weil er durch Sexualunterdrückung an die (als faschistisch etikettierten) Herrschaftsverhältnisse angepaßt sei. Dieser damit verbundene sogenannte „Charakterpanzer" müsse (weg)gesprengt werden, damit der Mensch „wirklich frei" werde. Der liebes– und arbeitsfähige Mensch entstand bei Freud noch durch Anpassung an die Kultur. Reich behauptete, die Kultur sei grundsätzlich repressiv und von daher abzuschaffen.[25]

Zu guter Letzt sei noch auf Karl Marx verwiesen, der die anthropologische Grundgegebenheit „Familie" leugnete: „Es ist überhaupt nicht von ‚der' Familie zu sprechen." Er sieht also in der Familie, der vorstaatlichen Institution, keine natürliche Gemeinschaft und behauptet, daß die Arbeitsteilung in der Familie die Wurzel der gesellschaftlichen Arbeitsteilung sei. Die Arbeitsteilung wiederum sei die Ursache des Privateigentums, der Klassengesellschaft und der Ausbeutung. Damit es zu einer Befreiung von Frauen und Kindern aus der Sklaverei des Mannes komme, müssen nach Marx sowohl die Ehe als staatliche Institution als auch die Familie und das elterliche Erziehungsrecht abgeschafft werden.[26]

Daraus ergeben sich für Marx folgende Prinzipien für die Familienpolitik: „Erziehung sämtlicher Kinder, von dem Augenblick an, wo sie der ersten mütterlichen Pflege entbehren können, in Nationalanstalten und auf Nationalkosten. Erziehung und Fabrikation zusammen."[27]

„Mit dem Übergang der Produktionsmittel in Gemeineigentum hört die Einzelfamilie auf, wirtschaftliche Einheit der Gesellschaft zu sein. Die Privathaushaltung verwandelt sich in eine gesellschaftliche Industrie. Die Pflege und Erziehung der Kinder wird öffentliche Angelegenheit; die Gesellschaft sorgt für alle Kinder gleichmäßig, seien sie eheliche oder uneheliche.“[28]

Martins Bewußtseinsumprägung war gründlich. Oswalt Kolles Film „Zum Beispiel: Ehebruch“ aus dem Jahre 1969, so die Propaganda, „brachte Bewegung in deutsche Betten. ... Nach der Befreiung der Sexualität aus den Fesseln einer bedrückenden Sexualmoral packte der ‚Liebeslehrer der Nation‘ mit seinem Film ZUM BEISPIEL: EHEBRUCH das nächste heiße Thema an. Innerhalb einer Partnerschaft gibt es kaum eine größere Zerreißprobe als den Ehebruch und das Fremdgehen. OSWALT KOLLE zeigte schon seinerzeit, daß Ehebruch oder Untreue nicht das Ende einer Beziehung sein muß und stellte die These auf, daß ein Seitensprung die Ehe sogar bereichern kann.“[29]

Die Zukunft liege zudem z.B. in Dreier–Beziehungen, Partnertausch und Gruppensex. Gemäß diesen Zwangsvorgaben lebte Martin später mit Manfred und einem gewissen Max in einer Männer–WG, die das leben wollten. Beliebt waren an Wochenenden die Essenseinladungen an Frauen, die andernorts als Groupies bezeichnet worden wären. Ab Freitag nachmittag wurde das Wochenende von den WG–Bewohnern mit einer gehörigen Portion Cointreau eingeläutet. Manfred hatte jeweils entweder Fleisch zum Grillen oder für einen größeren Braten besorgt. Max kochte dann am Samstag für den Abend und hatte zudem einige Flaschen guten Rotweins mitgebracht.

Samstags war Fernsehzeit und Kung–Fu Caine wurde mit einigen Bieren zum Gruppenspektakel. Meist wurden auch noch einige Mädchen eingeladen, die sozusagen als schmückendes Beiwerk in den längeren Abend mit hinüberfeierten. Die blonde Isabell war bei Martin aber auch Max beliebt dafür, daß sie mit beiden abwechselnd kurzfristig das Bett teilte. So fortschrittlich gaben sich beide Männer und Isabell gefiel es auch. Insgeheim erhoffte sie sich, wie viele andere Mädchen auch, einen netten Partner für dauerhaft zu finden.

Eines Morgens war Isabell vom Abend vorher übriggeblieben. Martin mußte für's Examen lernen und Isabell benutzte das auberginegekachelte Bad, um sich zu restaurieren. Sie betrat Martins Zimmer, nur mit dem beigen Morgenmantel von Max bekleidet. Martin drehte sich zu ihr um und konnte beim Anblick des teilweise nackten Körpers nicht widerstehen. Warum nicht ein kleines Päus–chen für die spontane Lust? Isabell gefiel es. Allerdings sahen Martin und Max das Mädchen eher als das „Haus–groopie“ an und so kam sie allerdings für keinen von beiden infrage. Mädchen, so ganz das traditionelle Rollenverständnis, die es auch mit anderen treiben, waren nichts für eine beständige, dauerhafte Partnerschaft. So offen sich beide Männer in ihrer Bierseligkeit auch gaben, so traditionell waren sie eigentlich geblieben.

Max behauptete, der Kampfsport Karate sei wie Ballett und so begann auch Martin mit einem Training. Samstags früh, das heißt proletarisch nach 10 Uhr. So wurde im Sommer oberhalb von Bonn auf den Venusberg–Sportanlagen trainiert. Auch die anderen linken Gruppen, allen voran der KBW, fanden sich ein. Von daher war es quasi Ehrensache, Caines Abenteuer in längst vergangenen Zeiten Amerikas zu verfolgen.

Isabell wirkte also so frei, zuerst mit Martin und dann später mit Max in dessen Zimmer zu verschwinden. Alternativ gab es als Einlage eine der berüchtigten Badewannenfêten, was bedeutete, wie viele Männlein und Weiblein paßten in die Badewanne und später auf Manfreds großes Bett. Man fand das spaßig. Auch diese sich dafür zur Verfügung stellenden Mädchen galten allerdings für eine Partnerschaft als ungeeignet. Frei nach Kolle und der sogenannten Frankfurter Schule [s. unten Feminismus und Kritische Theorie] wollte niemand prüde sein und so wurde mit Konventionen gebrochen. Um die anerzogenen Hemmungen zu lösen, mußten Schamgefühle niedergerissen und eine „enttabuisierte" Sexualität ausgelebt werden. Stimmungsmäßig hatten die WG–Männer die geforderte Verbindung von Marxschem Klassenkampfgedanken und Freudscher Triebtheorie gewissermaßen inhaliert.

Die ihnen angetragene Botschaft, daß die Herrschaft in der Gesellschaft auch durch Sexualunterdrückung aufrechterhalten wurde, meinten sie in revolutionäre Strategie umzusetzen. Den Mitmenschen zum Objekt zu machen, war das Credo. Triebaufschub wurde als krankmachend apostrophiert. Es ging um egoistische Bedürfnisbefriedigung, nicht um Achtung des Anderen als einer Persönlichkeit. Unverbindliches und zufälliges, antikapitalistisches Aufeinandertreffen war angesagt. Dabei nahm sich jeder das gegenseitig, was gerade den Bedürfnissen entsprach. Leben im Hier und Jetzt einerseits, mit Alkohol die Hemmungen abbauen und andererseits die sozialistische Formbarkeit des Mitmenschen als Marxens „Ensemble der gesellschaftlichen Verhältnisse" verkünden. Die kulturelle Entwurzelung des Einzelnen von „bürgerlichen

Demokratieillusionen" sollte ihn zudem für das „neue Menschsein" im sozialistischen Kollektiv öffnen.

Soweit reichten die samstäglichen Begegnungsplanungen der triebfixierten, sozialistischen WG–Spontis allerdings noch nicht. Mit der jeweiligen Fêtenstimmung dank Manfreds Kochkünsten und qualitativ abgestuften Weinen standen dem gemeinsamen, orientierungslosen Ausleben erotischer Gefühle nichts im Wege. Ob allen Mädchen wohl dabei war, es ist nicht überliefert. Worauf die Mädchen insgeheim doch jeweils zu hoffen schienen: In einer beziehungsvollen Partnerschaft zwischen Mann, Frau und Kindern sollte die Sexualität eingebettet sein und kein dominantes Eigenleben führen. Wertvoll erschienen partnerschaftliche Vorstellungen statt beliebiger klassenkämpferischer Gegnerschaft. Am Ende all der persönlichen Verdrehungen sollte eben eine Partnerschaft stehen.

Zunächst war jedoch die Überwindung von Eifersucht und bürgerlichem Besitzstreben angesagt. Es kam vor, daß sich Martin in ein Mädchen verliebt hatte, dieses jedoch an einem Morgen bei Manfred aus dem Zimmer kam. Das tat ihm zwar weh, sollte jedoch locker überspielt werden. So viel Selbstverleugnung auf dem Weg zum beziehungslosen Individuum mußte sein. Er hat diejenige danach nie wieder gesehen. Manchmal nahm er am Ende eines Abends ein Mädchen aus der Kneipe, in der er einmal die Woche arbeitete, mit nach Hause. Es kam vor, daß der Vorname des Mädchens erst morgens am Frühstückstisch erfragt wurde. Wenn sich ein Mädchen beschwerte, wurde sie damit beschieden, daß ja vorher offen gesagt wurde, es ginge nur um den Spaß miteinander. Man hätte zu dem Ganzen auch kostenlose Prostitution sagen können.

Nach dem Wegsprengen des „Charakterpanzers", dem Ausbrechen aus kultureller Konvention von Ehe und Familie frei nach Wilhelm Reich und Oswalt Kolle, hin zur kollektivierten Zwangsmoral einer libertären Promiskuität, sollten sich die skizzierten Strömungen zu einer antibürgerlichen Revolution verbinden. Der hier durchscheinende Freudomarxismus hätte allerdings für Freud keine „neue Qualität" als sog. Lebensform bedeutet, sondern wäre als eine Perversion bezeichnet worden, die es zu therapieren galt. Statt eines zwanghaftem Du–darfst–nicht, wie es Martins Eltern praktizierten, wurde nun zielgerichtet ein zwanghaftes Du–mußt gefordert.

Sommerwind und Herbststürme

Einmal in der Woche trabte Martin zur Kapitalschulung. Sie fand bei Julius und dessen Frau Birgit statt. Gemeinsam mit seinen Freunden Emil und Frieda bildete Martin ein Kleeblatt des Frohsinns, dem nichts Spontanes fremd war. Frieda hatte lange blonde Haare, war etwas untersetzt und den sinnlichen Freuden nicht abgeneigt, wie sie Martin gerne mitteilte. Und sie konnte berichten, daß der viel Belesene auch Autofahren konnte. Dieser, so erfuhr Martin von einem Bekannten, hatte sie ob ihrer Figur einmal lachend als kleines Schweinchen bezeichnet. Das fand Martin unpassend, denn ihm gefiel sie mit ihren Rundungen. Im Sommer also radelten alle drei stets fröhlich zur Schulung, nicht ohne zu vergessen, daß es auch noch ein kulturelles Vorher gab.

In den Kinos lief „Emmanuele" erster Teil mit der überaus attraktiven Sylvia Kristel. Es war natürlich ein Teil des im Grunde verpönten kapitalistischen Ausbeutungsbetriebes, jedoch befanden die drei, daß es doch wichtig sei, auch hierbei auf dem Laufenden zu bleiben. Frieda schlug vor, sich doch vor der Schulung ein wenig aufzuheitern. Der Film regte die Sinne an und so kamen sie zwar etwas zu spät, aber heiteren Gemüts zur Schulung. Die Runde war bereits tief ins Warenkapitel von „Das Kapital" eingestiegen und Julius blickte streng über seine randlose Brille auf die Ankommenden. Martin konnte es sich nicht verkneifen, den Grund ihres Zuspätkommens zu berichten. Der Film war einfach eine Wucht, kulturell äußerst wertvoll, grinste er. Wie diese französischen, proletarischen Mädchen ausgebeutet werden! Julius fragte ihn gespannt, ob er nicht mehr über diese aufschlußreiche Doku berichten wolle. Ja, schon, dehnte Martin die Spannung. Frieda und Emil prusteten fast gleichzeitig los. Ihre Kurven, phänomenal, ergänzte Martin. Emmanuelle Teil 1 war nur der Auftakt, müssen wir weiter verfolgen. Betretenes Schweigen. Provokation mal wieder gelungen, dachte Martin. Einige Gesichter versanken leicht gerötet im blauen MEW–Band „Das Kapital", Band I. Julius, der Schulungsleiter, fand es gar nicht witzig. Mehr revolutionäre Ernsthaftigkeit, mahnte er an. Seine Freundin Birgit entdeckte später ihre beruflich eher im Naturverbundenen liegenden Ambitionen, trennte sich von ihm, heiratete Paul, einen Schauspieler vom Stadttheater und gebar zwei Kinder.

Der Kinderladen als revolutionäres Übungsfeld

Ein Einreißen gesellschaftlicher Rechtstaatlichkeit und die Überwindung sinnvoller moralischer Standards sollte über eine Erzeugung der „kreativen Zerstörung" hin zum Chaos bereits im Kindesalter den „neuen Menschen" formen helfen. Im pädagogischen Seminar wurde Martin anhand von Gerhard Botts Film „Erziehung zum Ungehorsam" darüber belehrt, daß die an traditionellen Werten wie Pünktlichkeit, Tagesstruktur oder auch friedlicher Konfliktlösung von qualifizierten Erwachsenen geführte und gemeinschaftsorientierte Kindergartenerziehung einen bereits auch von Reich und Marx kritisierten Untertanengeist produziere. Die Überwindung einer Anpassung an diese „bürgerliche" Gesellschaft, das Herausbrechen aus der Kultur, sollte sowohl in Schule als auch im Arbeitsleben ohne die verpönte „(Scheiß)Erziehung", wie es in antipädagogischen Kreisen hieß, gehen. Bis zum späteren „Deutschland, du mieses Stück Scheiße" und „Deutschland, verrecke", wie es auch gut bezahlte Politiker unterstütz(t)en, sollte es nur noch ein kleiner Schritt sein.

Allein durch Selbsterziehung der Kinder, also auch über eine Aufkündigung des Gewaltkonsenses mit dem Ausleben jedweder Aggressionsimpulse und freier sexueller Betätigung, sollte dieses Ziel kollektiv verwirklicht werden. Die einzige „Kur" bestand nun darin, Kinder von klein auf durch Kollektiverziehung in Form von Kinderläden „frei" von allen Vorgaben und sexualbetont sowie zielgerichtet antikapitalistisch aufwachsen zu lassen. Wenn zum Beispiel im Stadtpark der Rasen neu eingesät und der Wunsch der Kinder, dort zu spielen, durch ein Verbotsschild „Betreten verboten" behindert wurde, so mußten die Kinder gerade dieses Verbot ignorieren und „Autoritäten infragestellen" lernen. Damit „wachsen" sie darin, zu ihren Bedürfnissen stehen zu lernen und diese durchzusetzen. Erwachsene sollen sich nach dieser Ideologie eher als Diener der Kinder verstehen. Pippi Langstrumpf forever. Wie allerdings „rettet" man diese sogenannt schlimme Welt mit Unerzogenen, Ignoranten oder Verwöhnten, hatte einmal ein verantwortungsbewußter, demokratischer Soziologe gefragt?

Später wird Martin von dem Individualpsychologen Alfred Adler erfahren, dessen personale Auffassung jeden Menschen von klein auf als beziehungsfähig und beziehungsbedürftig ansieht. Adler vertrat die Ansicht, daß jeder Mensch drei grundlegende Lebensaufgaben zu lösen habe, die alle sozialer Natur sind: Das Sich–Bewähren in der Gemeinschaft/Gesellschaft (allgemeine Beziehungsfähigkeit, Fähigkeit des geselligen Umgangs, öffentliche Aufgaben), das Sich–Bewähren in der Ehe (auf Wahl beruhende Partnerbeziehung, erotische Liebe, Sexualität), das Sich–Bewähren im Beruf (durch die Arbeit leistet der Einzelne seinen Beitrag an die gemeinschaftliche Bedürfnisbefriedigung und hilft so mit, die objektiv gegebene

Schwäche des menschlichen Individuums durch einen sachlichen, gemeinschaftlichen Beitrag auszugleichen).[30]

Zwischen Barbarella und Sozialismus

Zunächst jedoch ließ sich Martin immer tiefer in das zunächst anheimelnd wirkende und konträr zu den Lebensvorstellungen seines Elternhauses aufgebaute, kollektive Erleben hineingleiten. Er war schließlich ein eifriger Kinogänger und im WoKi, einem Bonner Programmkino, lief am Abend „Barbarella oder der sexte Sinn der Welten" von Roger Vadim mit seiner jungen Frau Jane Fonda in der Hauptrolle. Nach dem Film fuhr Martin aufgeräumt und angeregt mit seinem Käfer zu einer Versammlung in den Hunsrück. Eine lose Gruppe von sozialistisch Interessierten und Engagierten wollte sich dort ein Wochenende lang theoretisch austauschen, aber auch gemeinsam kochen und wandern. Vermittelt hatte den Ort des Treffens, an dem ansonsten auch Liedermacher ihre Kunst vor Publikum erprobten, ein Genosse mit Spitznamen Prem. Macht nichts, dachte sich Martin, kann auch ein geselliges Wochenende werden und packte seinen kleinen SW–Fernseher mit ins Auto. Auf diesem Treffen, das im Naturfreundehaus auf der Burg Waldeck im Hunsrück stattfand, sollten auch die Weichen für die weitere Straffung der sozialistischen Gruppe zur Organisation gestellt werden. Eine kleine Gruppe der Funktionäre diskutierte im „Haupthaus" Strategien zur Durchsetzung „eines Volksrechtes", aber auch „Angela Davis und der schwarze Befreiungskampf"[31]. Das Schlagwort von der „kritischen Solidarität" mit China und mit der Entwicklung in der Sowjetunion, aber auch mit anderswo, wurde in der Folgezeit genauso verbindlich wie der Umstand, daß eben alles irgendwie immer „ambivalent" war. Das hieß zu gut deutsch, es war eben alles möglicherweise „doppelwertig".

Der größere Teil der angehenden „Genossen" lagerte sich jedoch in zunehmender Zahl um den mitgeführten kleinen Fernseher, den Martin im Nebenhaus aufgebaut hatte und goutierte die letzte Folge des Mehrteilers „Das Messer" von Francis Durbridge. Titelmusik kam von der Kölner Gruppe „The Can", was als erheblich erachtet wurde. In späteren Zeiten wurden solche „dekadenten" Kinderkrankheiten, die als Ausdruck mangelnden revolutionären Bewußtseins gedeutet wurden, verachtet und die genaue Tagesplanung des einzelnen „Genossen" kontrolliert.

Zunächst aber wurden am Kaminfeuer muntere Weisen angestimmt und die Hoffnung genährt, zu einer verschworenen Gemeinschaft zu gehören, die der angeblichen Enge und dem Muff der eigenen familiären Erlebnisse entfliehen helfen sollte. Die Männer und Frauen übernachteten den Gepflogenheiten zukünftiger Revolutionäre entsprechend zu 40 Personen, gemeinsam von einem kleinen Kohleofen gewärmt und in Schlafsäcke gehüllt, im Schlafsaal der zur Burg gehörenden Gebäude. Manche Männer und Frauen kamen sich über Schlafsäcke hinweg auch näher, die ganze Gemeinschaft demonstrativ oder auch zwangsläufig daran beteiligend. Am nächsten Morgen wurde die einzige funktionierende Dusche gemeinsam genutzt und damit ein weiterer Schritt zur „Befreiung" von hergebrachten Konventionen wie etwa Schamgefühlen „freiwillig" erzwungen – da jeder auch einmal duschen wollte, erschienen Vorstellungen einer Intimsphäre oder würdigen Umgangs als vernachlässigbar. Bei Tageslicht betrachtet war Ursel, Martins „Fummeladresse" einen Schlafsack weiter, nicht übel für den

Anfang. Sie war von kräftiger Statur, hatte einen Schopf längerer, dunkelblonder Haare und zog ihn erregt an den seinen. Es war ihr dann am nächsten Morgen allerdings doch etwas unangenehm und so hatte er sie später zwar für einen Tee zu hause besucht, es ergab sich allerdings nichts weiter daraus.

Nach der Waldeck traf sich in Bonn ein buntes Völkchen. Einige waren an einer Vertiefung des Marxschen Gedankengebäudes interessiert, ein Mann strickte im Seminar Mützen, andere kochten gerne, eine gemeinsame Wanderung dort hatte Freundschaften entstehenlassen und eine gemeinsame Zielrichtung war nicht sofort erkennbar. Der sehr gut Belesene, als Kopf des Ganzen, so ein Gerücht, bekam aus München von der dortigen Marxistischen Gruppe (MG) den Hinweis, das sei ja ein schöner Jesus People–Verein, was er da angeregt habe. Daraufhin strukturierte er „seine" Gruppe mit einer Reihe Getreuer zum Aufbau einer marxistischen Kaderorganisation mit strammem, gestuftem Schulungsprogramm durch.

Rückblickend sah Martin nach etlichen, vertieften Gesprächen mit einigen, die auch in „Bewegung" waren, die einzelnen Vorgänge und dort durchscheinenden Auffassungen weniger idealistisch als vielmehr sehr kritisch an.

EXKURS: Von Sozialisten und anderem Versagen der Intelligenz

Aus den Erinnerungen von Einem, der dabei war.

In Funk und Fernsehen hört man immer wieder die Behauptung, daß die 68er Studentenbewegung einen konstruktiven Einfluß auf die Entwicklung der bundesdeutschen Demokratie gehabt habe. Tatsächlich aber hat es verschiedener Anstrengungen bedurft, gerade aufgrund des verhängnisvollen Wirkens der 68er–Bewegung die

Demokratie zu schützen. Es soll nun exemplarisch für das universitäre Feld aufgezeigt werden, inwiefern in der polit–strategischen Vorgehensweise, ihrer ideologischen Rechtfertigung und den zwischenmenschlichen Beziehungen innerhalb einer sozialistischen Organisation der Geist der Menschenrechte zutiefst mißachtet wurde.

Die menschenverachtenden Konstruktionen in den Lehren des Marxismus–Leninismus zielen grundsätzlich gegen das Menschenrecht einer Freiheit des Kulturlebens, wie es in Artikel 27[32] niedergelegt ist. So hat eigentlich jeder Mensch das Recht, „am kulturellen Leben der Gemeinschaft frei teilzunehmen, sich der Künste zu erfreuen und am wissenschaftlichen Fortschritt und dessen Wohltaten teilzuhaben". Dieses Freiheitsrecht wurde den Studierenden durch die versuchte und teilweise auch gelungene Ersetzung bewährter Studieninhalte mit dem Marxismus–Leninismus bzw. den Schriften der Frankfurter Schule Adornos, Horkheimers und Marcuses beschnitten.

Eine Grundbehauptung der marxistischen Lehre war die der prinzipiellen Fehlerhaftigkeit „bürgerlicher Wissenschaft", die sich im Studium an der Universität gerade darin zeige, daß sie die Studenten beispielsweise in Prüfungen „zur Wiedergabe subjektiver Forschermeinungen"[33] zwinge. Der Wissenschafts– und Methodenpluralismus, der in der verfassungsmäßig garantierten Freiheit von Forschung und Lehre, aber auch in der unterrichtlichen Tätigkeit in der Schule, eingebettet war, wurde als „mangelhaft", weil nicht sozialistisch, abgelehnt. Da die Wurzel allen Übels nach Marx in der Herrschaft des Kapitals über die Lebensbedürfnisse des Individuums lag und im Kapitalismus folglich aufgrund der Klasseneinteilung in Eigentümer und Besitzlose nur allgemeine Entfremdung des Einzelnen von irgendwelchen wahren Bedürfnissen bestehe, könne Wissenschaft auch nur diese Verhältnisse allgemeiner Unterdrückung aufrechterhalten helfen. Insofern bedeute „Sozialistische Politik an der Hochschule ... also zu allererst Kritik des Bestehenden, d.h. der bürgerlichen Wissenschaft[34] ...“.

Bereits im Wintersemester 1970/71 führte eine Dozentin B. am Pädagogischen Institut Bonn im Rahmen eines Proseminars eine Schulung des Marxschen Werkes „Das Kapital“ Band 1 durch. Sowohl der Institutsleiter als auch der für das Seminar zuständige Professor wehrten sich gegen die anfangs noch schleichenden Indoktrinierungsversuche und den Mißbrauch der Freiheit von Forschung und Lehre, da sie ebenfalls – zu Recht – die Ablösung der Meinungsfreiheit hin zu totalitären Tendenzen befürchten mußten. Studierte man die Schriften der Sozialisten an der Hochschule, wird deutlich, daß einzig die Marx'sche Lehre als „objektiver Maßstab“[35] den Studenten angedient werden sollte. Professor R., der das Seminar zu verantworten hatte, machte deutlich, daß es dafür keinen Seminarschein gebe. Dies wurde zum Anlaß genommen, zur Gründung einer „Sozialistischen Gruppe“ aufzurufen.

Diese Gruppe geißelte in einem Flugblatt das Vorgehen der Institutsleitung als „Zynismus“, weil Professor R. „... angesichts des Proseminars B. von marxistischer Indoktrination (spricht). Durch diese ‚ideologischen Inhalte‘ werde die Wissenschaft zur Hure der Politik.“ Wie recht Prof. R. mit dem Vorwurf der Indoktrination doch hatte! Professoren, die ihre Seminare nicht von den selbsternannten Revolutionären übernehmen lassen wollten, wurden von diesen Sozialisten als „Agenten des Kapitals“ tituliert und als totalitär diffamiert: „K. (Politikwissenschaft) säubert das Seminar: politisch zuverlässige Studenten (RCDS ...) werden eingeschleust; politisch unzuverlässige Studenten entlassen." Aus der Gesamtstrategie der „Sozialistischen Gruppe Bonn", die hier exemplarisch stand, wurde deutlich, daß ihr Angriffspunkt die aus der Tradition der Aufklärung entwickelte Aufgabe von Wissenschaft, nämlich Erkenntnis von Wahrheit, war. Das Wissenschaftsverständnis der Sozialisten mußte als parteilich bezeichnet werden, was eindeutig gegen die Menschenrechte auf Meinungs–, Gedanken– und Informationsfreiheit, aber auch gegen das Recht auf Bildung verstieß.

Der Zwang zur Formierung hin zur Einheitsmeinung wurde in folgenden Ausführungen auf dem erwähnten Flugblatt deutlich: „ ... die studentische Politik am Institut ist langfristig darauf zu orientieren, die Wissenschaft des Kapitals und seine Agenten an der Uni theoretisch und praktisch zu bekämpfen. Das zu leisten schlagen wir vor, eine Institutsgruppe zu bilden, die die sozialistischen Studenten am Institut organisiert, in intensiver theoretischer Arbeit sich ausbildet für den Kampf gegen die kapitalistische Wissenschaft und ihre Exponenten, die den Aufbau des Sozialistischen Studiums am Pädagogischen Institut vorbereitet und durchsetzt."[36]

Die Studenten sollten also von Anbeginn in den Klassenkampf eingeübt, ihre Ausbildung entsprechend kanalisiert und die Inhalte hinsichtlich einer Konformität mit diesem Kampf zensiert werden. Die Menschenrechte hingegen garantieren in Artikel 26, daß „die Ausbildung ... die volle Entfaltung der menschlichen Persönlichkeit und die Stärkung der Achtung der Menschenrechte und Grundfreiheiten zum Ziele haben (soll)".

Die Aktivitäten der „Sozialistischen Gruppe Bonn" verstießen gegen die Menschenrechte, was an weiteren Beispielen von Aktionen gegen mißliebige Dozenten deutlich gemacht werden soll. So hat eigentlich nach Artikel 21 „jeder Mensch ... unter gleichen Bedingungen das Recht auf Zulassung zu öffentlichen Ämtern in seinem Lande". Weiterhin darf nach Artikel 12 „niemand ... willkürlichen oder rechtswidrigen Eingriffen in sein Privatleben, seine Familie, seine Wohnung und seinen Schriftverkehr oder rechtswidrigen Beeinträchtigungen seiner Ehre und seines Rufes ausgesetzt werden". Wird dagegen verstoßen, so hat nach Artikel 17 des Internationalen Paktes über bürgerliche und politische Rechte „jedermann ... Anspruch auf rechtlichen Schutz gegen solche Eingriffe oder Beeinträchtigungen"[37]. In der Allgemeinen Erklärung der Menschenrechte werden in Bezug auf den Schutz der Freiheitssphäre des Einzelnen willkürliche Eingriffe auch als „Anschläge" bezeichnet. Diese deutliche Charakterisierung zeigt, daß nicht nur körperliche Attacken geächtet sein sollen, sondern auch andere Maßnahmen der Einschüchterung und Unterdrückung.

Ein von sozialistisch orientierten Studenten in diesem Zusammenhang zu nennendes und immer wieder praktiziertes Mittel der 68er–APO (Außerparlamentarische Opposition) waren die sogenannten Go–Ins anläßlich der turnusmäßigen Treffen universitärer Gremien. Man nannte das „Öffentlichkeit herstellen". Auf Flugblättern wurden Studenten vorher unter anderem damit aufgehetzt, daß in diesen Gremien „rechte" Professoren studentische Interessen unterdrücken würden und daß dies nicht zu dulden sei. Eine Gruppe von 50 bis 200 Studenten drang in den Sitzungsaal ein und mittels Megaphon erzwangen die Wortführer die Unterbrechung der Sitzung. Einzelne Dozenten bemühten sich um eine Diskussion mit den Eindringlingen, wurden jedoch niedergebrüllt und die Sitzung galt als „gesprengt". In dieser Nötigung liegt ein

Verstoß gegen Artikel 18 der Menschenrechte vor, nach dem „jeder Mensch ... das Recht auf freie Meinungsäußerung (hat)".

Ein weiteres Mittel zur Einschüchterung und Unterdrückung mißliebiger Auffassungen war die öffentliche Diffamierung durch Wandzeitungen oder Flugblätter. Professoren, die sich dem doktrinären Gehabe der linken Studenten widersetzten, wurden öffentlich gebrandmarkt und das Vertrauen der Studierenden in ihre Lehrer nachhaltig zu stören versucht. Mit den jeweils über sie veröffentlichten sogenannten „Reports" wurde ein Klima der Denunziation und Hexenjagd erzeugt; einzelne Dozenten zitterten in ihren Seminaren, ob sie nun auch bald einen „Report" bekämen. Als Beispiel soll der „K.&M.-Report" vom Wintersemester 72/73 erwähnt werden. Die „Institutsgruppe Pädagogik" hatte zusammen mit dem damals links besetzten Fachschaftsvorstand Politologie eine „Vorlesungskritik" herausgegeben, „die es sich zum Ziel setzte, ,aufzuzeigen, daß K.s wissenschaftliche Anstrengungen trotz Habilitation weiter vergeblich geblieben sind, daß er vielleicht ein fähiger Verwaltungsbeamter werden könnte, daß ein Professor K. aber ein Affront selbst gegenüber bürgerlicher Wissenschaft ist.'" In zynischer Manier wurde der so fachlich diskreditierte auch gleich noch persönlich attakiert: „,Die Vorlesungskritik versteht sich also zugleich als praktische Lebenshilfe für K., seinen Ehrgeiz im Rahmen des Möglichen zu halten, einen dritten Lehrstuhl am Politischen Seminar qualifizierteren Kräften zu überlassen.' Aufgrund der Darstellungen im K.report fühlte sich K. beleidigt und verleumdet und leitete daraufhin ein Verfahren gegen einige Kommilitonen aus der damaligen Fachschaft und der ,Sozialistischen Gruppe' ein, das zur Zeit noch andauert. Die

FLK (Fachschaftenleiterkonferenz, der Autor) erklärt sich mit den betroffenen Studenten solidarisch und macht sich deren Einschätzung von K.'s wissenschaftlicher Qualifikation zu eigen."[38] (Name gekürzt, HM)

Nach solchen Exempeln war es ein Leichtes, in Seminaren die Vorstellungen der zentralgelenkten Fachschaft von „sozialistischem Studium" und „objektiven Maßstäben" für Wissenschaftlichkeit durchzudrücken. Als ein Dozent sich beispielsweise weigerte, für eine studentische Gruppenarbeit, die sich in erster Linie „wissenschaftskritisch" gebärdete, nicht die erwarteten guten Noten zu erteilen, marschierten die sehr betroffenen Studenten zusammen mit Fachschaftsvertretern und dem viel Belesenen an der Spitze in das Büro des Dozenten und drohten ihm an, doch mal eben eine kurze Prüfung seiner fachlichen Qualifikation zu veranstalten, wenn er seine Auffassung nicht ändere. Die Studenten erhielten die besseren Noten.

Dem autoritärem Auftreten der sozialistischen Studenten nach außen entsprach auch im Inneren eine zunehmend, für den einzelnen zunächst kaum wahrnehmbare, totalitäre „Gruppensozialisation". Es ging dabei darum, die Bereitschaft zu erzeugen oder notfalls durch psychischen Druck auch zu erzwingen, die eigene „bürgerliche" Haut abzustreifen und mit der bestehenden Gesellschaftsordnung zu brechen. Die „Sozialistische Gruppe" vereinnahmte die Studenten, die sich ihr anschlossen, ganz. Dem Aufbau der Organisation lag eine Vorstellung von Elite und dem Recht auf Führungsanspruch zugrunde, der behauptete, sich von den „sektenhaften" Versuchen anderer Gruppierungen abzugrenzen und der sowohl aus dem absoluten Wissensanspruch als auch der einzig wahren Auslegung der Lehren von Marx und Engels abgeleitet wurde. Es reizte nicht wenige, andere Kommilitonen aber auch Professoren diesen Odem selbstgerechter und keinen Widerspruch duldender Unfehlbarkeit spüren zu lassen. Selbstverständlich waren alle Beteiligten gleich, aber eben einige gleicher als andere, da sie sich bereits auf dem Weg zum widerspruchsfreien Wissen – gegen das kein Verstoß geduldet wurde – emporgearbeitet hatten.

Die sozialistische Realität der Bevormundung und Zwangskollektivierung mit entsprechender Überwachung, also ein massiver Eingriff in die „Freiheitssphäre des einzelnen", wurde später auch in der Arbeitsplanung deutlich. Erwartet wurde ein Arbeitseinsatz von 70 Stunden pro Woche, ein Verstoß dagegen hart gegeißelt:

„Vorbereitungslücken rächen sich; die Zahl der Rückstufungen in andere Schulungen, Selbstzweifel an der Qualifikation, Auftauchen von längst behandelten Fragestellungen weisen darauf hin, daß die kollektive Kontrolle des Lernprozesses nicht ausreichend ist. Allgemeine Phänomene, die in allen Bereichen auftreten, sind hohe Ausfälle durch Krankheit, ‚normales' Fehlen, Inaktivität in den Terminen, Schlamperei. Mit der Überlastung verbreitet sich zunehmend Beamtenmentalität: Um das Geschehen in anderen Arbeitsbereichen wird sich nicht mehr gekümmert ...".[39] Auch eine „Reduzierung der Stundenbelastung" sollte nicht in ein „allgemeines Dolce Vita" führen, sondern mittels einer sogenannten KapVo (Kapazitätenverordnung) sollte die „qualitative Steigerung der Arbeitsleistung" erwirkt werden. So nahm ein leitender „Genosse" einem Kollegen, der mit dieser Verordnung nicht einverstanden war, gegenüber sinngemäß wie folgt Stellung: „Wir haben alle Probleme mit unserem Vater oder unserer Mutter; mit solchen Gefühlen können wir

uns aber nicht aufhalten, sondern die Arbeit muß voran-
gehen."

Wer in der Organisation mitmachen wollte, mußte sie
auch nach außen vertreten und sich vor allem praktisch
„bewähren". Dies konnte beispielsweise in nächtelangen
Druckdiensten an alten Maschinen in einer ehemaligen
Fabrik geschehen. Die erste Bewährungsprobe für den
frischgebackenen Sympathisanten war jedoch der Wahl-
kampf um Sitze im Studentenparlament. Mangels Einblick in die genaueren Zusammenhänge wurden die von
„erfahrenen Genossen" (den Kandidaten oder gar Kadern)
geschriebenen Flugblätter manchmal einfach auswendig
gelernt. Die Parolen und das Gefühl, zu einer schlagkräf-
tigen Organisation zu gehören, ermöglichte – etwa bei
Martin – gegebenenfalls eine Seminararbeit, die weniger
von fachlich erforderlichem Wissen getragen war, als von
der Phrase, es muß alles „hinterfragbar" sein. Diese Dok-
trin durchzusetzen und die als bürgerlich eingestuften Dozenten damit in die Defensive zu zwingen, konnte unter
anderem Aufgabe der Sympathisanten sein. Nicht der Dozent sollte angeblich „autoritär" vorgeben dürfen, was gelehrt und damit auch gelernt werden sollte, vielmehr sollte
ein Kollektivierungsprozeß eingeleitet werden hin zum
selbstverwalteten, natürlich sozialistischem Studium. Einige als „bürgerlich" verschriene Professoren biederten
sich bei den Studenten an, indem sie ihnen Raum für
„selbstbestimmte Seminare" gaben.

Das in Artikel 2 der Menschenrechte (MR) ausgespro-
chene Diskriminierungsverbot auch für abweichende Auffassungen wurde vor allem in der Auseinandersetzung mit
sogenannten Dissidenten mißachtet. Wer sich nicht un-
terordnete, verstieße gegen sein Wissen und den konnte
der Bannstrahl vernichtender Kritik treffen.

Wie im öffentlich–universitären Leben so beanspruchte die „Sozialistische Gruppe" auch in den anderen zwischenmenschlichen Beziehungen eine unumschränkte Autorität zur Kontrolle. Es hatte es beipielsweise Sympathisanten der „Sozialistischen Gruppe" gegeben, die mit ihrem dreisten Auftreten auch bei manchen Frauen großen Eindruck machten; allerdings war von Anfang an klar, daß eine Partnerschaft nur gehen würde, wenn sich beide in der gleichen Organisation bewegen und deren Spielregeln unterordneten. Beispielhaft für die Zwangskollektivierung und Verletzung des Schutzes der Persönlichkeitssphäre, also der in Artikel 12 garantierten Freiheitssphäre des einzelnen, aber auch für den Verstoß gegen Artikel 16 über die Freiheit der Eheschließung und des Schutzes der Familie, sollen folgende Beispiele geschildert werden:

Es muß daran erinnert werden, daß die „Sozialistische Gruppe" streng hierarchisch strukturiert war. Die „Anfänger" wurden in „Sympathisantenschulungen" einem Durchlauferhitzer gleich „errötet", wie es hieß, qualifiziertere „Genossen" rückten in „Kandidatenschulungen" auf und sollten irgendwann einmal den Sprung zum Kader machen, d.h. sich als Berufsrevolutonäre qualifizieren.

Aus dem Anliegen heraus, das Liebesproblem im Gruppengespräch unter Männern besser bewältigen zu können, wurde ein Kandidat der „Sozialistischen Gruppe" Mitbegründer einer Bonner Männer–Selbsterfahrungsgruppe. In diese Gruppe fanden sich auch vier Mitmänner ein, die sich dem engeren, aber auch weiteren Umfeld der „Sozialistischen Gruppe" zuordneten. Eines Tages wurde dieser Kandidat mit einem Mitmann und „Genossen" zum ZA (Zentralausschuß) der „Sozialistischen Gruppe" vorgeladen. Im ZA saß der sehr gut Belesene, den die höchste Stufe des Wissens sozialistischer Revolutionäre auszeichnete, weshalb er auch niemandem Rechenschaft abzulegen hatte. Ihm zur Seite saßen einige „Genossen", die aufgrund ihres Studiums der sozialistischen Wissenschaft ebenfalls über jeden Zweifel erhaben waren und die für Aufsteigen und Rückstufungen von „Genossen" sowie die Verfolgung der großen Linie zuständig waren. Sowohl der mit dem Kandidaten vorgeladene Kollege als auch der Kandidat selbst besuchten sogenannte Kapitalschulungen aber auch Kandidatenplena. Eine „Genossin" aus dem engeren Kreis des ZA war als Zeugin gegen beide geladen. Der Vorsitzende eröffnete die Verhandlung. Es sei ihnen zu Ohren gekommen, daß beide „Genossen" einen „Herrenclub" besuchen würden, was das denn sei. Die befragten „Genossen" erläuterten, daß es ihnen in ihrer Freizeit wichtig sei, dem „subjektiven Faktor", ihrem Gefühlsleben als Männer, nachzugehen. Die Zeugin wurde aufgerufen, zu belegen, inwieweit die Betroffenen denn konkret im Verdacht standen, Gruppeninterna in die Öffentlichkeit getragen zu haben. Die Zeugin wurde etwas rot und stammelte etwas von „Hörensagen" und daß sie gedacht habe, das sei wichtig zu melden – konkrete Belege für die Vorwürfe konnte sie aber nicht machen. Die Sitzung schloß mit der Aufforderung des Vorsitzenden, bei Gerüchten in Zukunft etwas vorsichtiger zu sein. Es gab dann ein sogenanntes „Zirkular", betitelt „Kampf der Gerüchteküche". Alles mußte eben seine Ordnung haben.

Es gab einen „Genossen" namens Jonathan, der im Ruf stand, daß er zwecks „Rekrutierung" weiblicher Sympathisanten diese in sein Bett einlud. Einzelne „Genossinnen" leisteten in der Folge schwere Nachtarbeit in der Druckerei. Es schien die Frauen nicht abzuschrecken, daß der „Genosse" offensichtlich die These vertrat, daß „Frauen doch kleinere Gehirne als Männer" hätten. Obwohl nach Artikel 1 der Menschenrechte „alle Menschen ... frei und gleich an Würde und Rechten geboren (sind)" und sich „einander im Geiste der Brüderlichkeit begegnen (sollen)", wurde diese Diskriminierung – so wurde es berichtet – auch von den betroffenen „Genossinnen" anscheinend eher als „Gag" verharmlost.

Martin war verliebt in eine Martina, die neben anderen Frauen, wie Carla, mit der er ebenfalls befreundet war, im Druckereiteam arbeitete. Gerne wäre er Martina nähergekommen und es sah auch nach einigen Besuchen bei Martina nicht schlecht aus. Dummerweise lud sie ihn gerade an jenem Abend zum Glas Wein ein, als er Josephine, einer „Perle" aus der Kneipe „Der Schuppen" versprochen hatte, sie abends noch medizinische Fachbegriffe für ihr Medizinstudium abzufragen. Martina schreckte sofort zurück, als er nicht eingehen konnte, überließ sich diesem Jonathan und nahm dabei einen gewaltigen Kübel seiner abwertenden Auffassungen über Frauen in Kauf. Martin verstand nicht, als sie ihm auch noch erzählte, daß er sie beim Sex mit den Namen seiner Verflossenen anredete. Dabei hätte Martin gerne mit ihr gewollt, obwohl sie reihenweise selbstgedrehte Zigaretten rauchte. Sie starb mit 48 Jahren an Lungenkrebs.

Es gab eine zeitlang in der „Sozialistischen Gruppe" einige Töne, daß Geschlechtsverkehr bei Paaren in der Häufigkeit zu beschränken und nur im Sinne der psychischen Reproduktion zulässig sei, damit nicht so viel Energie für die Arbeit in der Organisation verlorengehe. Also Sublimierung im Sinne platten Freudschen Triebverzichts zur Erhöhung kultureller – sprich sozialistisch – wertvoller Arbeit. Der Mitmensch wurde nicht in seiner existentiellen Angewiesenheit auf Beziehung, auf Mitgefühl, auf Aufmerksamkeit, Einfühlsamkeit, Hilfe, Anleitung, Trost und Zuwendung gewürdigt und erfaßt, es wurde ihm schlicht das Menschsein abgesprochen und er auf eine Funktion – hier „gruppenspezifische Anforderungen" – reduziert.

Krasses Beispiel bot eine „Genossin", die einen Mann außerhalb der Gruppierung kennengelernt hatte. Sie behauptete eines Tages, daß ihr vom ZA (Zentralausschuß) nahegelegt worden sei, sich von diesem Mann zu trennen, da er nicht zuverlässig sei und nicht ausgeschlossen werden könne, daß sie ihm Gruppeninterna anvertraue. Eine solche Liaison sei nicht mit einem Leben in „konspirativen Verhältnissen vereinbar".

Stellt gemäß der Erklärung der Menschenrechte „die Familie ... die natürliche und grundlegende Einheit der Gesellschaft (dar) und hat Anspruch auf Schutz durch Gesellschaft und Staat", so galt dies wohl gerade nicht in vollem Umfang für „Sozialisten". Man sah vielmehr: Die Einforderung von Unterordnung, die Verwendung des Individuums als Mittel zum Zweck und die Geringschätzung der Frau waren anscheinend auch bei der Arbeit von sich Sozialisten Nennenden zu vermelden.

Wie auch gezeigt werden konnte, ist die Linke eben an ihren autoritären Menschenbild, ihrem Sendungsbewußtsein, dem Fehlen psychologisch–anthropologischer Grundlagen, ihrem hierarchischen Aufbau mit dem Vertreten unfehlbarer Wahrheiten sowie der Reduzierung von Lebensäußerungen der Menschen auf die marxistische Gesellschaftanalyse im starren Korsett eines „Ensembles der gesellschaftlichen Verhältnisse", gescheitert.

Festzuhalten ist auch, daß jeder, der dabei war oder auch heute noch glaubt, die skizzierte linke Strategie zur

Umwälzung der Gesellschaft hatte und habe in der Durchsetzungsstrategie irgend etwas mit Nächstenliebe, Mitmenschlichkeit o.ä. zu tun gehabt, sich eigentlich jetzt eingestehen müßte, wofür er wirklich stand – und daß auch er an der Zerschlagung der naturrechtlich–christlich fundierten Grundlagen dieser Gesellschaft mitgewirkt hatte.[40] Das Verhalten in den Hörsälen den Dozenten gegenüber war oftmals unduldsam und autoritär, weil diese ja die verfemte „bürgerliche Wissenschaft" vertraten.

Alle noch so schön formulierten Verlockungen von „schöner neuer Welt" und „neuem Menschen" im wahren Sozialismus kaschierten oft nur mühsam den Auserwählt–heitsanspruch und das persönliche Machtstreben mancher neuen Herrscher zur Linken. Revolutionäre Gewalt, die Förderung des Klassenkampfes und Ausgrenzung mißliebiger Auffassungen waren und sind die eigentlichen Gehalte sich links nennender Strategie (Beispiele: Sturm auf das Bonner Rathaus 1973 durch Vertreter der KPD, Hamburg G20–Gipfel). Sich hierzu in Gegensatz zu stellen und eine demokratische Debattenkultur zu fordern, bedurfte bzw. bedarf allerdings der Zivilcourage, wenngleich oft in Vergessenheit gerät, daß die gegenwärtig von manchen als selbstverständlich genommenen Freiheitsrechte, wie etwa die Meinungsfreiheit, des jahrhundertelangen Ringens der Menschen bedurften, bevor sie etwa im Grundgesetz verankert werden konnten.

Stilblüten

Nachdem der „subjektive Faktor" etwa ab Mitte der 70er Jahre in der politischen Arbeit akzeptierenden Eingang gefunden hatte, wurden die Sitten etwas lockerer. Mittlerweile war die Männer–Selbsterfahrungsgruppe auf sechs Teilnehmer angewachsen. Einer der Teilnehmer hatte eine jüngere Schwester, die die Truppe zum Geburtstag einlud. Selbstbewußt wurde unter den Männern die Parole ausgegeben, daß alle gemeinsam hin– und am Ende auch wieder weggehen würden. Von weiblichen Wesen ließen sie sich nicht spalten. Wie extrem jung die anwesenden Mädchen waren, stellte sich erst bei Ankunft der Gruppe heraus. Nein, das war wirklich unter ihrer Würde, befanden alle. Allerdings tauchte im Laufe des Abends eine ältere, einigen wohlbekannte Studentin auf. Die Köpfe der Männerriege wandten sich ihr spontan zu und jeder wollte mit ihr tanzen. Vorbei war es mit der Solidarität, weil jeder ihr Hahn sein wollte. Sowohl Manfred als auch Martin sprachen dem vorhandenen Alkohol wie üblich reichlich zu. Der Heimweg führte beide am Schloßteich vorbei. Manfred beugte sich hinunter zu den Seerosen, um sich eine zu pflücken. Nun waren diese fest verankert. Manfred verlor das Gleichgewicht und fand sich plötzlich bis zu den Hüften im Schlamm stehend wieder. Sein gelbes T–Shirt kontrastierte herrlich mit dem Grün der Seerosenblätter. Kichernd kommentierte er das feuchte Ende dieser Party: War keine männliche Glanzleistung.

Vom Marsch durch die Institutionen

Das Scheitern revolutionärer Strategie sollte in etwas anderes münden. Martins Idol Rudi Dutschke hatte zwar die „Abschaffung von Hunger, Krieg und Herrschaft" durch eine „Weltrevolution" [zum Ziel]. Damit knüpfte er an den christlichen Sozialismus seiner Jugend an[41]:

„Der Unterschied zu den vergangenen Revolutionen besteht unter anderem darin, daß unser Prozeß der Revolution sehr lang sein wird, ein sehr langer Marsch sein wird. Und innerhalb dieses sehr langen Marsches wird sich das Problem der Bewußtwerdung stellen und gelöst werden, oder wir werden scheitern."[42]

Mit dem „Marsch durch die Institutionen" bezeichnete Dutschke die Methode für eine langfristige politisch–strategische Perspektive: „Die Generation der 68er griff das von ihren neomarxistischen Professoren der Frankfurter Schule vertretene ideologisch geprägte Gedankengut auf. Ein kleiner Teil der damals beteiligten Studenten hat auch trotz der Berufsverbote und Radikalenerlasse in der Politik, im öffentlichen Dienst und in den Medien Karriere gemacht und versucht, dieses Gedankengut der Gesellschaftsveränderung durchzusetzen."[43]

Es geht also beim Marsch durch die Institutionen eher um eine Zerstörung der Institutionen von innen (Anti–Institutionalismus) als um eine Machtergreifung einer „Linken".[44] In den Worten Dutschkes klang es so:

„Heute würden Permanenzrevolutionäre, nicht Wortschwätzer (die Revolutionsdiskussion ist inzwischen von uns als Ersatz für die praktische Arbeit entlarvt worden), die in den Fabriken, in den landwirtschaftlichen Großbetrieben, in der Bundeswehr, in der staatlichen Bürokratie systematisch den Laden durcheinanderbringen, von allen Lohnabhängigen vollkommen akzeptiert werden… Den ‚Laden in Unordnung bringen' heißt nur, die Lohnabhängigen und andere mehr unterstützen, bei ihnen lernen, neue revolutionäre Fraktionen herauszubrechen. Die Permanenzrevolutionäre können immer wieder hinausgeworfen werden, immer wieder in neue Institutionen eindringen: Das ist der lange Marsch durch die Institutionen."[45]

Martin erwies sich als gelehriger Schüler dessen, was ihm gewissermaßen in Fleisch und Blut übergegangen war. Sein damaliger Wohnkollege Max, besonders dem Verhältnis von Hegels Weltgeist mit dem Marxismus zugetan, hatte ihm geraten, sich auch in finanzieller Hinsicht im universitären Rahmen zu betätigen. Insofern hatte sich Martin bereits frühzeitig um eine Tutorenstelle beworben und diese auch erhalten. Der Dozent erwartete, daß Martin die im Hauptseminar behandelten Fachtexte nacharbeitete. Getreu seiner langjährigen Schulung benutzte er die zu behandelnden Texte dazu, sie im Sinne einer Kritik der bürgerlichen Wissenschaft antikapitalistisch zu wenden. Die Studenten nahmen es zwar auf, saßen jedoch wegen der drohenden Fachklausur auf heißen Kohlen. Da der Dozent auch nicht darauf bestand, daß Martin gemeinsam mit seinen „Schäfchen" das Hauptseminar regelmäßig besuchte, konnte die Instrumentalisierung des Tutoriums bis kurz vor Ende des Semesters weitergehen. Ein Student hatte es im Tutorium einmal so formuliert: Egal, wo wir anfangen, wir kommen immer bei Karl Marx heraus. Martin war stolz auf seiner Wirkung. Erst gegen Semesterende besann er sich auf seinen Lehrauftrag und trainierte die ihm anvertrauten Studenten für die Klausur, was diese dankbar anmerkten.

Das negative Weltbild, die abwertende Anklage gegen alles, was Martins berufliche Zukunft als Lehrer betraf, ließ sich in dem Song einer seiner Lieblingsguppen, der Rockgruppe Pink Floyd, zusammenfassen: We don't need no education, We don't need no thought control, No dark sarcasm in the classroom, Teachers leave them kids alone … All in all you're just another brick in the wall …[46] Diese Unterstellung enthielt genau das Programm aus einer Zeit, die Martin zutiefst ablehnte, den Faschismus. „Ich will keine intellektuelle Erziehung. Mit Wissen verderbe ich mir die Jugend. Am liebsten ließe ich sie nur das lernen, was sie ihrem Spieltriebe folgend sich freiwillig aneignen."[47] Diese Einstellung hat sich in Bezug auf das Sozialverhalten von Kindern und Jugendlichen fatal ausgewirkt. Auch Martin hatte zu Beginn seiner realitätsfernen Unterrichtstätigkeit Eltern in dem Sinne beraten und war damit gescheitert. Die Klassensituationen wurden unhaltbar. Schon damals hatte ihn eine wohlmeinende Kollegin auf diese Gedanken aufmerksam gemacht:

„Und weil alle Eltern das Beste für ihr Kind wollen, denken viele von ihnen nun, dass diese maximale Freiheit auch das Beste für ihre Kinder sei. Sie denken sich: Wir wollen keine Untertanen erziehen, sondern einen freien Geist! … Wenn Kinder immer nur machen dürfen, was sie wollen, lernen sie weder Durchhaltevermögen noch Konzentration, sie lernen nicht, zurückzustecken und ihre eigenen Bedürfnisse zu verschieben, und sie lernen auch nicht, vorausschauend zu sein. … Diese Kinder werden totale Narzissten. Und meist kommt ja auch irgendwann der ‚Zahltag‘. Die wenigsten Eltern werden ihr Kind sein Leben lang unterstützen. Irgendwann werden sie ihm sagen: ‚Jetzt musst du eigenes Geld verdienen.‘ Und dann fühlt sich der junge Mensch betrogen, verraten und im Stich gelassen. … Es ist nicht so, dass Kinder ihre Eltern automatisch lieben, wenn die nur alles für sie tun. Ganz im Gegenteil, solche Kinder haben keinen Respekt vor ihren Eltern, weil die ihnen keine Grenzen vorgeben und ihr Kind nicht ‚festhalten‘. Es fühlt sich alleine und hat keine Struktur auf der Welt. Die Kinder solcher Eltern sehen in ihren Eltern keine Personen, sondern Diener, und fühlen sich selbst als Chef. ... Diese Menschen werden die ältere Generation nicht mehr pflegen. Sie haben eine Grundausrichtung, die ihnen sagt: Nur ich bin wichtig, und mich für andere zu engagieren oder gar aufzuopfern kollidiert massiv mit meinen Bedürfnissen. ... Aber eine Gesellschaft, in der die Generationen nicht zusammenhalten, wird zerfallen. Wenn das Experiment Mensch gelingen soll, brauchen wir stabile und liebesfähige Persönlichkeiten, und zu solchen wachsen derzeit die wenigsten Kinder heran."[48]

Wozu jedoch werden halt– und orientierungslose junge Menschen von Politik, Wirtschaft und Militär benötigt? Norbert Blüm formulierte es in seinem Buch „Gerechtigkeit"[49] so:

„Wir haben es mit einer Wirtschaft zu tun, die sich anschickt, totalitär zu werden, weil sie alles unter den Befehl einer ökonomischen Ratio zu zwingen sucht. (…) Aus Marktwirtschaft soll Marktgesellschaft werden. Das ist der neue Imperialismus. Er erobert nicht mehr Gebiete, sondern macht sich auf, Hirn und Herz der Menschen einzunehmen. Sein Besatzungsregime verzichtet auf körperliche Gewalt und besetzt die Zentralen der inneren Steuerung des Menschen."

Martin hatte nicht realisiert, daß seine hehren Ziele genau in diesen neuen Totalitarismus mündeten. Vorerst verteidigte er noch den Kampf gegen eine demokratische, gemeinwohlorientierte Erziehung in Elternhaus und Schule im Sinne der Marxismus und für eine strikte Kontrolle politisch unkorrekter Meinungen. So meinten sich die etablierten Eliten gegen unliebsame Kritik schützen zu können.

Romeo und Julia im sozialistischen Wunderland

Die rein kapitalismus–kritische Betrachtungsweise der Beziehungen zwischen Mann und Frau behauptete jede innige Verbundenheit als unmöglich. Ehe und Familie wurden hier, wie im Beruf ‚aus der Perspektive der ökonomischen Unselbständigkeit und damit die Unterwerfung unter die Willkür eines anderen' gedeutet. So stellten die sozialistischen Studenten heraus: „Die Entwicklung der kapitalistischen Produktionsweise wirkt die Tendenz zur Integration der Frauen in den Produktionsprozess: Zur Gleichberechtigung in der Unterdrückung, zur Gleichberechtigung in der wechselseitigen Benutzung des anderen. Das, was die bürgerliche Frauenbewegung sich zum Ziel gesetzt hat, ist die Vollendung dieser kapitalistischen Tendenz." Es stimmte sicherlich, daß Frauenarbeit in Produktion oder im Verkauf bis zu 22 % schlechter bezahlt wird als Männerarbeit und daß die Geringwertigkeit der Frauenarbeit dazu beitrug, die Geschlechter zu trennen. Entscheidend war jedoch, inwieweit sich Mann und Frau als gleichwertig empfanden. Nur solange Männer und Frauen die zumindest ökonomische Ungleichheit akzeptierten und sich nicht solidarisch für gleichen Lohn für gleiche Arbeit einsetzten, blieb die unterschiedlich geschlechtsspezifisch Bewertung bestehen, verblieb die Frau in der inferioren Rolle.

Indem nun die Beziehung zwischen Mann und Frau sowohl auf ökonomische Bewertungen und die Möglichkeit zu konsumieren reduziert wurde, blieb in der Tat die Beziehung hohl. Es kam nach Auffassung der Revolutionäre zu einer Entfremdung in der Beziehung, die auch durch noch so viele gemeinsame „Konsumanreize" nicht ausgeglichen werden könne. In den siebziger Jahren hatten durch die Polarisierungen aufgeheizte Frauen diese

Trennung zwischen den Geschlechtern dadurch verschärft, daß in bestimmten Lebensbereichen der Mann ausgegrenzt wurde: Frauentreffs, in denen nur Frauen lebten und in denen für Männer „Zutritt verboten" galt. In einem Frauenhaus war draußen sogar zu lesen: Männer und Hunde müssen draußen bleiben. Es gab auch Tendenzen, daß Frauen bei mehreren, ihnen gefallenden Männern anfragten, ob sie ihnen nicht ohne Verpflichtungen ein Kind machen könnten. Wer der Vater schlußendlich wäre, sollte unbekannt bleiben. Wen erinnert das nicht an die Lebensbornkinderideologie?

Martin war inzwischen mit zwei Freunden in einer Wohngemeinschaft zusammengezogen. Nur unter Männern, so dachte er, würde ein neues Paradies anbrechen. Es waren jedoch seine eigenen Ängste vor den Frauen, derer er sich nicht bewußt war. Noch jedoch lebte er mit den marxistischen Annahmen der Frankfurter Schule. Diese hatte zur Problemanalyse anzubieten: Die bürgerlich–kapitalistische Klassengesellschaft bringe den Menschen in ein System von Lohnabhängigkeit und Arbeitszwang. Aus dieser Unterdrückung des einzelnen folgte zwangsläufig, die grundlegenden Wünsche des Einzelnen zu unterdrücken und zu verdrängen. Deshalb strebe der Einzelne danach aus der heillosen Welt in eine bessere Welt auszubrechen, in der die Erfüllung der unterdrückten Wünsche möglich erschienen.

Im Haus des Triumvirats gab es einen Stock tiefer ein Appartement. In das zog der anscheinend pubertär gebliebene Hippie Christoph ein. Er war immer im Dunstkreis der Freunde geblieben, studierte freie Malerei und schloß dies auch eines Tages ab. Seine Zimmerdecke hatte er schwarz gestrichen und an vielen Fäden kleine Muscheln daran aufgehängt. Die Räume der Wohngemeinschaft konnte er unter der Auflage mitbenutzen, daß er turnusmäßig die Räume mit sauberhielt. Sein Lebensrhythmus unterschied sich gravierend von dem der anderen Mitbewohner. Es kam vor, daß nachts gegen 3 Uhr ein Lärm die Schlafenden hochschrecken ließ. Christoph vollzog seinen Hausdienst und der Staubsauger heulte durch die Wohnung. Schließlich aber hatte er sein Amt vollzogen, da konnte niemand meckern. Antiautoriäres Spontitum hieß eben vor allem, u. U. die Befindlichkeiten des Mitmenschen zu übergehen. Begeistert war nicht nur er von Sprüchen, die Solidaritätsforderungen auf Demonstrationen verballhornten: Für den Sieg im Volkstanz. Freiheit für Howard Carpendale.

Er hielt sich mit etwas Musikunterricht über Wasser. Was die Gitarrenschüler im Detail lernten, verstand niemand, denn keiner hörte oder sah ihn üben. Martin fand ihn traditionell sympathisch, da er sich in einer Clique bewegte, die luftig durch Wald und Wiesen umherschweifte. Manchmal schloß sich Martin ihnen an und so nächtigte die Gruppe an irgendeinem Bachlauf in irgend—einem Wald der näheren Umgebung von Bonn. Unbeschwert schliefen Männlein und Weiblein in der Hütte durcheinander und so ließ man sich einmal ohne politischen Anspruch treiben.

Im Viertel gab es diese verlockende Szenekneipe „Der Schuppen", die Martin in der Zeit, als er in der Nordstadt wohnte, fast jeden Abend aufsuchte. Mit der Zeit wußte der Zapfer Martins Handzeichen als großes Kölsch zu deuten. Um sich etwas Geld dazuzuverdienen, bewarb er sich um eine Stelle als Kellner. Die Kneipe gehörte einem Linken, der Berufsverbot hatte. Eine Bedingung für eine Anstellung war, so schien es, daß die Kellner nur soviel Bier zu sich nehmen durften, wie sie sich gerade noch mitsamt dem Bierträger durch die Menge bewegen konnten. Diese Bedingung konnte Martin leicht erfüllen. Nach dem dritten, vierten Kölsch stellte sich jeweils eine besondere Sanft– und Lockerheit ein, die vor allem die weiblichen Gäste als sehr wohltuend empfanden. Er nötigte sie auch nicht zum Trinken, wie es andere Kellner auf Veranlassung des Chefs versuchten. Dieser hatte Martins „Erfolgskonzept" des Bierverkaufs beobachtet und bot ihm nach einiger Zeit an, doch auch hinter der Theke zu arbeiten. Überglücklich bemerkte Martin, auch am Verhalten der anderen Gäste, daß er integriert war und dazugehörte.

Seine Mitbewohner, allen voran Manfred, ließen sich mit übervoll gezapften Gläsern gerne bedienen. Am Thekenrand standen ein kleiner Plattenspieler von Dual sowie etwa 20 Platten mitsamt einem Schnapsgläschen, aus dem immer mal wieder einige Tropfen Wasser auf die Rillen gegossen wurden – des guten Klangs wegen. Es tönten die immer gleichen Stücke durch den rauchgeschwängerten Raum. Zum Auftakt gab es „Girls, Girls, Girls" von Sailor und später „I Shot the Sheriff" von Eric Clapton. Wenn Martin um 1 Uhr wegen der Sperrstunde schließen mußte, gab es stets noch eine letzte Runde Bier. Zeitweise wurden die Türen geschlossen und die verbliebenen Gäste tanzten mit Rockmusik ab. Der Geschäftsführer, der interessiert vorbeischaute, ob auch genug Bier angezapft war, tanzte mit seiner Perle besonders heftig. Nachdem ein anderer Kneipier das Tanzvergnügen aus Konkurrenzgründen bei der Polizei als Verstoß gegen die Sperrstundenverordnung angezeigt hatte, war es mit dem Partygeschehen vorbei. Die Zapfer achteten darauf, daß alle zwar angesäuselt, aber mit der Auflage, leise zu sein, nach hause gingen.

Im Nebenhaus der Wohngemeinschaft hatte ein neuer Laden aufgemacht, eine Buchhandlung. Die wollte Martin gerne besuchen, um sich das Sortiment genauer anzusehen. Auf zwei Tischen waren hinter dem Schaufenster verschiedene Buchtitel aufgelegt. Etwa drei bis vier Meter vom Eingang entfernt führten einige Treppenstufen zu einem weiteren Abteil, in dem sich ein Tisch mit Frühstücksutensilien und vier Frauen an diesem Tisch speisend befanden. Martin wollte gerade die Bücher auf den beiden Tischen näher in Augenschein nehmen, da wurde er hysterisch angefahren: Keinen Schritt weiter, schon gar nicht die Treppe betreten! Nach dem ersten Schrecken drehte sich Martin wortlos um und verließ die Festung.

Die Abscheu, die Martin in solchen Situationen entgegengeschleudert wurde, verletzte ihn zutiefst. Der Ausweg aus sozialer Unterdrückung, so wurden manche Frauen infiltriert, könne für die Frau nur in der grundsätzlichen Verneinung der bürgerlichen Gesellschaft in Gestalt des Mannes liegen. Es sei vor allem die Familie, durch die die Menschen an die bestehenden gesellschaftlichen Verhältnisse angepaßt würden, wodurch eine Umwälzung und Umgestaltung der Gesellschaft zum Wohle der Frauen verhindert werde. Wenn sich der Mann und die Frau versöhnlich miteinander in eine Beziehung einlassen würden, käme nur Anpassertum und ein latenter Faschismus mit erneuter wesentlich versteckter Unter—drückung der Frau heraus. Dies leuchtete Martin zunächst ein. Hatte er doch in seiner eigenen Familie erlebt, daß die Mutter es geschafft hatte, alle Familienmitglieder gegeneinander auszuspielen. Ihre Kumpanei mit dem kleinen Mädchen, der Schwester, hatte dieses korrupt gemacht und obwohl sie den Vater als Familienoberhaupt hervorhob, konnte sie nur mühsam kaschieren, daß beide

Frauen den Mann im tiefsten Inneren ablehnten. Der Vater versuchte, mit seiner Einsamkeit und Hilflosigkeit dadurch fertig zu werden, indem er sich an ein äußeres Zeitkorsett aus pünktlichem Essen und genau festgelegten Abläufen beim Zubettgehen klammerte. Von der Familie verlangte er exakten Gehorsam, um seinen Wünschen genau nachzukommen. Er führte zeitweise eine Abfolge von Pfiffen ein, anhand derer der oder die Gewünschte, je nachdem, wen er benötigte, sofort zu erscheinen hatte. Bei den Kindern drohten bei Zuwiderhandlung oder Befehlsverweigerung saftige Ohrfeigen.

Da er immer mal wieder neue Hinweise las, wie er seinem Kranksein mittels entsprechenden Nahrungemitteln begegnen könnte, mußte Martin zu möglichen und unmöglichen Zeiten diese besorgen. Eines Samstagnachmittag verlangte er nach einem besonderen Knäckebrot. Es war zwar handelsüblich, jedoch vorzugsweise bei Feinkost Maurer erhältlich. Martins Mutter kaufte in dem Laden nie ein und so war es Martin mehr als peinlich, daß er am Nachmittag dort schellen mußte. Herr Maurer gab ihm säuerlich das Gewünschte. Eine gesundheitliche Erleichterung hatte es nicht gebracht.

Lichtblicke guter Gespräche

Eines samstags war eine große Fete bei Marlies Frehse. Sie war vor Jahren eine der ersten Begegnungen in Bonn, als Martin sein Studium begann und befand sich bereits im vierten Semester eines Englischstudiums. Nach einigen Einladungen zum Tee in ihrem Zimmer, das im zweiten Stock einer Wohngemeinschaft in der Poppelsdorfer Allee lag, fing Martin an, sich ihr ein wenig anzuvertrauen. Die Allee führte zum Schloß und war beiderseits mit ausladenden Kastanienbäumen bestanden, die im Herbstwind ein leichtes Rascheln vernehmen ließen. Es war ein fast schon dunkler Herbstnachmittag, als Martin mit Marlies zusammensaß und ihr von seinem grundsätzlichen Liebeskummer berichtete. Marlies' Freund, Hermann, hatte sich eine Freundin im Westerwald zugelegt. Um Martins Liebeskummer abzuhelfen, zeigte Marlies ihm ein Foto von einer gewissen Caroline. Dabei hatte sie die stille Hoffnung, daß sich Martin und diese Caroline, eine Krankenschwester, vielleicht ineinander verlieben könnten und Hermann wieder voll zu ihr zurückkommen würde. Martin schrieb an Caroline und sie ging darauf ein, ihn einzuladen. Dann nahm er eine längere Zugfahrt ins Weserbergland in Kauf, mit einem Bild von Caroline in der Tasche, verstand sich mit ihr auf Anhieb sehr gut und sie verbrachten eine wunderschöne, gemeinsame Nacht miteinander. Trotzdem schwärmte sie Martin beim Einkaufen am nächsten Morgen, einem Samstag, davon vor, daß es doch mit Hermann weitergehen würde. Sie gingen später durch die eiskalte, klare Nacht gemeinsam an der Weser entlang spazieren, der Schnee knirschte und Martin machte sich doch wieder Hoffnungen. Nach einigen Briefen eröffnete Caroline ihm, daß sie sich vor Ort in einen Kollegen verliebt habe und das war's. Jedenfalls hatte Martin Monate später eine heulende Marlies zu Gast, denn Hermann bewegte sich weiterhin aushäusig. Das verletzte Marlies sehr, sie ließ sich von Martin trösten und sie verbrachten, wie von Martin immer schon ersehnt, einen wunderschönen, erotischen Abend miteinander. Martin empfand zum ersten Mal, daß eine gewachsene Beziehung auch zu einem tiefen, sexuellen Erlebnis führt. Im Vergleich dazu waren die bisherigen schnellen „Eintagsfliegen" einfach schal.

Über Marlies lernte Martin auf besagter Fête Meike kennen. Sie hatte so ein Lächeln an sich, das ihm sehr gefiel. Musikalisch und was Kinoerlebnisse anging, stimmten sie in vielen ihrer Vorstellungen überein. Nur was die Beurteilung von Kunstwerken anging, die sie in die Gespräche einbrachte, sowie Kunstgeschichte allgemein, waren nicht seine Stärke. Sein marxistisches Treiben interessierte sie nicht. Da konnte er sich nicht beweisen und wurde eher verhalten. Sie ließ ihn nicht abtauchen und lud ihn zu intensivem Petting ein. Nach der Erfahrung mit Marlies gestärkt, suchte Martin mit ihrer Unterstützung mehr die Freundschaft und Nähe von den Menschen, bei denen er mehr ein Gefühl der echten Anerkennung für seine Gedanken und Lebensvorstellungen bekommen konnte. Mit Meike konnte Martin über alles reden und es stellte sich ein Zustand von Zufriedenheit ein. Die Seminararbeiten, die wieder anstanden, gingen besser voran. Eines Tages eröffnete Meike ihm, daß sie nach Mainz gehen würde. In der Folge besuchte Martin sie einige Male dort in ihrer Wohngemeinschaft. Es waren schöne, ruhige Spaziergänge entlang des Rheins.

In der Schumannklause lernte Martin kurz darauf Wolfgang kennen, der mit seinen Eltern auf dem Venusberg wohnte. Martin erlebte in Wolfgang, der Germanistik studierte, ein persönliches Interesse, denn dieser versuchte ihm ein Gefühl von Sicherheit zu geben und auf vielen Spaziergängen brachte er ihm Literatur so näher, daß Martin sie besser verstehen konnte. Allerdings bereitete Marcel Prousts „Auf der Suche nach der verlorenen Zeit" ihm keineswegs den Genuß, den er anderen bereitete. Martin lernte über Wolfgang weitere Kommilitonen außerhalb der Institutsgruppen kennen. Mit Wolfgang, Jürgen „Man" (was das T–Shirt zierte), Helene und ihrem Mann Peter fuhr Martin im Käfer nach Dänemark in ein Ferienhaus an der See. Mit seiner Unsicherheit als Mann nervte dieser in den ersten Tagen die Runde. Übertriebene Sexualität wurde ihm von den Mitreisenden vorgeworfen. Nicht etwa, daß er sie habe, sei das Problem, sondern die vordergründig reduzierten Äußerungen auf die sexuellen Wünsche.

Netterweise überließen Helene und die anderen Martin das Auto, damit er mit einer jungen Dänin, die er kennengelernt hatte, gemeinsam Kopenhagen erkunden konnte. Sie fuhren zum Tivoli und er hatte zum ersten Mal das Gefühl, im Ausland leben zu wollen. Lise, so hieß die junge Frau, machte Martin zum einen Komplimente für seine einfühlsame Art, wehrte sich jedoch gegen seine zärtlichen Annäherungsversuche. Sie suche eher einen Partner für's Leben, den sie in einem gewissen Jan verloren hatte, wünschte sich jemanden zu finden, mit dem sie geistig übereinstimme. Martin erzählte ihr von der Ehe seiner Eltern und daß er unter dem autoritären Gebaren seines Vaters sehr gelitten hatte. Ja, du redest von meinen Eltern, meinte sie, während sich das Riesenrad langsam in Bewegung setzte. Nachdem sie Martins direkte sexuelle Annäherungen sanft, aber bestimmt zurückgewiesen hatte, ging er noch behutsamer vor. Ihre Kühle interpretierte er als Selbstschutz und Angst, den Kopf zu verlieren.

Dann schlug Lise vor, einmal in die „Freistadt Christiania" zu fahren. Martin sah wohl alternativ genug aus, um nicht zwischen Dealern und anderen Nichtstuern aufzufallen. Eigentlich hätte ein Schild stehen müssen „Auf eigene Gefahr". Denn „wer die Freistadt Christiania in Kopenhagen besucht, sollte wissen, dass er einen rechtsfreien Raum betritt, in dem das Faustrecht regiert. Die Polizei findet das nicht lustig, kann aber nichts dagegen unternehmen – es wäre für die Beamten zu gefährlich."[50] Daß die Politik so etwas toleriert war unverständlich, aber durchaus mit Deutschlands autonomen, staatsfinanzierten Zentren zu vergleichen. Damals hatte Martin noch kein Problem damit. Er konnte mit seiner Super 8–Kamera interessante Eindrücke aufnehmen. Anderen wurde später mit gleichem Ansinnen die Kamera zerstört. Die Vernunft siegte nun jedoch, Lise zurückzulassen, das Studium in Bonn weiterzuführen und nicht vor der näch–sten Prüfung im Philosophikum auszuweichen.

Es wiederholte immer wieder symbolisch der anstrengende Kampf gegen den dominierenden, unfehlbaren Vater, der Martin keine Möglichkeit ließ, zu bestehen. Jürgen konnte sehr gut Gitarre spielen und kam damit zur Geltung. Martin merkte, daß ihn zwischendurch die Eifersucht ganz schön auffraß. Am Abend spielte Jürgen wieder den Blues. Wolfgang und Helene bemerkten Martins Unsicherheit und im gemeinsamen Gespräch konnte Martin sehen, daß Wolfgang und Peter nicht seine Konkurrenten, sondern mitfühlende Kameraden waren. Es war sozusagen eine korrigierende emotionale Erfahrung. So erfuhr Martin, daß störende Gefühle nicht das Ende einer Freundschaft bedeuten, sondern bedrängende Situationen sich auch auflösen lassen. In den gemeinsam verbrachten Tagen gab es keine Politisiererei und damit auch keine Polarisierungen. Obwohl sie die Landessprache nicht verstanden, genossen sie ein spontanes Straßentheater und Martin erlebte, auch mit unbeschwerten gemeinsamen Momenten in der Beziehung zu Frauen diese als wohltuende Bereicherung erfahren zu können.

Chile

Im September kann es manchmal schon etwas kühl werden. Martin hatte am Abend seine Bude mit dem altertümlichen Kohleofen geheizt. Die Kohlen dazu gab es um die Ecke in einer Kohlenhandlung, die halben Zentner bereits in Plastik verpackt und mit einem Tragegriff versehen. So einen halben Zentner hatte Martin immer öfter in den dritten Stock hinauftragen müssen. Am Morgen des 11. Septembers 1973 war es wieder so ein kühler Morgen. Vor dem Waschbecken auf dem Flur hatte sich Martin wie an jedem Morgen den Wasserkocher gefüllt, das Wasser erhitzt und sich in seiner Tonkanne Tee zubereitet. Das bereits in der Bäckerei aufgeschnittene Brot sowie Butter und – darauf legt er Wert – Orangenmarmelade von der Firma Chivers dienten ihm wie an jedem Morgen zum Frühstück. In Ermangelung eines Tisches mit Stühlen breitete er zu diesem Zweck auf seinem Schreibtisch, der quer im Raum stand, eine kleine Plastikdecke aus und bereitete sich zwei Marmeladenschnitten zu. Der Briefkasten unten am Haus war zu klein, um eine Tageszeitung aufzunehmen. Manchmal kaufte sich Martin in der Stadt die Frankfurter Rundschau. An diesem Morgen wollte er dies wieder tun und eilte vor der Vorlesung die Poppelsdorfer Allee hinunter, als ihm Wolfgang begegnete, kreidebleich. Ihm war das Entsetzen ins Gesicht geschrieben. Mit gepresster Stimme informierte er Martin darüber, daß in Chile etwas furchtbares geschehen war. Der Präsidentenpalast stand in Flammen, der Präsident Salvador Allende war tot und eine Militärregierung von Gnaden der USA hatte die Macht übernommen. Sie hatte bereits damit begonnen, nach einer Verhaftungswelle Menschen in ein Konzentrationslager zu sperren. Ein großes Stadion war wohl dabei. Ein deutscher Bundespolitiker soll dazu gesagt haben, daß es bei warmem Wetter doch ganz angenehm dort sein könnte. Beunruhigt durch die schlagwortartige Information angetrieben, eilte Martin durch die Unterführung am Bahnhof und sah schon aus einer leichten Entfernung das Titelbild mit der brennenden Moneda, dem Präsidentenpalast. Das Bild brannte sich in seine Erinnerung ein. Er begann zu weinen. Wieder hatten die USA die Hoffnung von Millionen Menschen auf bessere Lebensverhältnisse zerstört, wieder tausende von Kindern zu Not und Elend verurteilt..

Martin und seinen Freunden war bekannt, daß die USA über ihren Geheimdienst CIA schon seit längerem begonnen hatten, das Land zu destabilisieren. Bekanntermaßen halten bis heute die USA nichts vom Selbstbestimmungsrecht der Völker, wie es in der Charta der Vereinten Nationen, dem Völkerrecht, niedergelegt ist. Heißt es doch in dieser Charta vom 26. Juni 1945, geschrieben nach einem barbarischen Weltkrieg: „Wir, die Völker der Vereinten Nationen–fest entschlossen, künftige Geschlechter vor der Geißel des Krieges zu bewahren, die zweimal zu unseren Lebzeiten unsagbar leid über die Menschheit gebracht hat. ... Haben beschlossen ... Alle Mitglieder unterlassen in ihren internationalen Beziehungen jede gegen die territoriale Unversehrtheit oder die politische Unabhängigkeit eines Staates gerichtete oder sonst mit den Zielen der Vereinten Nationen unvereinbare Androhung oder Anwendung von Gewalt."

Es ist unfaßbar, daß ein Land wie die USA aus machtpolitischen Gründen und um über die Rohstoffe eines anderen Landes, hier die Kupfervorkommen von Chile, zu verfügen, dort eine Wirtschaftskrise verursacht hatten. Nicht nur ein unbefristeter Streik der Fuhrunternehmer, dessen Führer der extremen Rechten angehörte, sollte zur

Lähmung der chilenische Wirtschaft beitragen – auch die Lebensmittelversorgung durch die Bauern sowie Handel und medizinische Versorgung wurden stark behindert. Die CIA hatte rechtsextreme chilenische Offiziere mit Waffen ausgestattet und über diverse Medien einen Propagandafeldzug gegen die gewählte Regierung durchgeführt. Präsident Allende hatte mit mehreren Maßnahmen, wie kostenlose Milchlieferungen an Kinder bis 15 Jahren sowie ein Einfrieren der Preise für Strom, Haushaltsgas aber auch Transporttarifen und eine Verstaatlichung der Kupferminen gezeigt, daß Chile nicht länger ein Hinterhof US–Amerikas sein wollte. Die Bodenschätze des Landes sollten den Einwohnern des Landes zugute kommen und nicht zur Bereicherung von Minenfirmen dienen.

Die Regierung nahm ein Programm zum Bau von 100000 Wohnungen in Angriff und es begann eine unentgeltliche medizinische Behandlung in Krankenhäusern und Polikliniken. Die USA hatten bereits verschiedentlich gezeigt, daß sie es nicht dulden würden, wenn sich Völker selbstbewußt aus dem Staub erheben.[51] Der Bürgerkrieg, den die USA initiiert hatten, führte nicht dazu, daß sich die Regierung dagegen angemessen wehrte. Das Land drohte immer mehr ins Chaos zu stürzen und der Boden für den Militärputsch war bereitet. Der Wirtschaftskrieg der USA wurde auch mithilfe der Weltbank führt, denn die chilenische Regierung erhielt keine Kredite mehr und der Weltmarktpreis von Kupfer, aus dem Chile 85 % seiner Deviseneinkünfte erhielt, wurde künstlich gedrückt. Chile war nur ein Baustein der Unterstützung rechtsgerichtete Diktatoren bei der Verfolgung von Oppositionellen zum Zwecke von deren Ermordung. Führende Mitglieder des chilenischen Inlandsgeheimdienstes waren Absolventen der US–amerikanischen Militärakademie

‚School of the Americas', die bekannt dafür war, latein-amerikanische Militärs in Unterdrückung und Foltertech-niken auszubilden.

Später erfuhr Martin, daß Präsident Obama sich der festen Überzeugung von der ‚Außergewöhnlichkeit' Amerikas rühmte. Dazu gehöre auch, daß Amerika über dem Recht stehe. Wer nicht tue, was Amerika wolle, dem würde eben der Arm auf den Rücken gedreht. Folter ge-hört bis heute zu Amerika. Unsere „westlichen Werte", von bundesdeutschen Politikern unterstützt?

Orlando Letelier wurde am 21. September 1976 in Washington von Killern der chilenischen Geheimpolizei Dina ermordet. Unter der Präsidentschaft Salvador Allen-de war er Botschafter in den USA und Außenminister, hatte wichtige Funktionen an der interamerikanischen Entwicklungsbank inne. Seit dem Putsch vom 11. Sep-tember 1973 lebte er in der US–amerikanischen Haupt-stadt, wo er seine zahlreichen Beziehungen und seine Fä-higkeiten dazu einsetzte, gegen die chilenische Junta zu kämpfen, die unter Komplizenschaft der USA die Macht ergriffen hatte und brutal ausübte. Orlando Letelier war eines der über 30 000 Opfer der chilenischen Junta.

Die USA sind weit über ihr eigenes Gebiet hinaus das mächtigste Land der Welt, vor allem in militärischer Hin-sicht benehmen sie sich als Imperium. George Friedman von STRATFOR machte 2015 deutlich, daß es seit über 100 Jahren die wichtigste Außenpolitik Amerikas sei, Deutschland und Rußland in einen Krieg zu verwickeln, der beide Länder schwächt und die USA stärkt. Vor die-sem Hintergrund hatte Martin sowohl den Ersten als auch den Zweiten Weltkrieg bisher noch nicht betrachtet. Mit Krieg und Eroberungen hatten die USA ihr Territorium und ihre Einflußsphäre immer wieder erweitern und festigen können – gegenwärtig geben die USA 600 Milliarden Dollar (gedrucktes, im Grunde wertloses Papiergeld) jedes Jahr für Rüstung aus. Die Medienpropaganda der USA spricht oft von Menschenrechten als Begründung für die zahllosen Kriege. Tatsächlich sind jedoch Schürfrechte gemeint. Und wenn die USA von einer Wertegemeinschaft sprechen, so meinen sie damit Folter und Zwang anderen Ländern gegenüber, ihre Interessen aufzuzwingen.

Mithilfe der Zerstückelung von Informationen und ihrer Neuzusammensetzung über solche Medien wie die Tagesschau konnte bislang die deutsche Bevölkerung über die wirklichen Zusammenhänge von Krieg und Elend etwa in Syrien hinweggetäuscht werden. Krieg ist das größte Verbrechen, mit dem wir es schon lange zu tun haben. Deutsche Bundespolitiker rechtfertigen es, ohne Konsequenzen fürchten zu müssen. Das Leben jedoch ist heilig. In den USA ist es gleichgültig, welche Partei der Oligarchie gerade an der Macht ist. Die Verfolgung von imperialen Interessen mit der systematischen Bombardierung anderer Länder wird gerade nicht als Kriegsverbrechen weder benannt noch geahndet.

Ein Meilenstein zum Ruin von Volkswirtschaften, wie der chilenischen, war die Arbeit des Ökonomen Milton Friedman und seiner „Chicago Boys". Ein freiheitliches Gesellschaftssystem müsse zweierlei Freiheiten haben: wirtschaftliche und politische Freiheit. Die wirtschaftliche Freiheit lag Friedman besonders am Herzen. „Auf der einen Seite wird die Freiheit bei wirtschaftlichen Vereinbarungen selbst als eine Komponente der Freiheit verstanden, so daß wirtschaftliche Freiheit bereits ein Ziel für sich darstellt. Zum zweiten ist die wirtschaftliche Freiheit ein unverzichtbarer Bestandteil bei der Erreichung politischer Freiheit." Friedman konnte sich sogar vorstellen, daß wirtschaftliche Freiheit allein existiert, ohne politische Freiheit. Umgekehrt aber ginge es auf keinen Fall: „Die Geschichte lehrt uns jedoch nur, dass der Kapitalismus eine notwendige Voraussetzung für politische Freiheit ist. Eine hinreichende Bedingung ist es freilich nicht." Die Generäle in Chile haben bewiesen, wie mit der Vernichtung jedweder Opposition die Wirtschaft angeblich zum blühen gebracht werden soll und politische Friedhofsruhe einkehren konnte.

Friedmans Konzept zur Arbeitslosenunterstützung war von daher radikal: „Man könnte die Arbeitslosigkeit auf sehr einfache Weise beseitigen, wobei ich nicht behaupten will, daß es wünschenswert wäre, so vorzugehen: Es wäre am einfachsten, die Arbeitslosenunterstützung abzuschaffen. Ich garantiere Ihnen, wenn sie die Arbeitslosenunterstützung abschaffen würden, dann würde sich die Zahl der Arbeitslosen innerhalb eines Monats um die Hälfte verringern. Damit will ich nicht sagen, daß es wünschenswert wäre, daß man so vorgehen sollte."

Chile war nur eines seiner willfährigen Experimentierfelder des Neoliberalismus. Als weitere Maßnahmen schlug er vor: Man solle doch die Sozialausgaben zusammenstreichen. Der freie Markt ermögliche es den Leuten auf sehr viel wirksamere Weise Gutes zu tun und gleichzeitig in ihrem wirtschaftlichen Bereich zusammenzuarbeiten. Diejenigen, die das Los der Armen, der Mittellosen und der Bedürftigen mildern wollen, müssen also die staatlichen Interventionen einschränken und dafür mehr Verantwortung an Privatleute übertragen. ... Eine zynische Sicht.

Der Kampf gegen Ehe und Familie bröckelt

Die ideologische Bestrebung, mit dem Marxismus den Mangel an Selbstwertgefühl in den Griff zu bekommen, stärkte dieses keineswegs, sondern vertiefte nur das Trennende. Wie in einem Biotop wurden die Frauen damit beträufelt, daß selbständige Bereiche sich einzurichten vor Entwertung und dem Gefühl unterlegen zu sein schütze. Die in der eigenen Familie erlebte Verunsicherung als Mädchen und mögliche Trennung der Geschlechter (ein eigener Essenstisch jeweils für die Männer und die Frauen, wie ihn Martins Mutter auf dem elterlichen Hof noch erleiden mußte) konnte bei Frauen in eine Verhärtung des Gefühls münden, sich nie und nimmer mehr einem Mann anzuvertrauen, weil dies nur zu einer unterlegenen Position führen könne.

Im Eheleben hielt eine Freundin von Martin stets gebührenden Abstand zu ihrem Mann, vor einer möglichen zärtlichen Annäherung brach sie jedes Mal einen Streit vom Zaun, was die Ehe mit der Zeit zermürbte. Kam der Partner im Freundeskreis gut an, indem er über ein neues Buch ausführte, welches er gelesen hatte, so lief sie vor Eifersucht schreiend aus dem Raum. Anfangs lief dann ihr der Partner noch hinterher, um zu schauen, daß ihr nichts Schwerwiegendes passierte. Mit der Zeit nutzte sich ihre Haltung allerdings ab. Eine andere Variante bestand darin, daß an einem gemeinsamen Sonntagsfrühstück mit mehreren Freunden aus einer Nichtigkeit, wie etwa der Anregung des Mannes, ob sie bitte die Pumpkanne wieder mit Kaffee füllen möchte, eine grundsätzliche Auseinandersetzung entstehen konnte. Sie sei schließlich nicht seine kleine, dumme Hausfrau, schrie sie und pfefferte ihre Tasse aus Steingut in den Ausguß. Die Tasse überlebte die barbarische Behandlung, die Partnerschaft es längerfristig nicht.

„Ist nun das Minderwertigkeitsgefühl besonders drückend, dann besteht die Gefahr, daß das Kind in seiner Angst, für sein zukünftiges Leben zu kurz zu kommen, sich mit dem bloßen Ausgleich nicht zufrieden gibt und zu weit greift *(Überkompensation)*. Das Streben nach Macht und Überlegenheit wird überspitzt und ins Krankhafte gesteigert. … Denn mit ihrem Ehrgeiz, den sie in der Kindheit durchaus nicht so lenken und betätigen können, daß er fruchtbar wird, sondern den sie gewöhnlich überspitzen, werden sie immer anderen Menschen störend in den Weg treten. Später gesellen sich gewöhnlich noch andere Erscheinungen hinzu, die im Sinne eines sozialen Organismus, wie es die menschliche Gesellschaft sein soll, schon Feindseligkeit bedeuten. Hierher gehören vor allem Eitelkeit, Hochmut und ein Streben nach Überwältigung des Andern um jeden Preis, was sich auch so darstellen kann, daß sie selbst gar nicht mehr höher hinauf–streben, sondern sich damit begnügen, daß der andere sinkt. Dann kommt es ihnen nur mehr auf die Distanz an, auf den größeren Unterschied zwischen ihnen und den andern."[52]

Was Martin sich nicht vorstellen konnte, war, daß in einer Familie gemeinsam nicht nur zu tagespolitischen Fragen, immer auf das Ganze betrachtet, Überlegungen und Lösungsvorschläge offen und ergebnisoffen ausdiskutiert werden konnten. In seinem Elternhaus hatte Martin dies nicht erlebt. Selbst wenn sein Vater erkennbar im Unrecht war, bestand dieser darauf, recht zu haben. Insofern fiel die negative marxistische Interpretation von Familie bei Martin zunächst auf fruchtbaren Boden: Es wurde behauptet, daß die Herrschaft des Mannes über seine

Frau und die Kinder deren ökonomischer Unselbständigkeit geschuldet war. Diese produziere eine Unterwerfung unter die Willkür eines anderen, so daß Hausfrau und Mutter als bloß dienende Funktionen in einem Ausbeutungsverhältnis gesehen wurden.

So hieß es in einem entsprechenden Kampfartikel: „Wo die eigenen miesen Lebensumstände nur als individuelles Versagen im gesellschaftsweiten Konkurrenzkampf begriffen werden, wird das Glück der Kinder durch möglichste Ertüchtigung fürs kapitalistische Leben zu zwingen versucht. Gehört auch das zur täglichen Arbeitserfahrung, daß es keine Rolle spielt, ob man etwas einsieht oder nicht. Indem Eltern ihren Kindern kapitalistisches Wohlverhalten einbläuen, verhalten sie sich selber vorbildhaft. Ob auf dem Weg über den körperlichen Schmerz oder auf dem Weg direkter Gewaltanwendung gegen den sich entwickelnden Geist – geprügelt und dressiert wird immer der Mensch im Kinde."

In den fünfziger und sechziger Jahren war es auch in Schulen noch üblich, den sogenannten Gehorsam, die Bereitschaft zu bedingungslosen Unterordnung, mit Körperstrafen zu erzwingen. Von daher war es für Martin auch einleuchtend, seine eigene Perspektive als Lehrer in der Rolle eines Unterdrückers zu sehen und anfänglich offen eine Laissez–faire–Pädagogik zu praktizieren. Eine Klassengemeinschaft, die sich im demokratischen Umgang übte und in der jeder Schüler sich geborgen fühlend lernen konnte, verstand er so nicht zu bilden.

Die Feministinnen interpretierten die Unterordnungsverhältnisse am Arbeitsplatz in direkter Verlängerung in die Familie. Der Mann arbeite, bringe das Geld nach Hause und erkaufe sich so das Recht, zu herrschen. Durch seine Dominanz in sexueller Hinsicht, unter Unterdrückung der kindlichen Triebwünsche, wurde so die Familie als Brutstätte des Faschismus (vermeintlich) „entlarvt". Der Mann wurde zum bösen Feindbild etikettiert, von dem man sich durch die Einrichtung eigener Lebensbereiche als Frau zu befreien gedachte. Also wurde statt Kooperation der Kampf auf allen Ebenen geschürt.

Hingegen gehört nach „Alfred Adler die Ehe oder partnerschaftliche Liebe – neben der Arbeit und der Gemeinschaft – zu den drei Lebensaufgaben, die alle Menschen lösen müssen. Adler sieht sie im engeren Sinn als Aufgabe für zwei Menschen verschiedenen Geschlechts, die zusammenleben und zusammenarbeiten. Im größeren Zusammenhang sind es zwei Menschen, die als Teil der Menschheit, an einem sozialen Problem arbeiten und mit Vergangenheit und Zukunft verbunden sind. Eine positive evolutionäre Entwicklung sieht er im erzieherischen Wandel (Eheberatung) weg von einer auf sich selbst bezogenen, erwartenden, verwöhnten Einstellung in Richtung auf eine aufgabenorientierte, über–sich–selbst–hinausgehende, kooperative Einstellung, welche vom Gemeinschaftsgefühl geleitet ist.

Für die *richtige* Partnerwahl für Liebe und Ehe ist für Adler neben der körperlichen Eignung und Anziehung die richtige Stellungnahme gegenüber allen drei Lebensaufgaben entscheidend: Der Partner muß bewiesen haben, daß er Freundschaft halten kann, muß Interesse an seiner Arbeit besitzen und mehr Interesse für seinen Partner an den Tag legen, als für sich."[53]

Parteipolitische Exkursionen –
Einbettungen internationaler Solidarität?

Lange Jahre hatte Martin die Welt aus der Perspektive des Marxismus gesehen. Demokratie, so die Darlegung, hieß für die meisten Menschen: Alle vier Jahre das Kreuzchen an der richtigen Stelle zu machen und für weitere vier Jahre seine Stimme abzugeben. Die war dann auch weg, bei den Parteioligarchen. Ihre Entscheidungen hatten viel mit den transatlantischen Vorgaben zu tun, weniger mit dem, was sie den Wählern vorgaukelten. Als Studenten hatten die Sozialisten zum Thema Wahlen eine Reihe Stellungnahmen geschrieben, die sinngemäß lauteten:

Ebenso unentbehrlich wie als Arbeitskraft für den Arbeitgeber sei man für die Politiker als Wähler. Hier werde man ebenso wie in der Arbeit als brauchbares Mittel geschätzt. Wer nicht die „staatstragenden" Parteien wähle, gelte staatsbürgerlich als „unreif", d.h.: eigentlich dürfte der gar nicht wählen. ... Die stumme bzw. durch ein zwei Kreuzchen bekundete Zustimmung zu der Erfahrung, daß „die da oben" wohl erstens das Richtige täten, zweitens aber auch ohnehin, was sie wollen, sei daher das erwartete Verhalten: Politische Apathie. Zu den gesellschaftlichen Fragen zu schweigen sei ein Merkmal politischen Verhaltens der Mehrheit, aus dem bürgerliche Politiker erklärtermaßen ihre Legitimation ableiteten. Obgleich dies in schroffstem Gegensatz zu der als Legitimationsgrundlage für Demokratien postulierten „Mündigkeit aller Bürger" stehe.

Eines Abends bekam Martin Besuch von einem erfahrenen Sozialisten, der ihn zu konsequenterer Mitarbeit bei den Institutsgruppen anhalten wollte. Dieser hatte wohl von anderen Kollegen erfahren, daß Martin immer wieder von einem Arbeitskreisleiter zum anderen wechselte. Schließlich hatte sich Martin zwar auf eine Schulungsleiterin für „Das Kapital" Band I festgelegt, war jedoch nicht zu allen Terminen erschienen. In einem freundschaftlichen Brief schilderte sie ihm auch ihre Probleme mit seinen Wechseln. Das Thema der jeweiligen Arbeitskreise war mit dem „Kapital" immer dasselbe. Sie verdeutlichte, daß sie Martin keinesfalls aus ihrer KI–Schulung heraushalten wolle. Sie wolle statt „formaler Abschreckung (3x Fehlen raus) den Leuten inhaltlich vermitteln, warum KI[54], warum sozialistische Organisation und warum möglichst kein mal Fehlen, um die Kontinuität, Verbindlichkeit, Zusammenarbeit in einer KI–Schulung zu wahren, kollektives Arbeiten und Solidarität statt äußerem Zwang, Leistungsdruck etc. zu lernen." Sie wisse, was Martin für Arbeitsschwierigkeiten habe, fände es aber nur gut, wenn er mitmache, dann auch, wenn möglich kontinuierlich. Aber sie glaube, das sei ja auch von ihm nicht anders gedacht. Es gebe nur ein Problem. Ob er nochmals in ein Sympathisantenplenum müsse oder ob er in eine Kandidatenschulung gehen könne? Eines von beiden wäre notwendig. Das seien formale Anforderungen der Gruppe, schrieb sie weiter. „Dieses aber wiederum könnte nicht ich, sondern müßte der ZA[55] mit Dir entscheiden. Sei mir bitte nicht böse, wenn ich Dich dahin schicke, aber ich müßte ja eh dem ZA Bescheid sagen, ich habe es ihm aber schon gesagt, daß noch zwei in meine KI–Schulung wollen, wogegen im Prinzip nichts eingewendet wurde." Sie verabschiedete sich am Ende des Briefes mit einem dicken Gute–Nacht–Kuß. Deshalb wollte Martin auch unbedingt zu ihr in die Schulung, denn was er grundsätzlich und eigentlich suchte, war mitmenschliche Ansprache und freundschaftliche Verbundenheit. In diese Schulungsleiterin hatte er sich eben gar verliebt und eine schöne Nacht mit ihr verbracht. Sie heiratete zu Martins Leidwesen jedoch bald einen anderen Genossen und verzog.

Ob der Besuch von diesem Brief wußte oder nicht: Er sah jedenfalls Martin sehr lange und ernst an: Dann führte er aus, daß auch er Probleme mit seinem Vater habe, jedoch für ihn seine aktuelle Tätigkeit im Vordergrund stehe. Es schien sich herumgesprochen zu haben, daß Martin immer wieder seinen jeweiligen Liebeskummer zum Anlaß nahm, sich in einem neuen Arbeitskreis zu bestätigen und dort Freundschaften zu suchen. Der nächtliche Besucher bestärkte ihn darin, einmal an einem Punkt konkret anzupacken. Martin interessiere sich schließlich für Nordafrika und da könnte er doch am Aufbau einer Broschüre zur Solidarität mit der dort lebenden, arbeitenden und gegen die marokkanischen Übergriffe kämpfenden Bevölkerung in der Sahara tätig werden. Nicht nur, daß er eingeladen wurde, Artikel zu schreiben, was er sich gar nicht so recht zutraute, sondern er solle ebenfalls im Layout–Team mitwirken. Also auch Flugblätter layouten, wenn Not am Mann sei. Der Gedanke an eine konsequente, verantwortliche Tätigkeit in einer Gemeinschaft gefiel Martin. Und so sagte er seinem Besucher zu, daß er sich sehr gerne da einklinken möchte.

So kam Martin zur konkreten Arbeit in einem Solidaritätskomitee und zugleich zur Bearbeitung allgemeiner theoretischer Fragen der internationalen Solidarität, dem Antimperialismus. Vor vielen Jahren hatten deutsche Unternehmen sogenannte verlängerte Werkbänke für billige Arbeitskräfte ins Ausland verlagert. Eine nennenswerte Textilindustrie gab es in Deutschland nicht mehr. Statt die Industrie verpflichtend für den Menschen im eigenen Land einzuordnen, hatten die etablierten Parteien begonnen, die grenzenlose Gewinnmaximierung mit auf die Fahnen zu schreiben. Riesige Renditeerwartungen wurden für die konzerngesteuerten Firmen zum Maßstab ihres Handelns. Nicht mehr das gesicherte Auskommen einer Familie stand im Vordergrund, vielmehr mußten zunehmend beide Ehepartner in den Arbeitsprozeß integriert werden, um gewisse finanzielle Grundlagen für eine halbwegs lebenswerte Existenz zu erhalten. 1972 wurden die Leiharbeit erlaubt und die Lebensmittelpreise freigegeben. Discounter wie Aldi entstanden, Familienbetriebe und die viertelsnahe Versorgung verschwanden. Arbeitslosigkeit und ihre damit verbundene „erzieherische" Wirkung, die Löhne immer weiter nach unten zu drücken, sowie eine Ausweitung der Leiharbeit schafften ein Klima der Zukunftsunsicherheit vor allem für die jüngere Generation.

In den sogenannten Entwicklungsländern konnten Arbeitskräfte bis heute hemmungslos ausgebeutet werden. Ein eklatantes Beispiel dafür sind Modemarken, die in den ärmsten Ländern der Welt für unsere, von Konsumgütern überschwemmte, Warenwelt produzieren lassen, ohne über eigene Produktionsstätten zu verfügen. Die Qualität dieser Produkte aus Ländern wie Bangladesch, Kambodscha oder Äthiopien mit ihren möglicherweise gesundheitsgefährdenden Färbeprozessen ist oftmals nicht mit dem zu vergleichen, was wir in Deutschland nach dem Krieg im Wiederaufbau produziert haben. Die junge Generation kümmert das in der Regel nicht, auch wenn es eigene Gesundheitsgefährdungen mit sich bringt. Die nächste angesagte Party am Wochenende muß einfach mit dem modischen 3–Euro–T–Shirt bestritten werden. Die erwachsenen aber auch die gleichaltrigen Vorbilder in der bunten Werbewelt von BRAVO bis RTL2 machen es doch vor. Und es war gelungen, den Jüngeren zu suggerieren, daß sie mit einer schräg aufgesetzten Base–Cap eine eigene Jugendkultur prägen und dabei nicht merken, in welche Uniformierung sie sich begeben.

Martins Mitstreiter war Julius, der zugleich den Arbeitskreis leitete und durch ihn lernte Martin das Ehepaar Friedrich kennen, das in der Nordafrikafrage sehr engagiert war. Stefan Friedrich war Journalist und sprach neben perfektem Französisch auch Arabisch. Er schrieb für verschiedene internationale Magazine und so machten sie gemeinsam Solidaritätsarbeit vor allem für Tunesien sowie für die Bevölkerung der ehemaligen Kolonie Spanisch–Sahara. Oftmals waren Julius und Martin im Büro der POLISARIO[56], das unterm Dach eines mehrstöckigen Wohnhauses, in dem mehrere Komitees eingemietet waren, lag, von zwei jungen Männern zum traditionellem Teezeremoniell eingeladen worden. Grüner Tee wurde zu Beginn mit mehreren Stücken Kandis in einer kleinen, orientalisch aussehenden Kanne zu einem Sud aufgekocht. Die Flüssigkeit wurde in einen großen Metallbecher geschüttet und nochmals in die Ursprungskanne zurückgeführt. So konzentrierte sich der Sud immer mehr. Jeder Anwesende bekam ein Teeglas mit der grünlich schimmernden Flüssigkeit. Das Gespräch, die Problemerörterung, war erst am Anfang. Noch zwei weitere Male wurde aufgegossen und nach dem dritten Durchlauf war das Gespräch beendet, die Lösung der eingangs gestellten Fragen geleistet. Zwischendrin war beiden Besuchern über die aktuellen Vorkommnisse in der Sahara berichtet worden. Und immer wieder wurde bedächtig und in kleinen Schlucken der Tee zu sich genommen. Julius und Martin hatten von den Aktionen berichtet, wie sie den Sahrauis publizistisch und finanziell helfen konnten.

Verständlicherweise hatte es die beiden gutaussehenden Jungen aus der Sahara immer wieder in die Diskotheken der Innenstadt gezogen. Dort traf Martin sie eines Freitags. Sie trugen dunkel gestreifte, sauber gebügelte Oberhemden, spitze Schuhe und bräunliche lange Hosen. Begehrlich schauten sie den sich im Glitzerschein der Lichter drehenden jungen, blonden Frauen nach. Da ihr deutsch minimal war und die Mädchen in der Regel kein französisch sprachen, war der Handlungsradius begrenzt. Keines der Mädchen wäre im traditionellen Kulturverständnis der jungen Männer als Ehefrau infrage gekommen. Aber Ausprobieren wie bei Prostituierten, das ging.

Eines Samstags luden Stefan Friedrich und seine Frau Heide, eine Volksschullehrerin – einer mußte ja für regelmäßiges Einkommen sorgen – Martin zum Spaziergang auf dem Venusberg ein. Da Stefan intensive Kontakte zur Algerischen Botschaft pflegte, wurde zur Vertiefung der Freundschaft zwischen Deutschland und Algerien Leila auserkoren, die ihre Freundin Rania mitbrachte. Inwieweit die Anwesenheit Martins eine Bedeutung hatte, war nicht auszumachen. Die beiden Mädchen sprachen gut deutsch und sahen, atemberaubend geschminkt, bezaubernd aus. Für Martin war es eine Situation, die er ansonsten mit einer Flirtattacke gut bewältigen konnte. Nach einigen zehn Minuten des Spaziergangs wisperte Heide, die gemeinsam mit Stefan Martins Treiben von hinten beobachtete, sie müsse jenen unbedingt kurz sprechen. Martin fiel nach hinten ab, gespannt darauf, was Heide wohl wollen könnte. Sie raunte ihm zu, daß, wenn er seine Anstrengungen noch einige Zeit betreiben würde, die Brüder der Mädchen mit ihm ein ernstes Gespräch führen würden und dann wäre bald Hochzeit. Martin erschrak und wendete sich Stefan zu.

Nun schrieb Stefan leidenschaftlich gerne Artikel für ein französischsprachiges Magazin in Algerien. Im Frühjahr 1979 kam der Gedanke auf, gemeinsam nach Algerien zu fahren, um die FLN[57] und möglicherweise auch Vertreter der Frente Polisario zu treffen. Aus irgendeinem Kontakt heraus kannte Stefan einige Priester des Ordens der Weißen Väter, die in Algier ein Kloster bewohnten. Diese Afrikamissionare wurden nicht nur wegen ihrer Antisklavereikampagne, die ab 1898 stattfand, bekannt. Sie gründeten in Afrika auch eine Reihe Schulen für rund eine Million Schüler. Es ging die Kunde, daß sie auch die einheimische Bevölkerung im Algerienkrieg gegen die brutale französische Kolonialherrschaft unterstützt hatten. Als Martin bei ihnen ein Zimmer bezog, kam gerade ein Priester aus seinem Büro, in dem er algerische Bürger, die nicht lesen und schreiben konnten, bei Behördenbriefen beriet. Frauen gegenüber waren die Priester extrem distanziert. Manchmal bekamen die Priester Besuch von einer algerischen Lehrerin. Der Pater, der die Abendmesse zelebrieren sollte, funkelte Martin an, nachdem die Frau das Kloster verlassen hatte: Le diable, der Teufel.

Ansonsten erfuhr Martin interessante Details zur Einschätzung des Alters einer Frau, die in der Regel verschleiert waren. Bei einem Spaziergang durch die Altstadt zeigte der Priester auf eine vor ihnen gehende Frau und fragte Martin danach, woran er das Alter dieser Frau erkennen könne. Wozu soll das gut sein? Nun, es kommt vor, daß Familien bei der Hochzeit dem Bräutigam eine wesentlich ältere Frau unterschieben würden. Schließlich seien die Frauen verschleiert. Martin war ratlos. Indem man nach dem freiliegenden Knöchelteil geht, damit sei das Alter ziemlich sicher zu bestimmen, sagte der Priester. Dann streifte Martin noch ein wenig allein durch den

Markt und machte einige Fotos. Die ganze Zeit folgte ihm auf dem Weg hinauf zum Kloster ein zerlumpt aussehender Mann. Martin beschleunigte seinen Schritt. Der Mann tat es ihm gleich. An der Klostertüre angekommen drehte sich Martin um und der Mann hielt ihm den Objektivverschlußdeckel entgegen. Beschämt bedankte sich Martin. Der Mann wollte keine Geld und wandte sich wieder zum Gehen.

Dann begann die Oasentour mit seinen Freunden und sie fuhren mit dem Bus ein Stück in die Wüste hinein. Am Endpunkt der Bahnlinie angekommen, suchten sie sich eine Unterkunft. Es raschelte unterhalb des Waschbeckens und die Fühler einer Kakerlake lugten aus dem Waschtisch hervor. Martin hatte mit seinem Zimmer auch wenig Erfolg. Machte er das Licht aus, raschelte es massiv im Rand zwischen Matratze und Bettrahmen. Das Rascheln zog sich über die Bettdecke hin. Machte er Licht an, verschwand der Spuk kurzfristig in der Bettritze und die Tierchen zogen sich zurück. So ging es die ganze Nacht. Die Zimmer in der Pension lagen schließlich über einem Hamam, einem orientalischen Dampfbad. Dort hatte Martin eine original intensive Rückenmassage genossen, nicht bedenkend, daß die feuchte Wärme auch Ungeziefer begünstigte.

Interessanterweise hatte diese Oase auch warme Quellen, die auf Gelenke wohltuend wirken sollten. Natürlich mußte Martin das ausprobieren und ließ sich, in einem kleinen Verschlag sitzend, vom warmen Wasser umspülen. Inzwischen hatten Stefan und Heide das weitläufige Gelände erkundet. In einem Gebäude war eine kleine Schule untergebracht und die Lehrerin, in lokaler Tracht gekleidet, erzählte stolz, daß es in Algerien in jeder Oase eine Dorfschule, vergleichbar der deutschen Grundschule, gebe. Die Oasen waren jeweils durch Teerstraßen erschlossen und mit Buslinien verbunden. Die Reisegruppe entschloß sich, mit der einspurigen Bahn zurück nach Algier zu fahren. Da die Fahrt die Nacht über dauern würde, verschloß der Schaffner aus Sicherheitsgründen die Abteiltür. Heide mußte in der Nacht auf die Toilette und wurde vom Schaffner dorthin begleitet. Wie sie berichtete, bestand das entsprechende Abteil aus einem Loch im Boden, durch das die Schienen zu sehen waren. Es war abenteuerlich, denn an den Seiten befanden sich nur zwei schmale Haltegriffe, die nicht sehr zuverlässig wirkten.

Die Wege trennten sich und Martin begann allein seine Oasentour entlang dem nördlichen Rand der Sahara. Die Nacht hatte er auf einem Campingplatz in einer luftigen Hütte verbracht. Reisende erzählten ihm von den vielen Möglichkeiten, durch die Sahara zu trampen. Ein Lieferant, der zu den Ölfördereinrichtungen fuhr, nahm ihn ein Stück mit und ließ ihn an einer Wegkreuzung mit einer Flasche Wasser versehen zurück. Es würden schon Fahrzeuge kommen und ihn mitnehmen. Es fuhren viele Wagen vorbei, aber keiner hielt. Sie alle hatten Frauen dabei und Martin war ein alleinreisender Mann. Nach etwa einer Stunde war das Wasser aufgebraucht und Martin begann sich Sorgen zu machen. Schließlich hielt ein Tanklaster, der leer zur nächsten Oase unterwegs war. Der Fahrer war sehr stolz auf sein Gefährt und klopfte mehrfach auf sein Lenkrad unter Nennung der Automarke. Schließlich lag, von einer Düne aus einsehbar, unterhalb die Ziel-oase. Der Lastwagen hielt kurz an, der Fahrer lächelte Martin an, kuppelte aus und ließ den Wagen die steile Straße den Abhang herunterrollen. Martin wurde mulmig. Kurz nach Einfahrt in die Oase stieg der Fahrer in die Eisen und kam exakt vor einem Getränkeschuppen zum Stehen. Wieder lächelte er Martin an und erwartete ein Lob für seine Fahrkünste, welches ihm auch zuteil wurde. Es war das kühle Getränk, welches Martin sich gönnte, auch um die Salztablette herunterzubekommen. Sein Magen war der Gemengelage aus Hitze und zuckrigem Saft vermischt mit Salz nicht gewachsen. Glücklicherweise befand sich in der Nähe ein Hotel …

Gegen Abend ging es wieder so in etwa und Martin beobachtete mit Erstaunen, daß in einem muslimischen Land die Männer an der Hotelbar sich Flasche um Flasche Bier genehmigten. Er mietete sich dort ein und weil es auch um 1 Uhr nachts noch sehr warm war, bestieg er die Dachterrasse. Ein junger Mann war gesprächig genug, um Martin davon vorzuschwärmen, wie er demnächst in der Nähe von Stuttgart arbeiten und dann mit einem Moped heimkommen wolle. Dem erstaunten Jungen erklärte Martin, daß in Deutschland die Arbeitslosigkeit steigen und er es nicht so einfach haben würde, ohne Sprach– und Fachkenntnisse eine Arbeit zu finden. Der Junge war nicht davon abzubringen, schließlich hatte er von einem Franzosen gehört, daß es in Europa immer Arbeit genug gebe und man auf jeden Fall Geld bekäme.

Die Reise setzte Martin per Bus fort. Unterwegs konnte er in der nächsten Oase Nomaden kennenlernen, die ihre Schafe mit einem Transporter von einem abgeernteten Stoppelfeld zum nächsten Feld brachten. Lediglich einer der Viehzüchter konnte französisch. Das Wort führte eine Frau, die dicke Zigarren qualmte und der Mann mußte ihre Erläuterungen für Martin ins Französische übersetzen. An einer Bushaltestelle bekam Martin wiederum erklärt, wie eifersüchtig die algerischen Männer seien. Wenn er nach hause käme und seine Frau mit einem anderen Mann im Zimmer anträfe, dürfte er sie erschießen.

Am Ende seiner Rundreise waren es reichhaltige Impressionen, die die kulturelle Vielfalt der Regionen widerspiegelten. So traf er im Norden, in der Kabylei einen fliegenden Händler, der mit einem alten Kinderwagen, gefüllt mit Tüchern und Krawatten unterwegs war und ihn in seine Familie einlud. Dort konnte er zu seiner Überraschung ungezwungen mit den Frauen in der Küche über sprachliche Unterschiede von französischer und lokaler Sprache plaudern, während für ihn Tee zubereitet wurde. Etwas ernüchtert von der Algerienreise – die Vertreter der Frente Polisario hatten sie nicht angetroffen und auch die der FLN waren keine große Hilfe – versuchten Stefan und Martin dennoch mit der Organisation von Solidaritätsabenden in der Evangelischen Studentengemeinde die Mitverantwortung Deutschlands am Schicksal dieses Wüstenvolks weiterhin öffentlich zu thematisieren.

Nun waren in der Universität bei manchen Frauen palästinensische Freunde hoch im Kurs und sie trugen als Zeichen der Verbundenheit die Kufiya, das palästinensische Nationalsymbol, auch Palästinensertuch genannt. Eine Begebenheit beschäftigte Martin nachhaltig. Eines Abends, die „Schumannklause" hatte bereits geschlossen, besuchten Martin und sein Kumpel Max danach noch die Gaststätte „Kerze". Zu Martins Erstaunen, er hatte gerade das erste Bier konsumiert, setzte sich plötzlich eine gewisse Doro neben ihn. Sie müsse Zakir und Bettina im Auge behalten, weil dieser Zakir Bettina eventuell verprügeln könnte. Doro, Max und Martin überlegten gemeinsam, warum diese Bettina mit jemandem befreundet ist, der sie beispielsweise oftmals verprügelt, weil er keine Kritik vertragen kann oder eifersüchtig reagiert, wenn sie in der Universität mit anderen Männern spricht? In seiner Kultur sind Frauen dem Manne untergeordnet und es paßte ihm nie, daß in der hiesigen Kultur Frauen ebenfalls eine eigene Meinung, etwa im Seminar an der Universität, äußerten. Die Eifersucht seinerseits war so stark, daß er jeden Blick von ihr anderen Menschen gegenüber als Abkehr von seiner Person interpretierte. Und dann mußte er zuschlagen, das gebot die Ehre. Abgesehen davon waren Frauen, die sich vor der Ehe mit einem Mann einlassen, in seinen Augen als westlich dekadente Schlampen anzusehen. Irgendwann verschwanden Zakir und Bettina aus der „Kerze". Martin plauderte noch ein wenig mit dieser Doro und nach dem dritten Bier hatten alle genug. Manfred und Martin trabten nach Hause, nicht ohne diesmal an der Aral–Tankstelle eine Eisfahne mitgehen zu lassen. Diese machte sich auf dem Flur ihrer Buden hervorragend.

Eine Freundin von Martin und seinem Wohnkollegen Manfred besaß einen weißen R4. Beim Ordnungsamt der Stadt wurden 2 qm Stellfläche für einen Büchertisch beantragt, der R4 mit Plakaten zur Aktion „Schulen für die Sahara" beklebt und so am Eingang zu einer Nebenstraße eines großen Platzes aufgestellt, so daß die Bonner Bürger einfach daran vorbeigehen mußten. Spenden kamen wenige herein, das Interesse gerade bei älteren Mitbürgern war enorm.

Martin und Julius trafen die kleine Delegation vor Ort aus der Sahara nur ab und an. Eine tiefere Beziehung zu den beiden Sahrauis entstand nicht. Nicht wegen der Sprache, denn Martin sprach leidlich gut französisch. Es lag wohl eher am Drang der beiden jungen Männer, die Diskotheken in der Innenstadt aufzusuchen.

Mit Stefan und seiner Frau verbrachte Martin viele Abende damit, Veranstaltungen zur Unterstützung der auch wegen ihrer gewerkschaftlichen Betätigung in Tunesien im Gefängnis sitzenden Gewerkschaftskollegen vorzubereiten und durchzuführen. Das Gewerkschaftsbüro vor Ort unterschrieb in der Regel keines der Flugblätter des Solidaritätskomitees. Das Ritual war stets gleich: Eine Tür ging auf und ein leidenschaftlich tönender Mitarbeiter trat in den Raum: Ja, meine Freunde, das ist grauenhaft, was sich dort in Tunesien abspielt. Da müssen wir selbstverständlich etwas tun. So ein Flugblatt ist sicherlich ganz hübsch. Ja, ja, verteilen, gute Sache. Also unterschreibt ihr mit? hoffte Martin. Die zweite, „besonnere" Strömung der Gewerkschaft betrat aus einem Nebenzimmer das Büro und erhob schärfste Bedenken wegen der „Radikalität" der Forderungen, wie etwa der, inhaftierte Gewerkschaftsvertreter sofort freizulassen. Schließlich lassen auch deutsche Firmen in Tunesien billig produzieren. Moment mal, das müssen wir genau überlegen, was das bedeutet. Es könnte den Kollegen dort auch schaden. Schaden? echote Martin. Natürlich sind das Schweinereien, die dort von Regierungsseite passieren, fuhr der „Gemäßigte" fort. Aber wenn bekannt werde, daß hier in den Betrieben Stimmung gegen die Machenschaften der tunesischen Regierung gemacht wird, könnte es dort als Vergeltung weitere Entlassungen geben und diplomatische Verwicklungen. Gar nicht auszudenken, was das für Kreise ziehen könnte. Martin traute seinen Ohren nicht. So eine verquere Argumentation hatte er noch nie gehört. Ok, sagte er und packte sein Flugblatt wieder ein. Dann eben nicht und verließ kopfschüttelnd das Büro. Am folgenden Tag ging Martin, wie schon so oft, zu einer Jungarbeiter-Abteilung, die in der Regel Anliegen, wie das von Martin verfolgte, sehr unterstützte.

Der fast tägliche Gang in den sogenannten Hörsaal E, dem Erfrischungsraum, gehörte für Martin fast schon zum

Pflichtprogramm. Dort traf er nicht nur Genossen zum Aktualisieren der hochschulpolitischen Infos, sondern konnte auch gewichtig mit dem blauen Marx–Engels–Band auf dem Tisch versuchen, Eindruck zu machen. Da bog sie in den Raum ein und er fing an, leicht nervös zu werden: Ein Persönchen von etwa 1,60 mit hennaroten Locken, Clocks und einem schwarzen Rüschenkleid. Atemberaubende Figur, fand er. Ob er sie erobern konnte? Er konnte. Klara bewegte sich im Dunstkreis seiner sozialistischen Gruppe, wie sich herausstellte und sie arbeitete im Druckereiteam, bunte Arme eingeschlossen. Sie tranken zunächst im E–Raum zusammen Tee und er konnte sie für den Abend zu sich in sein gut ofengeheiztes Zuhause einladen.

Gegen 23 Uhr schellte es und ein Genosse teilte ihm den Ernst der Lage mit. Am Vormittag mußte unbedingt ein Flugblatt zu einer ganz wichtigen Frage unter den Studenten verteilt werden. Martin müsse unbedingt das Layout machen, es sei ansonsten niemand verfügbar. Mit einem kurzen Blick auf Klara holte er das Einverständnis zu seinem Ausritt ein und sie versprach, das Bett warm zu halten. Als Martin auf die Straße trat, war gerade eine dünnen Decke pulvrigen Schnees gefallen. Er nahm sein Fahrrad, um einige Querstraßen weit zum Layoutkeller zu fahren, bemüht, außerhalb der Straßenbahnschienen zu bleiben. Die fahle Beleuchtung und das leichte Knirschen des Schnees heiligten diesen Ausritt. Er kam sich unheimlich bedeutungsvoll und wichtig vor. Es kam auf ihn an! Die Arbeit war schnell gemacht und er konnte sich bald wieder auf den Heimweg machen. Wie versprochen, war das Bett noch kuschelig und warm. Insofern hatte er einmal wieder das Gefühl eines Anflugs von Heimat.

Nun lebte Klara in einem an der Bahnlinie gelegenen, abbruchreifen Haus, das die Stadt zimmerweise und günstig an Studenten vermietete. Martin war zu einer Hausparty eingeladen. Im Badezimmer war die Badewanne kurzerhand zum Vorratstrog mit Nudelsalat für alle umfunktioniert worden. Es kam wie erwartet: Eine Gerlinde, cool und kräftig blinkte Martin an. Er hatte sie schon mehrfach in der Universität gesehen und sie zog ihn an. Seltsamerweise hatte Klara nichts dagegen, daß er mit jener kurz in Gerlindes Zimmer verschwand. Später im häuslichen Federbett bedeutete Martin Klara, daß ihm in der Beziehung der Inhalt fehlte. Sex allein trage eben nicht. Dann muß da eben etwas hinein, sagte sie. Es war ihm wieder nicht gelungen, jemanden zu finden, der ihm Halt geben konnte und es fehlte ihm auch die Entwicklungszuversicht. Sie hatte seinen Ausflug zu Gerlinde zugelassen und das hatte ihn abgekühlt. Er trennte sich von Klara.

Manchmal lief Martin in die Edelkneipe „Hoppegarten". Dort gab es ein kaltes Büffet mit schmackhaften Salaten zu 6 DM die Schale. Die Wandeinrichtung erinnerte an einen ehemaligen Pferdestall. Das Publikum war gemischt, so daß Martin dort auch Frauen aus diversen Berufen antraf. Da er ein eher studentisches Klientel gewohnt war, gelang ihm meist erst nach dem zweiten bis dritten Bier ein kontinuierlicher Small Talk. Ab und an verirrten sich auch Studentinnen in die etwas abgelegen liegende Kneipe. Auf dem Trottoir stand einmal im Monat ein Klappschild, beispielsweise mit der Aufschrift „Heute trinkt Horst Emke sein Bier hier". Natürlich waren bei einem Politikerauftritt auch jeweils einige Journalisten anwesend. Mit einer Journalistin kam Martin, nachdem der Politiker abgegangen war, ins Gespräch. Recht freimütig erzählte sie vom gegenseitigen Verhalten der

Volksvertreter im Bundestag, wenn sie ihnen auf dem Flur begegnete. Der Politiker der einen Partei sprach mit demjenigen der anderen Partei über die bevorstehende Fragestunde. Sie sprachen sich gegenseitig ab, was sie ein–ander fragen werden: Wenn du mir in der einen Frage ans Bein pinkelst, nehme ich die andere Frage, mit der ich dir ans Bein pinkle. Darüber war Martin erstaunt, denn er hatte bislang geglaubt, es ginge den hochbezahlten Politikern um die Klärung von Sachfragen zum Wohle der Bevölkerung – unabhängig von parteipolitischer Couleur. Nun mußte er erkennen, daß die abgrenzende Parteidisziplin und der Fraktionszwang die Abgeordneten zu quasitotalitärem Gehorsam nötigte, für die Wähler Schaukämpfe zu produzieren. Aufstiegschancen hatten diejenigen Abgeordneten, die das Spiel beherrschten und so abstimmten, wie die Partei und die sie steuernden Kreise von Übersee es erwarteten. Manch ein Staatssekretär, der von Materie – außer der Verfolgung der Parteilinie – keine Ahnung hatte, war offensichtlich so in sein Amt gekommen. Die Journalistin bestätigte Martin diese Erkenntnis, die sie selber erstaunt hatte. Gemeinsam trank man, wie gehabt, einige Bier und der Abend ging interessant zu Ende.

Manfred möchte Ballettluft atmen

Geh doch mal mit, Margitta tanzt dort auch. Verlockende Worte von Manfred. Martin hatte schon einschlägige Erfahrungen mit Margitta gemacht. Sie hatte bereits in Stockholm getanzt, war sehnig, durchtrainiert und hatte ein Verhältnis mit dem Spanischdozenten schlechthin, einem gewissen Alexandro de Castillo. Dieser markante Geistername. Ihr derzeitiger Stecher, wie sie solche Bekanntschaften zu bezeichnen pflegte. Vor drei Wochen hatte sie versucht, Martin anzumachen. Auf einer Fête. Zog die eine heiße Nummer ab, fand er. Sie folgte Martin auf die Toilette und rieb sich eindeutig an ihm. Martin fühlte sich geschmeichelt. Margitta arbeitete einmal in der Woche als Tiermedizinerin in einer Praxis, hatte eine kleine Zwei–Zimmerwohnung mit Badewanne, fuhr einen getunten Käfer und Martin durfte ihn auch einmal fahren. Keiner von Martins Freunden hatte eine Badewanne. Mit einer Flasche Sekt und mächtig viel Schaumbad beim gemeinsamen Bad beeindruckte sie ihn. Es hatte einen Hauch des etwas Verruchten. Dann zog sie sich wieder für einige Tage zurück. Jedenfalls konnte sie einerseits die heiß entbrannte Geliebte mimen und wollte sofort im Taxi nach Hause zu einem Schäferstündchen der Fête entfliehen. Andererseits, dort angekommen, war die Leidenschaft so schnell erloschen, wie das Strohfeuer entfacht war. Insofern kannte Martin den Ablauf also schon. Dennoch fiel er immer wieder auf ihre Liebesschwüre herein.

Nun war also sein Wohnkollege Manfred an der Reihe. Sie bat Martin, diesem glühende Liebesschwüre auf edlem Büttenpapier zu überbringen. Sei mein Postillion d'Amour! flehte sie. Manfred suchte bereits eine Wohnung für sie beide, der Teppichboden war aus Sisal von IKEA, exquisit jedenfalls. Wenige Monate später heulte sich Manfred bei Martin aus. Er und Margitta zogen wieder auseinander. Bald nach Einrichtung ihres „Liebesnestes" hatte sie starke Aversionen auf Manfred. Es reiche ihr, so Manfred, nach ihren Angaben zur Befriedigung ihrer Bedürfnisse nach Nähe, wenn er sie intensiv genug in der Kniekehle berührte. Manfred also war tief gekränkt, stand vor Martin heulend in der Wohnung, an deren Einrichtung und gemeinsame Ausgestaltung er so viel Hoffnung gehängt hatte. Margitta flüchtete in der gleichen Weise vor ihm aus der Beziehung, wie sie es Martin gegenüber gezeigt hatte.

Nun also Tanzen im Ballettsaal in der Universität Bonn an einem Samstagmorgen. An anderen Tagen hatten dort auch die Fechter ihre Übungsstunden. Marlies Frehse, seit Anbeginn des Studiums Martins heimliche Liebe, konnte nicht nur guten Tee kochen, sich seine Sorgen anhören, sondern auch fechten und hatte durchtrainierte Oberschenkel. Martin setzte sich an den Rand der Arena.

An einer Stange waren bestrumpfte Mädchen aufgereiht. Ein bereits stark transpirierender, grün bewamster, mittelalter Frosch, wie ihn Martin einsortierte, versuchte vor einer Spiegelwand beim Beintraining mitzuhalten. Eine gesetzte, resolute Stimme aus dem Off machte den Anfang, gab den Einsatz am Klavier vor. Die Arme der Balletteusen wandten sich hin und her, die Oberkörper kontrolliert geführt. Grazie. Zeitlupenhaft, alles umfassend, die Arme erneut mit Drehung des Oberkörpers. Auf die Spitzen. Anweisungen der Trainerin. Angewinkelter linker Unterarm. Und auf die Bank hinunter, anfassen. Wie eine Jeanne d'Arc, präzise ein Schiff erspähend. Körperfließen. Wieder auf den Spitzen stehend, frei, ohne Stange. Endlich drangen die Anweisungen der Choreo–

graphin in Martins Bewußtsein. Ein französisches Wort und wie bei einer Spieluhr lief alles ab. Die Trainerin umfuhr das sich Darbietende. Die Arme in die Hüften gestemmt. Kritisch, distanziert betrachtend. Es war wie der Gang durch die Innereien einer Galeere. Einzelanweisungen. Sich öffnende Arme über konzentriert und ernst dreinblickenden Gesichtern. Die Beine im Takt des Klatschens der Hände der Trainerin mit schleifendem Fuß vor dem anderen pendelnd. Die Beine hebt. Vorwärts, ausschwenken, zur Seite. Permanenter Schwung.

Auch Laubfrösche trainieren. Martin mußte unwillkürlich lachen. Zuckende Oberschenkelmuskeln. Der Laubfrosch mit Bauch zuckte konvulstisch an der Stange, Gesicht leicht abgewandt. Die Stange klackert. Bläht sich ganz schön. Er hatte den Takt gefunden. Der eigene Neid? Leicht schoben sich die Eindrücke durch diese Linse. Alles floß leicht, harmonisch. Margittas Körperharmonie begeisterte. Der Laubfrosch machte aus der Erstarrung heraus sehr exakte Bewegungen. Genau abgezirkelt. Wie an Gummibändchen, die Beine bei jeder Bodenberührung gekreuzt. Auf und ab. Manfred versuchte mitzuhalten. Die bestrumpften Beine takteten schneller. Er mußte noch sehr viel üben. Die Unterstützung bei der Frauendemo auf dem Marktplatz vor dem City–Kino gegen frauenfeindliche Filme war einfacher.

Rückblende: Feminismus und Kritische Theorie

Die Erlebnisse von Martins Mutter als Mädchen auf dem elterlichen Bauernhof waren so prägend, daß sie von ihrem Menschenbild her sich stets in Feindesland fühlte und alles daran setzte, kurzfristig zu ihrem Vorteil zu gelangen. Nachdem ihr Ehemann relativ früh verstorben war, konnte sie über ihn nur Gutes berichten: Er hatte mir alles gekauft. In ihrem Schrank hingen Pelze und in einer Schatulle lagen goldene Armbänder und Ringe. Ihre Beziehungslosigkeit hatte Martin schon immer gestört und zu seiner Ansicht beigetragen, daß Familienleben kein erstrebenswerter Zustand sei. Von daher fielen die menschenverachtenden Ausführungen der Frankfurter Schule, die sich selbst „Kritische Theorie" nannte, auf fruchtbaren Boden. Martin folgte deren zerstörerischem Werk blindlings, waren seine Gefühle längst durch die Freudschen Gedanken von der Religion als „Massenwahn" genauso vergiftet, wie der Hoffnung auf die „Erlösung" durch eine sexuelle „Revolution". So trainierte Martin hin auf den ultimativen Orgasmus, verschliß dazu eine Reihe netter Mädchen und schlief sich gemeinsam mit seinen marxistischen Hochschulaktivitäten dieser Revolution entgegen. Das zügellose Ausleben der Sexualität sollte zugleich die Einflüsse der Religion als repressivem Hort ehelicher Zwangsmoral tilgen. Frei nach Wilhelm Reich: Der Kern des Lebensglücks ist das sexuelle Glück. Womit sowohl der emotionalen als auch der materiellen Ausbeutung des Menschen durch den Menschen, ähnlich wie bei der Prostitution, Tür und Tor geöffnet ist.

„‚Kritisch' nennt sich die Theorie von Horkheimer, Adorno, Marcuse wegen ihrer grundsätzlichen Negation der bestehenden bürgerlich–kapitalistischen Gesellschaftsordnung, die angeblich die Menschen ihrer wahren

Bedürfnisse entfremde und deshalb unterdrücke. Das kapitalistische Wirtschaftssystem zwinge die Menschen in Lohnabhängigkeit und soziale Unterdrückung. Es müsse deshalb überwunden werden – darin folgen sie Marx, Engels und Lenin. Neu ist jedoch, daß sie die revolutionäre Strategie gegen die kapitalistische Wirtschaft und Gesellschaft auf alle gesellschaftlichen und kulturellen Institutionen wie etwa Schule, Universität, Familie, Kirche und Staat ausdehnten. Denn, so meinten sie, der ‚subjektive Faktor‘, der Charakter des Menschen sei durch Familie und andere kulturelle Institutionen so an die bestehenden gesellschaftlichen Verhältnisse angepaßt, daß er die revolutionäre Veränderung der ‚objektiven‘ politisch ökonomischen Verhältnisse hemme. Die ‚Kritische Theorie‘ verbindet demzufolge marxistische Kritik am Kapitalismus mit Charakterpsychologie – namentlich mit der Triebtheorie Sigmund Freuds. Hinzu kommt gesellschaftskritische Philosophie, vermischt mit subversiven Strategien des Kulturkampfes, vor allem gegen die Autoritäten in Schule und Erziehung, in Familie, Kirche und Staat.“[58]

Dabei ging es nicht um Suche nach Wahrheit, sondern die Frankfurter Schule verfolgte das Ziel, die bestehende Gesellschaftordnung zu stürzen. Das war der marxistische Teil. Die Umformung der Persönlichkeit zu einem Werkzeug des Umsturzes sollten die entfesselten Triebe bieten. Sie sollten die Kraft sein, um die bürgerliche Gesellschaft zu zerstören. Wenn es gelang, die Familie zu zerstören, konnte das Ziel erreicht werden. Von daher wurde die Familie bekämpft sowie die familiäre Kindererziehung diffamiert. Martins Faszination von Oswalt Kolles sexueller Zügellosigkeit sowie die über die Kinderläden und Summerhill in den universitären pädagogischen Proseminaren propagierten antiautoritären Ideen waren ein guter Nährboden. Die natürliche Familie als vorstaatliche Instanz wurde getreu der Interpretation Wilhelm Reichs als „Hort sexueller, patriarchalischer Sexualunterdrückung" für den direktem Weg in den Faschismus verantwortlich gemacht. Mittel zur Zerstörung der Familie sollten darin bestehen, die verstärkte Erwerbstätigkeit der Frau zu propagieren, sowie das Recht auf außereheliche Sexualität zu stärken. Daß diese Form der Emanzipation der Frau ein Baustein hin zu optimaler Kapitalverwertung ist, muß nicht näher ausgeführt werden. Auch der Feminismus wurde entsprechend inszeniert. Eingetreten wurde insgesamt für einen grenzenlosen Subjektivismus einer „herrschaftsfreien Gesellschaft", mit der unweigerlich die Diktatur des Stärkeren verbunden ist. Es war Theodor W. Adorno, der eine Erziehung forderte, die jede Identifikation der Kinder mit ihren Eltern verhindern sollte. Vielmehr sollten Widerspruch und Widerstand sein Credo sein – die Anarchie.[59]

Martin und anderen Studenten war in ihren revolutionären Zirkeln „humanistisches Denken" längst ausgetrieben worden: Bereits für Marx waren Humanismus, Milde und Menschlichkeit eine ‚Phrase', eine ‚Sentimentalität', die er als ‚antirevolutionäre Untugend' haßte.[60] In kritischer Solidarität mit der Sowjetunion verdrängten die „Sozialisten" Lenins Order zum roten Terror, der 1918 begann. „In der augenblicklichen Situation ist es absolut lebensnotwendig, die Tscheka [Geheimpolizei] zu verstärken [...], die Klassenfeinde der Sowjetrepublik in Konzentrationslagern zu isolieren und so die Republik gegen sie zu schützen; jeden, der in weißgardistische Organisationen, in Verschwörungen, Aufstände und Erhebungen verwickelt ist, auf der Stelle zu erschießen, die

Namen der Erschossenen mit Angabe des Erschießungsgrundes zu veröffentlichen."[61] Mit revolutionären Phrasen zu Barrikadenbau und Umsturz der bestehenden Gesellschaftsordnung versuchte Martin an manch einem Abend nach einigen Gläsern guten Weines seine jeweilige weibliche Essensverabredung zu beeindrucken. Meistens gelang es – leider.

Dabei profitierte er von einer freiheitlich–demokratischen Grundordnung, die ihre eigene Zerstörung „tolerieren" sollte? Die Grundrechte, wie sie in der Allgemeinen Menschenrechtserklärung niedergelegt sind, hätten statt dessen einer gründlichen Aufarbeitung bedurft, auch um sie für die nachfolgenden Generationen fruchtbar zu machen. Naturrecht und personales Menschenbild jedoch waren verpönt in einer Zeit, die eine „Bewegung" hervorgebracht hatte.

„Ausgangspunkt der Grundrechte ist nach Pufendorf die allen Menschen gleichermassen zukommende soziale Grundnatur: ‚Die Grundordnung des Gemeinschaftslebens, welche den Menschen lehrt, wie er sich als richtiges Glied menschlicher Verbände verhalten muss, wird [daher] Naturrecht genannt.‘ ‚Jeder teilt mit allen die gleiche menschliche Natur. Niemand kann und will sich mit solchen zu einer Gemeinschaft zusammenschliessen, die ihnen nicht wenigstens als Mensch und Träger der gleichen Natur gelten lassen.‘ Die personale Auffassung vom Menschen sieht den Menschen als soziales Wesens, das auf seine Mitmenschen angewiesen ist und dem eine unveräusserliche Würde innewohnt. Sie wurde in der Geschichte der letzten zweihundert Jahre zum tragfähigen Ausgangspunkt allgemeiner Natur– und Menschenrechte und zur Grundlage des gesamten sozialen Zusammenlebens."[62]

Martin und seine „Genossen" waren bereits gut geschulte Studenten in einer Antihaltung gegen die existierende und auch sie erhaltende Gesellschaft. Was sollte danach – oder besser gesagt – statt dessen kommen? Herbert Marcuse hatte die neue Diktatur des „Großen Bruders" verkündet: Statt eines Toleranzbegriffes, der einer humanistischen Tradition entspricht, müsse der neue Mensch sich der „repressiven Toleranz" unterwerfen: „Befreiende Toleranz würde ... Intoleranz gegenüber Bewegungen von rechts bedeuten und Duldung von Bewegungen von links. Was die Reichweite dieser ... Intoleranz angeht, ... müßte sie sich ebenso auf die Ebene des Handelns erstrecken wie auf die der Diskussion und Propaganda, auf Worte wie auf Taten." Insofern wäre die Gewaltausübung der Linken, so Marcuse, „keine neue Kette von Gewalttaten", sondern ein Zerbrechen der Etablierten." Ein wahrhaft brutaler Plan diktatorischer Unterdrückung mit allmächtigen Kommissaren.[63]

Warum hatte Martin hingegen bis dahin davon nichts erfahren? Es gibt „anthropologische Konstanten menschlichen Lebens. Als diese Menschen, die wir leben wollen, wissen wir auch, daß wir das Leben, daß wir das, was ein Mensch sein kann, was die Menschheit sein kann, nicht alleine verwirklichen können. ... Ohne gegenseitige Hilfe und Solidarität können weder der einzelne noch die Familie, noch der Staat, noch die schützende Kultur, noch die ganze Menschheit in Frieden und Gerechtigkeit leben lernen. ... Ohne liebende Eltern kann das Kind nicht Mensch werden. Am Du rankt sich das werdende Ich hoch zur Erwachsenengestalt. Ohne gegenseitige Hilfe und Solidarität können weder der einzelne noch die Familie, noch der Staat, noch die schützende Kultur, noch die ganze Menschheit in Frieden und Gerechtigkeit leben lernen. Es ist ein Ideal, das sich mit diesen Gedanken entfaltet: Wenn der Mensch sich die Menschheit denkt, als ob sie ewig wäre, dann gewinnt er einen neuen ethischen Standpunkt, den Alfred Adler ,Gemeinschaftsgefühl‘ nannte: Ich weiß und fühle dann, daß ich Teil des grossen Geschichtsstroms bin, der durch mich hindurchgeht, von dem ich ein Teil bin. Die unendlich vielen Leistungen meiner Vorfahren haben mich empfangen, als ich zur Welt kam. … Gerechtigkeit ist … wohl auch Gedanke. Aber wahre lebendige Gerechtigkeit müssen die Menschen in ihrer historischen Zeit als Antwort auf empörende Rechtlosigkeit und Unterdrückung denken, erkennen und tun, sich entschliessen, mehr Gerechtigkeit zu verwirklichen. Aus der Empörung, zu der jeder Mensch fähig ist, begreift er, daß er angeborene Rechte besitzt, begreift er seine Gottesebenbildlichkeit, die ihn allen Menschen gleichwertig macht, seine natürliche Würde und Freiheit. Seine Vernunft und sein mitmenschliches Denken und Fühlen schärfen sich, und es drängt ihn ein unbändiger Entschluss zur Tat, ein Entschluß, der seine Festigkeit erhält aus der Empörung über das selbst erlittene oder andern zugefügte Unrecht."[64]

Die Menschenrechte wurden in den marxistisch orientierten Seminaren nicht gelehrt, dabei wurden gerade sie von der „Frankfurter Schule" mit Füßen getreten. Und nicht nur dort. Deshalb sei festgehalten:

„Alle Menschen sind frei und gleich an Würde und Rechten geboren, sie sind mit Vernunft und Gewissen begabt und sollen einander im Geiste der Brüderlichkeit begegnen." Das geht nur in Freiheit … [und mit einem] Zusammenleben in realer Demokratie , in der die Menschenrechte sozial garantiert sind. Oder wie es Annemarie Buchholz–Kaiser 1989 formulierte:

‚Mit dem, was Adler als Gemeinschaftsgefühl bezeichnet, das heisst die voll entwickelte Beziehungsfähigkeit von Mensch zu Mensch, hat der einzelne einen Massstab in der Hand, um die Auswirkungen seiner Handlungen für sich und den anderen Menschen zu prüfen und abzuwägen. Man solle dem Menschen auf die Hände schauen, nicht auf den Mund, hat Adler öfter gemahnt. An der Handlungsweise zeigt sich, wie weit der einzelne seine eigenen Anliegen auf gesunde Art wahrnehmen und sinnvoll verwirklichen sowie gleichzeitig das Wohl des anderen Menschen im Auge behalten kann. Stärkere soziale Durchbildung der Persönlichkeit, mehr Anteilnahme als ureigenstes Anliegen zu entwickeln, ist nur ein eigenständiges und freies Individuum in der Lage. Freiheit ist dabei ‹Conditio sine qua non›, das heisst unerlässliche Voraussetzung, ohne die es nicht geht. Die Annäherung an dieses Ziel der Persönlichkeitsbildung ist Inhalt des psychotherapeutischen Prozesses. Diese Persönlichkeitsbildung entsteht aber nicht von selbst, sondern nur, indem wir sie entwickeln, sie leben, indem wir sie tun: Das ist individualpsychologische Ethik und Moral.[65]

Trotz differenzierender Ansätze in einzelnen Seminaren und Versuchen mancher Frauen, ihn zu einem demokratischen Miteinander zu gewinnen, sah Martin alles Bejahende und den Menschen Aufbauende durch die marxistische Brille nur als Anpassertum und latenten Faschismus an. Erst viel später lernte Martin die schönen Darstellungen eines harmonischen, grundwerteorientierenden Familienlebens, wie etwa im Film der fünfziger Jahre zu sehen, schätzen.

Das Kommunistische Manifest und
das Triebleben

Zunächst jedoch bewegte sich Martin weiterhin in seinem marxistischem Zirkel. Eines der Schulungspapiere verwies auf das Manifest der kommunistischen Partei. Inzwischen hatte sich Martin einige weitere Bände aus der Reihe Marx/Engelswerke (MEW) besorgt. Mit welcher Leichtigkeit wurde hier von der Schaffung einer Assoziation geschwärmt, worin die „freie Entwicklung" eines jeden die Bedingung für die freie Entwicklung aller ist. Es war das große Ideal einer Gesellschaft ohne Rassenhaß und Völkerkrieg. Edle Gedanken, dachte sich Martin. Es erschreckte ihn nicht, wenn im weiteren Text davon die Rede war: Erhebung des Proletariats zur herrschenden Klasse, radikalstes Brechen mit dem bürgerlichen Eigentumsverhältnissen, Aufhebung der Familie, gewaltsamer Umsturz aller bisherigen Gesellschaftsordnung, was natürlich zunächst nur vermittelt despotische Eingriffe geschehen könne. An den Rand des Textes vermerkte Martin: Enteignung, Diktatur. Warum merkte er nicht, daß das die Zustandsbeschreibung eines totalitären Systems war, das mit den Untertanen nach Belieben verfährt? Das Proletariat bildete realiter nur eine verschwindende Minderheit, weshalb die Erhebung desselben zur herrschenden Klasse eine entschiedene Kampfansage an die Demokratie war. Friedrich Engels soll an August Bebel geschrieben haben: Solange das Proletariat den Staat noch gebraucht, gebraucht es ihn nicht im Interesse der Freiheit, sondern zur Niederhaltung seiner Gegner.

Bei Martin führte diese Absage an ein gleichwertiges, diskursives Miteinander unter Studenten im Seminar zu einer Verhärtung im Ringen einer kooperative Studienbewältigung auch mit Andersdenkenden. Professoren und

Mitstudenten galt es mit sozialistischen Parolen zu dominieren. Der Leiter des Englischen Seminars bedeutete ihm im Gespräch nach einem Seminar, daß sie sich besser fachlich nicht mehr begegnen sollten. Von nun an besuchte Martin nur noch Seminare, in denen seine gesellschaftskritischen Textinterpretationsansätze ein positives Echo fanden. Ein Auslandsstipendium wußte der Seminarleiter wohl mit Hilfe seines ihm treu ergebenen „Commanders" zu verhindern und ließ Martin durch die dazu notwendige Prüfung fallen. Thema war „Die psychoanalytischen Implikationen in Harold Pinters Birthday Party" – auf deutsch schon hochkomplex, auf englisch schwierig zu bewältigen. Der „Commander" grinste maliziös.

In seinem Tagebuch vermerkte Martin, daß es Ängste auslöse, wenn man (sprich Frau) auf ihn zugehe. Präventiv, so seine Vorstellung, bliebe doch stets die Hoffnung, hier zunächst einmal Trieberfüllung zu erhalten. Wilhelm Reich und Oswalt Kolle lassen grüßen, es ist ein Kreislauf der immer neuen Anstrengung, als Mann Bestätigung zu erfahren. Zwanghaft beherrschte ihn die Verbindung, daß Zuneigung die Erwartung beinhalte, die eigenen, sexuellen Bedürfnisse, oder was Martin dafür hielt, befriedigt zu bekommen. Mit einer Monika tröstete sich Martin, wieder an einen gut geheiztem Abend, in seiner Dachbude auf dem großen Matratzenlager mit der hellgrünen Überdecke.

Zumal werden im halbdunklen, warmen Zimmer bei Musik von Cosby, Stills, Nash and Young die Bedürfnisse besser befriedigt und erlernt, sowie die jeweilige Partnerin immer besser kennengelernt. So legte sich Martin seine aktuelle Strategie zurecht. Eine gute Flasche Gewürztraminer aus Papas Weihnachtsgeschenkekiste, von

Geschäftsfreunden überbracht, half zusätzlich über die ersten Annäherungsängste hinweg. Später, als er Monika in der Schumannklause einmal wiedertraf, beschwerte sich diese, daß sie sich betrogen fühlte. So ein gemeinsamer, erotischer Abend war doch landläufig der Einstieg in eine Partnerschaft. Nö, war aber nicht so ausgemacht, entgegnete Martin auf ihr lautstarkes Lamento hin, souverän an die Musikbox gelehnt.

Weiter in seiner Theorie: Aus dem Wechselspiel im Geben und Nehmen baute sich das erotische Spannungspotenzial auf. Ganz im Dunst der Promille lösten sich zum Schluß alle Spannung in die volle Befriedigung auf und man erlangte diese aufgrund einer intensiven Übereinstimmung beiderseitiger Bedürfnisse. Wilhelm Reich nannte es die „sinnliche Angleichung“: Je vollständiger die Deckung beiderseitiger Bedürfnisse, desto besser, stärker und gleichmäßiger könnten die Triebsspannungen abgebaut werden. Verkrampfungen lösten sich so. Ein im Grunde genommen simples Energieausgleichsmodell, ein Buchtraining zur Rechtfertigung, immer wieder neue Frauen zu benutzen. Dazu mußte Martin allerdings jedesmal das für ihn reale Gefühlsgebäude aufbauen, daß ihn gerade dieser Mensch besonders interessiere. Was zu dem Zeitpunkt auch stimmte. Bis ihn die unbewußten Ängste wie eine Barriere wieder einholten, daß es doch mit ihm scheitern werde und er am Ende alleine zurückbleibe.

Jedesmal nahm er sich vor, sich vollständig hinzugeben und den Abbau von Ängsten, also des Mißtrauens dem Mitmenschen gegenüber zu überwinden. Ja, es wurzelt in jedem Menschen und der Sinn des Lebens muß nicht ergründet werden, denn den zu finden sei müßig. Dachte Martin. Aber er irrte. Er legte sich weiter zurecht:

Vielmehr gilt es, die Angst, die eigene Unsicherheit zu erkennen. Dies aber sich einzugestehen erscheine unmöglich angesichts der Situation der Vereinzelung. Man konnte dem entfliehen, hinein in immer neue „Beziehungskisten" oder in die Arbeit bzw. der damit verbundene Leistungsdruck potenziere jedoch die Grundangst ins Unermeßliche. Die Angst bedeute jedoch das Infragestellen seiner selbst in jeder Situation. Wieder durchschoß Inge sein Gehirn, eigentlich war es doch vorbei! Sie akzeptiert sich selber nicht, glaubte, daß die anderen Mitmenschen sie nicht akzeptieren und sie glaubte nur durch Leistung von den anderen geduldet zu werden. Das überforderte ihn wie eine Spaltung in Martin und Über–Martin, d.h. der Bewußtwerdungsprozeß werde von innen oder von außen herbeigeführt, er würde zu sehr forciert vorangetrieben und somit komme die Diskrepanz zwischen Martin und Über–Martin immer stärker zum Vorschein, was sich im Leistungsdruck manifestiert. Soweit das vulgär–mechanistische Mißverständnis über Sigmund Freud. Martin war auf seine klare Analyse stolz. Das half ihm zu einer Spur Selbstbewußtsein. Nach Abklingen des Alkoholrausches war wieder alles trübe.

Es kam vor, daß Martin auch in den Kampf ging, um von einer Frau geliebt zu werden. Manchmal war er ziemlich arrogant einer Frau gegenüber „auf sein Wissen bezogen" (wie man es in der sozialistischen Gruppe nannte): Als er beispielsweise die schon erwähnte Doro vor der Kaufhalle wiedertraf, die Flugblätter des Frauenkreises verteilte, konnte sich Marin nicht zurückhalten und kritisierte schnoddrig den Inhalt des Blattes. Sie antwortete verunsichert, daß man doch irgendwie die Menschen erreichen müsse. Manchmal kritisierte er einfach so auf den Dunst hin und sagte, das brächte es sowieso nicht, ohne den Gesamtkontext zu sehen. Nur um sich darüber zu stellen, keinesfalls, um sich damit auseinanderzusetzen.

Frei nach Wilhelm Reich ist auch die folgende Figur. Martin glaubte, daß man den eigenen Standpunkt gerne überschätzt, wenn man erreichen will, zu mehreren Leuten ein gleich intensives Verhältnis zu haben. Die Beziehung zum Partner gerate dabei leicht in Gefahr, nur auf sexuelle Begegnungen reduziert zu werden. Immer wieder überschwemmte ihn „Die Funktion des Orgasmus“, denn nach Martins in sich kreisendem Verständnis war es stets nötig, auf den anderen in der Weise einzugehen, beiderseitige Verkrampfungen zu lösen. Diese Spannungen lassen sich durch zärtliche Zuwendung lösen, aber auch durch einen Orgasmus. Denn Martin glaubte, aufgrund der gemeinsamen Freilegung von Spannungen würde eine Ausgangsbasis zur besseren Verständigung gegeben. Welch ein Irrtum. Sein ehemaliger Wohnkollege Christoph blieb in dem Glauben leider verhaftet.

Empirisch konnte das anhand der – längst verflossenen – Abende mit Inge in Form eines Vorher–Nachher–Verhaltens bzw. Verhältnisses zueinander „aufgezeigt“ werden. In jeder Situation mußte die Frage danach neu gestellt werden, wie ein Höchstmaß an Befriedigung für beide Partner erreicht werde, die Einzelfrustration also so gering wie möglich gehalten wurde. Inge, so Martin, hätte darauf achten müssen, daß die Beziehung zu Martin nicht eine unter vielen wird, wie sie so schön sagte. Es sei entscheidend gewesen, wo man die Prioritäten setzte, denn die konkrete Ausgangssituation der Partner sei eben sehr verschieden. Nach Martins Erachten war es gar nicht so wichtig, die Möglichkeiten des Einzelnen am Grad der Länge früherer Beziehungen zu messen. Entscheidend war vielmehr, welche Bereitschaft da sei, Schwierigkeiten zu überwinden bzw. zunächst erst einmal die Probleme zu erkennen. Die Angst, die mit dem Verlust von Inge verbunden war, stieg in Martin ständig wieder hoch. Mit Vernünfteln war nichts gewonnen.

Die Vermittlung der Individualpsychologie Alfred Adlers hätte ihm Auswege der Erklärung seiner inneren Zerissenheit zeigen können: „Die Minderwertigkeitsgefühle beherrschen das Seelenleben und lassen sich leicht aus dem Gefühl der Unvollkommenheit, der Unvollendung und aus dem ununterbrochenen Streben des Menschen und der Menschheit verstehen." Martin kannte zum damaligen Zeitpunkt niemanden, der ihm dazu verhelfen konnte, zu lernen, „mit den Augen des Anderen zu sehen, mit den Ohren des Anderen zu hören, mit dem Herzen des Anderen zu fühlen". Martin war weit entfernt davon, feinfühliger auch mit sich selbst umzugehen.

Nach wie vor hatte Martin manchmal nachts noch Albträume, hielt er doch im englischen Seminar mit einer Mischung aus Sehnsucht und Angst Ausschau nach Inge. Sie hatte ihn verlassen. Worauf wartete er eigentlich? Warte auf die Frau! Eine Frau, die es „bringt". Manchmal dachte Martin in Fragmenten an die Lektüre von Janovs Urschrei-Therapie, das Aufrechterhalten des Mutterersatzes. Er fühlte sich plötzlich so eng gebunden und phantasierte, daß er sich oft Frauen aussuche, die diese Funktion erfüllen. Diese Abhängigkeit blockierte ihn bei einer Lösung der Probleme. Martin suchte eine Gruppe auf. Er fuhr hoch auf den Venusberg, in die „Klinik und Poliklinik für Psychiatrie und Psychotherapie". Stationär wollte er nicht bleiben, lediglich sich einmal aussprechen. Eine ältere Frau Dr. von Motales wies ihn einer Gesprächsrunde zu, die in einem Raum untergebracht war, der von Glasfenstern eingefaßt war. Anscheinend konnten die dort sitzenden Studenten und Ärzte oder Psychologen – so klar wurde es nicht gesagt – alles mithören, was im Raumrund gesagt wurde. Es war steril und nach einer Sitzung ging Martin nicht mehr dorthin.

Zaghafte Ausbrüche

Fachfremd besuchte Martin jeden Dienstag abend die Vorlesungen zur Entwicklungspsychologie in der Psychologischen Fakultät. Jedes Kind ist von klein an auf Ko–operation und Zuwendung angelegt und angewiesen. Wie sich der Erwachsene dabei präsentiert, die Signale des Kindes erwidert und seine eigenen Impulse eingibt, so entwickelt sich das Menschenbild, die charakterliche Haltung dem Mitmenschen gegenüber, ja, dessen gesamte Lebensführung wird dadurch geprägt. Die kulturelle Entwicklung einer Gesellschaft als Ganzes wirkt dabei auf jeden Einzelnen. Nicht mit schicksalhafter Bestimmtheit durch Triebe oder Instinkte werden Gefühle und Handeln des Individuums geleitet, sondern bestimmt durch ein zielgerichtetes Streben nach Selbstverwirklichung und Überlegenheit, gespeist aus der Schwächesituation des Kindes. Kinder sind eigenständige Persönlichkeiten, die in der Auseinandersetzung mit ihren Lebensumständen im Elternhaus einen individuellen Lebensstil herausbilden. Damit reagieren sie ganz persönlich auf die Herausforderungen des Lebens.[66]

Mit Ausnahme dieser Vorlesung hatte Martin noch nie etwas von einem der Pioniere der Tiefenpsychologie, dem Wiener Arzt und Psychologen Alfred Adler, gehört. Mann und Frau, so die Schlußfolgerung sind keineswegs Gegner in einem Machtkampf. Wenn Feindseligkeiten zwischen den Geschlechtern auftreten, müßte sich jeder Erzieher sowohl bei Jungen als auch bei Mädchen fragen, worin der Entmutigungsgrund, das Mangelerleben besteht. Die daraus entstehende falsche Auffassung von der Welt erzeugt kompensatorische Bewegungen zum vermeindlichen Ausgleich von erlebter Zurücksetzung oder Bevorzugung.

„Geleitet durch die ersten Bezugspersonen und geprägt durch die Kultur, in die das Kind eingebettet ist, nimmt es ‚bestimmte Verhaltens- und Denkweisen als Werte wahr, die es anzustreben gilt, als Gesetze, die zu befolgen sind, als nachahmenswerte Beispiele, als Sichtweisen der Welt, die es zu übernehmen hat. Der soziale und kulturelle Kontext spielt also eine entscheidende Rolle in der Erziehung zu sittlichen Werten.‘“[67]

Auf diese Weise lernte Martin zu differenzieren, daß die personale Auffassung vom Menschen weit entfernt war von der polarisierenden Kampfansage eines Karl Marx an das Bürgertum. Es ist zwar eine politisch berechtigte Forderung, daß gleicher Lohn für gleiche Arbeit gezahlt werden müßte. Echte Solidarität zwischen Mann und Frau mit einem Gefühl von Gleichwertigkeit könnte das erkämpfen. Von Parteien hielt sich Martin fern, denn sie schürten nach seinem Erleben nur Gegnerschaften. Er hatte für die Verwirklichung des reinen marxistischen Weges gekämpft, nicht sehend, daß er damit genau in die Falle von Aus- und Abgrenzungsbestrebungen, in ein Oben und Unten, gelangte. Die Entsolidarisierung der Gesellschaft sollte hinführen zu einer beliebig verfügbaren, unverbindlich amorphen Masse von ungezählten Frauen, die für den Arbeitsmarkt verfügbar gemacht werden sollen. Propagiert wird im Grunde eine Erhöhung des – schlecht bezahlten – Frauenerwerbsanteils unter dem Deckmantel der Befreiung der Frau. Vollzeitarbeitsstellen brauchen Mütter aber selbstredend nur dann, um länger arbeiten gehen zu „dürfen“. Wie sollen sie sich sonst die Kita, die Putzfrau oder den Gärtner leisten?[68] So lange Parteipolitik mit solchen Zielen der Beseitigung bestimmter Positionen, wie dem Erhalt von Ehe und Familie, verbunden war, konnten weder Mann noch Frau eine Geborgenheit, oder gar eine Vertrauensbasis im Miteinander entwickeln. Warum das so ist?

Martin bemerkte, daß Ehe und Familie gewissen politischen Kreisen ein Dorn im Auge sein mußten, denn hier besteht eine emotionale und soziale Einheit, die nicht vom allmächtigen Staat kontrolliert werden kann. Kontrolle bis in die Intimsphäre hinein hatten bislang alle totalitäten Systeme praktiziert. Soziale Pfeiler wie Ehe und Familie haben den Sozialingenieuren Grenzen gesetzt. Ihr Ziel ist aber der vollständig vom Staat erzogene, kontrollierte und manipulierte Untertan, völlig abhängig von der Politik und politischer Indoktrination. Das hatte Martin verstanden. Aus seinem Pädagogikstudium wußte er um die Bedeutung einer stabilen Bindung von Kindern in einer Familie.

„Kinder ins Leben zu begleiten gehört zu den wertvollsten Erfahrungen. Kinder lernen in der Familien Grundregeln des Zusammenlebens, die Werte von Kultur und Religion, Gemeinschaft in Freude und Leid. Das Vertrauen, sich auf den Mitmenschen und seine Fürsorge verlassen zu können, aber auch die Vermittlung von Durchsetzungskraft und Teamfähigkeit sind für eine vitale und solidarische Gesellschaft unersetzlich. Die Familie ist das fundamentale Band zwischen den Menschen, auf das Nation und Staat aufbauen können. Politik und Sozialstaat können die familiären Bindungen und die menschliche Fürsorge weder ersetzen noch schaffen."[69]

Hatten die marxistischen Verführer leider Martin in seiner aus der eigenen Familie negativ erlebten Erziehung als Junge bestärkt, so konnte er in späteren Jahren durch fachliche Aufklärung eine andere Sichtweise gewinnen. In einer Schweizer Zeitung las er diese Gedanken:

„In den Jahren 2006–2008 widmete sich eine internationale theologische Kommission der Frage, ob es ‚objektive sittliche Werte‘ gibt, ‚die in der Lage sind, die Menschen zu vereinen und ihnen Frieden und Glück zu verschaffen‘. ‚Der erste [Komplex natürlicher Antriebe], den der Mensch mit jedem Wesen gemeinsam hat, beinhaltet wesentlich die Neigung, seine Existenz zu erhalten und zu entwickeln.‘ (Abs. 46) Der zweite Komplex, den er mit allen Lebewesen teilt, ‚umfasst die Neigung, sich fortzupflanzen zum Fortbestehen der Art‘. (Abs. 46) Dabei betonen die Autoren: ‚Der Antrieb zur Fortpflanzung ist innerlich verbunden mit der natürlichen Hinneigung des Mannes zur Frau und der Frau zum Mann, die eine universal anerkannte Tatsache in allen Gesellschaften darstellt. Dasselbe gilt für die Neigung zur Sorge für die Kinder und für deren Erziehung.‘ (Abs. 49) Schon dadurch ist die Beziehung von Mann und Frau auf Dauer angelegt, worin der Wert der Treue gegründet liegt.“[70]

Vergebliche Hoffnungen auf Hilfe

Über einen Aushang in der Universität erfuhr er von einer Gruppentherapie, in der sich die Teilnehmer einmal die Woche bei Joachim, einem freudianisch orientierten Psychologen, trafen. Einen Teil zahlte die Krankenkasse, als Joachim eine entsprechende Stellungnahme zu Martins Arbeitsstörungen verfaßt hatte. Jede Sitzung jedoch mußte mit 23,45 DM zugezahlt werden. Martin wandte sich an seinen Vater. Schließlich hatten die Eltern doch dafür gesorgt, daß er so „verkorkst“ herausgekommen war. Sein Vater bezuschußte die Therapie.

Bei der ersten Vorbesprechung zur Gruppentherapie hatte Martin deutlich gemacht, daß er sich, wenn es brenzlig werde, auf ein unheimlich abstraktes Niveau zurückziehe. Dann kam die erste Gruppentherapiestunde. Aufwühlend war es. Seine Emotionen stiegen hoch. Er wollte in den Arm genommen werden, wagte das aber in der Gruppe nicht anzusprechen. Spontan erhob sich Marietta, pflanzte sich vor ihm auf und drückte ihn. Es war ein fließendes Gefühl. Die Gruppe verschwand unter ihm. Einigen Teilnehmern war das bloße Sprechen über Probleme nicht genug. Sie wollten Aktion. Die hatten sie nun ansatzweise. Ein gruppendynamisches Spiel begann. Einer stellte sich in die Mitte und wurde hin und her geworfen. Hinterher wurde jeder danach befragt, welches Gefühl er dabei hatte. Alle empfanden es als befreiend. Gelöst hatte es, außer dem „Hochkochen" eines diffusen Gefühlsschwalls, nichts. Hilfreicher allerdings wäre gewesen, wenn in einem verstehenden Gespräch gemeinsam das dahinterstehende Gefühl der Minderwertigkeit und die Angst vor Kritik durch die Frau zum Vorschein gebracht und die entsprechenden Kindheitserlebnisse dem heutigen Verhalten zugeordnet worden wären. Es war schon merkwürdig: Sobald sich eine Frau ernsthaft näher für Martin zu interessieren begann, fühlte er sich zugedeckt und flüchtete. Zunächst nur innerlich.

In der weiteren Gruppentherapie mit Joachim deutete dieser nun Martins Problem, sich da, wo mit Frauen Nähe entstand, nicht wirklich einlassen zu können, aber auch so, daß dieser sich oft jemanden suche, bei der er den „Entwicklungsminister" spielen könne. Dabei könne Martin sich gewissermaßen immer schön heraushalten, müsse nicht in ein feines Wechselspiel des Hin und Hers im Gespräch eingehen. Es drängte ihn dazu, sich immer wieder zu profilieren und zu produzieren. Die situativen Beispiele dafür waren beliebig, obwohl ihm sein zwanghaftes Gebaren von seinen jeweiligen Partnerinnen deutlich widergespiegelt wurde. Aufgeben konnte er es nicht. Warum? Er war ratlos. In einem Einzelgespräch mit Joachim durchleuchteten beide Martins enge Beziehung zu seiner Mutter. Gedeutet wurde ihm frei nach Freud, daß er die Eifersucht des Vaters dadurch produziere, indem er seine Mutter für sich besitzen wolle. Frei nach Ödipus sollte mehr Abstand, d.h. Beziehungsabbruch zu seiner Mutter, die Lösung sein. Dann würde er sich auch mit dem Vater besser verstehen. Um 70 DM leichter machte sich Martin auf den Weg nach hause, um die neuen Erkenntnisse auszuprobieren. Es wurde schlimmer denn je. Wie er denn mit der Mutter umgehe! So kritisierte der Vater seine abweisende Art der Mutter gegenüber. Martin empfand sich wieder ratlos.

Er verabredete sich mit Marietta. Sie konnte diese Verabredung nicht einhalten, weil sie zu viele hochschulpolitische Verpflichtungen hatte. Sie schrieb ihm, daß sie sich für die universitäre ASTA–Wahl bewerben wolle und dazu einen „schönen Monolog" vorbereite. Dafür wolle sie sogar eine Gruppensitzung ausfallen lassen. Dann sprach sie noch von einer großen Demonstration, einem Sternmarsch nach Bonn, der ihr sehr wichtig war. Nach dem Ende der Demo, so der Ausblick für Martin, könnte sie bei ihm vorbeikommen. Sie kam an diesem Tag nicht und auch nicht an anderen terminlichen Möglichkeiten.

Nach Mariettas Umarmung war Martin wieder in diesen Aggregatzustand. Er nannte es „Emotionen freisetzen". Er schrieb ihr einen Brief, indem er das Zurückweichen Mariettas vor einer Verabredung mit ihm thematisierte. Es war schließlich genau ihr Problem, weshalb sie in die Gruppe gekommen war. Sie fuhr eine Ente, wohnte in einer WG am Stadtrand von Bergheim, trug einen hippieaffinen weißen Ledermantel mit Fellbesatz und Cowboystiefel. Im Winter hatte sie Martin einmal nach Köln mitgenommen. Es war saukalt im Auto, aber er war seelig über ihre Nähe. Diese Umarmung vor allen in der Gruppe und die Möglichkeiten der Kommunikation danach, so schrieb er ihr weiter, hatten bei ihm Assoziationen freigesetzt und ihn in die Traumvorstellung geführt, einmal nicht am gleichen „Punkt des Scheiterns ", wie er sich empfand, abzubrechen.

Kommunikation? Marietta spürte im späteren Gruppengespräch diffuse Erwartungen und wollte einen Traum erzählen. Eine Teilnehmerin wertete das ab: Noch einen Traum, noch in Gedicht. Sie wolle das bringen, so Marietta. Schweigen. Wilhelm, ein Teilnehmer protestierte dagegen. Gudrun demonstrierte, fast einzuschlafen, äußerte jedoch ihre Eifersucht, wollte aber nicht ablenken. Daraufhin betonte Marietta, sie wolle nicht über Vergangenes, sondern über das reden, was im Moment laufe. Franz–Josef, der Co–Therapeut verzog keine Miene, sagte aber auch nichts. Der Traum erhielt den Vorrang. Keiner erkannte mehr einen roten Faden im Gespräch.

Martin hatte im Studium erfahren, daß Freud die Träume als Wunscherfüllungen interpretiert. So drängten die unterdrückten Wünsche und Triebe aus dem Unbewußten „während des Schlafes ins Bewusstsein, werden aber von einer zensierenden psychischen Kraft derart entstellt, daß die Träume meist abstrakt, seltsam oder sogar absurd erscheinen."[71] Nun war er gespannt, was Joachim daraus machte. Träume, griff dieser ein, seien sinnvoller Schmerz, den man empfinde. Wilhelm brachte sich ein. Wenn Marietta mit ihrem Traum nicht weiter konkret werden möchte, hätte er noch einen Albtraum. Er sei darin im Krieg gewesen und vernichtet worden. Joachim fragte nach der Assoziation. Er empfinde eine Auslieferung an Aggression, an einen belastenden Konflikt, einen tiefen Schmerz, sagte Wilhelm. Joachim ergänzte: Siehst du, Krieg als Symbol für eine schmerzliche Auseinandersetzung? Martin fragte nach: Bist du als kleiner Junge anerkannt worden? Sicherlich, ich war ja der brave Sohn gewesen, antwortet Wilhelm. Joachim möchte, daß er den kleinen Jungen „ausagiere". Dieser setzte sich kerzengerade hin und schaute erwartungsvoll in die Runde. Der Psychologe deutete ihm seine Haltung: Er braucht das Verlassenheitsgefühl. In Konfliktsituationen erlegt er sich etwa eine Strafe auf, um diese zu regulieren. Wilhelm begann zu weinen. Das sind seine Schuldgefühle den Eltern gegenüber, sagte Joachim. Marietta empfand Langeweile. Der immer noch weinende Wilhelm bestand darauf, weiterzuweinen und entgegnete der schnöden Intervention, daß er sich im Recht fühle. Deshalb fühle er sich nicht auf die Füße getreten. Sie verhalte sich eben mal so, mal so, tönte Marietta schnippisch. Martin setzte sich leicht nach vorne auf die Stuhlkante: Du räumst dir Rechte ein, die du mir zum Beispiel nicht zugestehst. Warum nicht? entgegnete Marietta scharf. Druck zu erdulden ist doch dein Problem! Ich will mich im Gegensatz zu dir nicht anpassen und durch Nachdenken herauskriegen, wie Dinge auf andere wirken, einfach meinen Ärger runterschlucken. Gerade das wollte ich doch hinter mich bringen. Das war zuviel für Martin und er widersprach ihr: Du hast alles herumgedreht. Mein Brief an dich sollte eine Einladung sein. Nun ja, so Marietta wieder, ich habe eben Lust, mich mal so, mal so zu verhalten. Wenn sich das widerspricht, Pech für dich. Wieder intervenierte Joachim: Keine rationale Diskussion bitte. Sie stellt nur da, wie es bei ihr angekommen ist. Marietta betonte, sie wehre sich gegen Erwartungen von Männern allgemein. Daraufhin zog sie sich mit den Worten zurück: Ich fühle mich ignoriert. Ende der Gruppe.

Als Martin später diese Notizen des Gruppengeschehens noch einmal durchsah, merkte er, was ihn schlußendlich zur Beendigung seiner Teilnahme geführt hatte. Gekommen war er, weil er sich wie in einem inneren Gefängnis von Strebungen getrieben gefühlt hatte, die ihn beherrschten, statt daß er sie steuern konnte. Diese Mischung aus Freud'scher Theorie und Anleihen aus diversen gruppendynamischen Verfahren hatte ihn in seinen Anliegen nicht weitergebracht. Wirklich einlassen auf eine Liebesbeziehung, so sehr er sich danach sehnte, konnte er sich auch weiterhin nicht. Alfred Adlers Arbeiten gingen im Unterschied zu Freud von einer Einheit der Persönlichkeit aus.

„Während Freuds Modell Triebe und ihre Energie in den Vordergrund stellt, die das Ich notfalls durch Verdrängung abwehren muss, geht Adler vom Mangel aus und identifiziert Minderwertigkeitsgefühle, die nach Ausgleich streben. … In der Auseinandersetzung mit Freud spielt der ‚männliche Protest' eine wesentliche Rolle, Adler verwendet ihn analog zu Freuds ‚Verdrängung'. Dabei ist der Begriff missverständlich. In Adlers Sinn verstanden, bezeichnet er eine Möglichkeit, das Minderwertigkeitsgefühl auszugleichen: Unterdrückung und Geringschätzung der Frau in einer patriarchalen Gesellschaft veranlassen letztlich beide Geschlechter, männlich sein zu wollen. Doch auch Männer können Demütigung und Benachteiligung ausgesetzt sein. Im Lauf der Zeit ersetzt Adler den ‚männlichen Protest' durch Streben nach Geltung, Überlegenheit und Selbsterhöhung."[72]

Mariettas burschikoses Auftreten, das Martin so nachhaltig beeindruckt hatte, wäre dort einzuordnen gewesen.

Träume sieht Adler so: „Hier haben wir einen Ausdruck der schöpferischen Kraft des menschlichen Geistes. Diese Kraft wurde dazu gebraucht, einen Traum zu schaffen, der dem Zweck des Träumers dienen würde."[73] Der Traum ist also sowohl Ausdruck der schöpferischen Kraft des Menschen und er ist Ausdrucksform des individuellen Lebensstils.

Zudem hätten sich Eigenschaften wie Ehrgeiz, Eitelkeit, Neid, Geiz, Mißtrauen, Eifersucht, Ängstlichkeit, Traurigkeit und Distanziertheit, wie sie die Teilnehmer der Gruppe äußerten, in das jeweils fundamentale Unzulänglichkeitsgefühl einordnen lassen können. „Deutlich weist er [Adler] auf die ‚soziale Beschaffenheit des Seelenlebens‘ und den ‚Zwang zur Gemeinschaft‘ hin und nimmt damit die Grenzen der Gestaltungsmöglichkeiten des Einzelnen in den Blick. ‚Charakter‘ ist die persönliche Antwort, die ein Individuum auf die Anforderungen seiner Umwelt gibt. Mit den Begriffen ‚Leitlinie‘ ‚Weltbild‘ und ab 1929 ‚Lebensstil‘ bezeichnet Adler das Ergebnis dieser Wechselwirkungen."[74]

Es braucht einen Psychologen, der mit dem Hilfesuchenden den Gang in die Kindheit und zurück unternimmt, denn Lebensstil und -ziel bleiben ansonsten unbewußt. Adler wollte die „Psychologie im Dienst des Lebens" gesehen haben, damit Menschen besser leben, da sie sich und andere besser verstehen. Es wäre von daher sinnvoll, wenn Psychologen sich breit in „Menschenkenntnis" ausbilden würden, wozu gemeinschaftsbezogen insgesamt die Humanwissenschaften gehören.

Damit war allerdings nicht gemeint, was Joachim seiner Gruppe an „Selbsterfahrung" zumutete. Die Teilnehmer wurden zu einer Gruppensitzung in die Wohnung eines Kollegen von Joachim eingeladen, mußten sich ausziehen und dann in einer Badewanne sich gegenseitig mit Körperfarben bemalen. Neben der Überschreitung von Schamgrenzen und einem Happening–Erlebnis hatte es keinerlei bleibende Erkenntnisprozesse ausgelöst. Jeder blieb mit seinen Problemen einsam zurück. Problematisch war es im Gegenteil für Gudrun, eine Teilnehmerin, die eine Phobie vor engen Räumen hatte. Joachim, der Psychologe, arbeitete ansonsten mit ihr nach verhaltenstherapeutischen Gesichtspunkten. Gudrun konnte nicht Straßenbahnfahren oder in Aufzügen sein. Also näherten sie sich der angstauslösenden Situation dadurch an, daß Joachim mit Gudrun in der Straßenbahn fuhr. Seine Nähe gab ihr etwas Sicherheit gegen die Phobie. Ihre Distanz dem Mitmenschen gegenüber hatte Gudrun nicht aufgeben können.

Einige Zeit später stieß Berta zur Gruppe, die suizidal war. Die Gruppe konnte sie nicht auffangen. Diese versuchte aber Verbundenheit herzustellen, indem auch Freizeitangebote gemeinsam wahrgenommen wurden. Mit anderen Gruppenteilnehmern ging Berta ins Großkino im Zentrum der Stadt. Martin fing mit ihr eine Affäre an, die unglücklich endete. Sie hoffte auf ihn und brachte sich nach Verlassen der Gruppe später im Wald um.

Hätte Joachim Einblick in die Individualpsychologie Alfred Adlers genommen, wäre er von Bertas unbewußten, gemeinschaftsfeindlichen Zielsetzungen im Leben ausgegangen. „So wird *aus dem Unbewußten heraus eine Situation geschaffen, in der die Krankheit, ja selbst der eigene Tod gewünscht wird, teils um den Angehörigen Schmerzen zu bereiten, teils um ihnen die Erkenntnis abzuringen, was sie an dem stets Zurückgesetzten verloren haben.* Nach meiner Erfahrung stellt diese Konstellation die regelmäßige psychische Grundlage dar, die zu

Selbstmord und Selbstmordversuchen Anlaß gibt. Nur daß *in späteren Jahren meist nicht mehr die Eltern, sondern ein Lehrer, eine geliebte Person, die Gesellschaft, die Welt als Objekt dieses Racheaktes gewählt wird.*"[75]

Aufbruch in Griechenland

Im Sommer vor Beginn seiner Ausbildung als Lehrer machte Martin mit Rucksack eine Reise nach Griechenland über die Inseln. All die Jahre hatte er in immer gleicher Abfolge zwar einige sehr zugewandte nette Frauen kennengelernt. Mit der Zeit zog es ihn jeweils innerlich wie an einem Gummiband von dieser Frau weg und er suchte sein Heil wieder und wieder bei solchen Frauen, die keine feste Bindung eingehen wollten oder konnten, ja ihn partiell abwiesen. Jedesmal litt er furchtbar unter deren Unverbindlichkeit, obwohl es ihn wie magisch gerade dahin zog. Er zerbrach sich den Kopf nächtelang darüber, warum es gerade dort nicht ging. Es fiel ihm auch schwer, mit einer Frau gemeinsam die Nacht zu verbringen. Da schlief er schlecht und mit den großen Ängsten, die er sich nicht erklären konnte.

In Griechenland traf er eines Abends in irgendeiner Taverne auf irgendeiner Insel zwei Frauen, die ihm sehr sympathisch erschienen. Er bestellte sich erst ein Glas, dann das nächste Glas Retsina und mit der Zeit lockerte sich wie immer seine Zunge und er wurde ein munterer, redseliger Unterhalter. Eine der beiden Frauen, Ina, wirkte ihm sehr zugetan. Ihrer Freundin behagte die Entwicklung überhaupt nicht, hatten sie doch vor, den Urlaub stets gemeinsam zu verbringen. Es kam aber wie es kommen mußte: Martin lud Ina ein, mit ihm in einem verfallenen Haus am Strand zu übernachten. Sie willigte ein und es war in der Hitze der gegenseitigen Entkleidung nicht auszumachen, wer wen eher verführte und schließlich verbrachten beide auf Martins Luftmatratze gemeinsam die Nacht.

Am nächsten Morgen stellte Inas Freundin diese ziemlich säuerlich vor die Alternative, sofort mit ihr weiter zu reisen oder getrennter Wege zu gehen. Nachdem Ina sich von Martin die Versicherung geholt hatte, die letzten beiden Urlaubswochen gemeinsam zu verbringen, sagte sie ihrer Freundin ab. Insofern machte Martin innerhalb von zwei Wochen das schöne Erlebnis, daß man friedlich gemeinsam auf einer Luftmatratze oder in einer gemieteten Kammer in Strandnähe die Nächte verbringen konnte. Ina wirkte sexuell wie ausgehungert und Martin sollte ihr jeden Abend zeigen, wie sehr er sie begehrte.

Eines abends saßen sie unten am Hafen und Martin weigerte sich, mit in die gemeinsame Kammer zu kommen. Dann nehme ich mir halt einen Griechen aus dem Hafen, ließ Ina verlauten. Das kommentierte Martin mit einem unwilligen, mach halt, was du willst. Nebst dem, wie er später erfuhr, daß Ina zuhause einen 8–jährigen Sohn und einen Freund hatte, verstärkte das Erlebnis einen leichten Bruch. Also doch nichts Verbindliches. Irgendwie war er mal wieder erleichtert, freute sich jedoch darüber, daß es ihm gelungen war, Ina sexuell zufriedenstellende Erlebnisse zu verschaffen. Es mißfiel ihm, daß Ina – wieder zuhause – ihrem Freund gegenüber mit diesen Erlebnissen auftrumpfte und er brach den Kontakt nach einem Telefonat ab. Diesen Tagen mit Ina auf Kreta schlossen sich in den nächsten Monaten nach Rückkehr in seine Heimat noch mehrere ähnliche Begegnungen an, auch wenn er sein Grundproblem, sich beziehungsmäßig dort einzulassen, wo man sich näher kam, immer noch nicht lösen konnte.

Zu Beginn der Referendarzeit war Martin weiterhin politisch aktiv. Zwei neue Tageszeitungen kamen auf den Markt und die Institutsgruppen favourisierten mit Martin „Die Neue" aus Berlin. In der großen Poppelsdorfer Mensa sollte zur Einführung dieser Tageszeitung ein Pressefest stattfinden. Zu diesem Zweck fuhr Martin durch die Region, um Musikgruppen aufzutreiben, die weitgehend unentgeldlich spielen sollten. Der „Chor der Gewerkschafter" und das „Frauenorchester ohne Namen" waren nur einige davon. Stattfinden sollte das auf zwei Bühnen in beiden großen Sälen. Martins Aufgabe war es, mit einem 7,5–Tonner bei den Städtischen Bühnen die Bühnenaufbauten abzuholen und nach Ende der Veranstaltung wieder zurückzubringen.

Es war ein rauschender Abend, nachdem sich Martin im Hoppegarten noch das eine oder andere Bier gönnte und dabei Hannelore kennenlernte. Beschwingt schwankten sie Arm in Arm zu ihm und die Selbstverständlichkeit ihrer Begegnung irritierte ihn. Mittags darauf ging das Telefon und sie besuchte ihn für ein kurzes Schäferstünchen. Die Stiefeletten mit dünnen, erhöhten Absätzen erregten ihn genauso wie das schwarze, rüschenbesetzte, durchsichtige Top.

Zu der Zeit trainierte Martin noch Kampfsport. Als er nach einem Training zu ihr kam, lud sie ihn ein, doch bei ihr zu duschen. Er dachte an die mögliche Konsequenz sexueller Entwicklung und er verabschiedete sich. Später erfuhr er in einem psychologischen Gespräch Aufklärung über seine starken moralischen Zwänge. Er konnte gefühlsmäßig die Verbindung zur Prüderie im Elternhaus ziehen. Beide Eltern waren kampfhaft bemüht, daß die Kinder sie nie nackt zu sehen bekamen. Martin erinnerte sich daran, daß er eines abends nach dem Zubettgehen nochmals ins Wohnzimmer gehen mußte. Die Mutter zog sich oben herum gerade aus, der Vater trug einen Morgenmantel und stand mit dem Rücken zur Tür. Unter dem Mantel ließ er seine lange Unterhose fallen. Schreckensbleich hangelte die Mutter nach ihrem Nachthemd. Martin lief fluchtartig aus der halb geöffneten Wohnzimmertür.

Martin ging mit Hannelore und einigen ihrer Freunde und Freundinnen in ein Kellerlokal. Er unterhielt sich prächtig mit einer ihrer Freundinnen. Die Gruppe verließ das Lokal gemeinsam und Martin plauderte immer noch angeregt mit dieser Frau. Es schien, als könne er so viel Nähe, wie von Hannelore entgegengebracht, nur dosiert vertragen.

Er wollte sie am nächsten Tag wiedersehen. Inwieweit sie durch seinen Schaukelkurs verunsichert wurde, vermochte er nicht festzustellen. Die Annäherung seinerseits fand eben in leichten Etappen statt. Sie verstanden sich gut, näherten sich langsam an und verbrachten dennoch die Nächte weiterhin getrennt. Nachdem er eine Woche nichts von ihr gehört hatte, suchte er ihre WG auf. Dort hielt sie einen ihrer Mitbewohner im Arm, studierte nach Physik wohl noch Yoga und Meditation wie er, heiratete ihn später und beide eröffneten so etwas wie eine allgemein esoterische Praxis. Nach Jahren sah er sie zufällig wieder und sie bedauerte ihre Ängste vor mehr Nähe mit ihm. Sie sei oft an seiner Wohnung vorbeigegangen, habe es aber nicht fertiggebracht, ihn aufzusuchen. Er habe ihr schon verdammt gut gefallen.

Das Erlebnis mit Ina in Griechenland hatte in Martin den Wunsch nach einer dauerhaften Verbindung verstärkt. Ein Freund riet ihm, doch einmal eine Partnerschaftsanzeige aufzugeben. So gab er in der Wochenzeitung DIE ZEIT seiner Sehnsucht nach einer auch weltanschaulich passenden Frau Ausdruck. Auf eine Briefzuschrift, die eine Nähe zu seinen linken Ideen suggerierte, „sprang" er besonders an und fuhr dazu gerne nach Würselen. Auch wenn Luise, mit einem süßen Wuschelkopf ausgestattet, sein Interesse an tagespolitischen Themen schlußendlich nicht teilen konnte und im Anschluß an einem netten Ausflug nach Amsterdam die Liaison beendete, so hatte er doch etwas gelernt. Er konnte mit einer Frau ohne Probleme gemeinsam in einem Bett schlafen. Sein Freund Manfred, der mittlerweile eine Stelle in Köln hatte, nahm sich in seiner Mittagspause gerne Zeit, um Martin im Gespräch über die aufgebrochenen Selbstzweifel hinwegzuhelfen.

Wenn Martin während der Referendarzeit die Bude „auf den Kopf fiel", fuhr er nach Freiburg zu Laura, einer Physiotherapeutin, die er in Griechenland kennengelernt hatte. Es war an einem nieselnd–verregnetem Freitagabend, als er in die Seitenstraße mit den schönen Altbauhäusern einbog, dann den Käfer abstellte, um durch das schmiedeeiserne Tor und den kleinen verwilderten Vorgarten zum Haus zu gehen. Wie immer klingelte er Sturm. Von der Wohnungstür ging nach links zum einen die kleine 2 ½–Zimmerwohnung von Laura ab, geradeaus hatte eine steife, ältere Frau zwei Zimmer nach hinten. Diese öffnete, weil sie die Klingelzeichen verwechselt hatte. Laura lotste Martin in ihre Wohnung. Im kleinen Wohnzimmer Lauras saß eine attraktive, wohlgeformte junge Frau in einem grünen, knielangen Kleid, dessen Unterrock zu knistern schien. Ihre Haare waren hochgesteckt, eine randlose, tropfenförmige Brille ergänzte das Gesicht. Das ist Magdalena, stellte Laura die beiden einander vor. Sie wohnte und arbeitete als Krankenschwester in Zürich.

Magdalena gefiel Martin zunächst als Frau und nach einem Abend mit Plauderei und Wein übernachtete sie im gleichen Zimmer wie er. Ihr Unterrock raschelte einladend in Martins Ohren. Es schien, als wartete sie darauf, daß er zu ihr ins Bett fand, was er denn auch in Angriff nahm. Martin hatte die Angewohnheit, davon auszugehen, daß die Frauen die Pille nahmen, sobald sie sich auf eine sexuelle Begegnung einließen. So also auch hier. Es hatte beiden gefallen und sie legten die Matratzen nebeneinander. Am nächsten Morgen lud Laura Martin und Magdalena zu einer Spazierfahrt in ihrem Käfer–Cabrio durch die herbstlichen Wälder um Freiburg herum ein. Es war angenehm, mit offenem Verdeck unter den sich langsam verfärbenden Blättern hindurchzufahren. Laura blickte in den Rückspiegel und bemerkte: Oh, ein neues Liebespaar. Martin kuschelte mit Magdalena auf der Rückbank des Wagens. Das Wochenende war schnell vorbei und beide mußten wieder zu den Orten ihrer Arbeitsstätten zurück. Da bald Herbstferien anstanden, verabredeten die beiden Turteltauben, daß er sie in der Schweiz besucht, um dort seine Examensarbeit zu schreiben. Im Schwesternwohnheim würde es sicherlich nicht untersagt werden, wenn sie mit ihm als Gast gemeinsam eine Woche auf ihrem Zimmer wohnen würde.

Bis dahin hatte er noch eine wichtige Lehrprobe zu absolvieren. Es war die Wiederholung einer Stunde im 5. Schuljahr. Die Fachleiterin hatte die Wiederholung angeboten, da die Klasse sich beim ersten Versuch unmöglich benommen hatte. Man juchzte und lief durch die Klasse, kurzum, die Stunde war „geschmissen". Der Klassenlehrer hatte die Klasse in der Folge „zusammengefaltet" und so konnte Martin die Wiederholungsstunde brilliant absolvieren. Ein Freund, Grund– und Hauptschullehrer, hatte ihm bei der Vorbereitung geholfen. Es war die letzte Stunde vor den Herbstferien und Martin schwebte mit der Aussicht, nach dieser Stunde in die Schweiz zu fahren, im berühmten siebten Himmel. Ernüchtert fuhr er nach einer Woche wieder nach hause und verarbeitete alles in einem Brief.

„Liebe Margdalena,

mit einwöchigem Abstand betrachte ich unser Zusammensein so, daß ich zwischen weitermachen und abbrechen hin und her gerissen bin. Der Zweifel, der auch mit Gefühlen zwischen Verliebtheit und Zuneigung vermischt ist, nagt schon länger. Wir sprachen bereits darüber. Ich will versuchen meine Zweifel darzulegen. Deine These lautete von Anfang an, Du müßtest Dich erst finden, um zu uns zu kommen. Da wir bereits aber gemeinsam versuchten, uns näher zu kommen, unterstellte das bereits einen Entwicklungsschritt Deinerseits. Es ist nun nicht so, daß Du, wie Du es immer darstelltest, nichts anzubieten hättest, so viel Mist machen würdest usw.. Vielmehr ließen sich anhand mehrerer Gespräche, vor allem derer in Freiburg, eine Reihe von Situationen aufzeigen, in denen Du sehr wohl Zusammenhänge siehst und diese ins Gespräch einbringst.

Ich erinnere da eine Diskussion mit Laura über die Entscheidung entweder Kinder zu bekommen oder sich in politische Arbeit zu stürzen. All das allerdings nahmst Du im nächsten Moment wieder zurück, indem Du sagtest, eigentlich hättest Du ja nichts anzubieten.

Damit schaffst Du Dir ein Alibi, nichts zu tun, neben der Arbeit (wie verläuft die dann wohl?) „rumzusumpfen" und wenn Du – wie jeden Abend – betrunken bist, hast Du ja Entschuldigung genug, denn Du warst ja außer Gefecht gesetzt. Inhalt Deiner Beziehung zu mir ist also die

Beziehung selbst. Denn nur sie willst Du „leben", ohne darauf einzugehen, was Du eigentlich willst. Würdest Du Dich zum Beispiel wirklich mit einer Situation im Gesundheitswesen auseinandersetzen, kämst Du schnell auf das Verhältnis von Staat und medizinischem Bereich, auf die Rolle der Medizin dem Patienten gegenüber, über die Möglichkeiten und Grenzen der Gegenmaßnahmen des Versorgungsabbaus zur Frage der Organisation von Gegenmaßnahmen, die die Betroffenheit über das Los eines Patienten übersteigt, hin zur Frage der Gewerkschaft im öffentlichen Dienst, dem Verhältnis dieses Sektors zum produktiven Sektor und Du würdest die Frauenfrage dann vielleicht am Ende auch als Problem neben anderen begreifen. Jawohl, ein echter Rundumschlag, wie Du mich halt kennst.

Ich will nur ansprechen, daß etwas für seinen Kopf zu tun ein wesentlicher Bestandteil von Beziehung ist. So bekenne ich offen, daß es für mich keine Entscheidung zwischen Beziehung oder anderen Interessen gibt. Beides gehört zusammen und ich kann nicht das wegschmeißen, was ich die Woche über TUE und am Wochenende Beziehung „haben". Schließlich hast Du ja auch fünf Tage gearbeitet.

Ich bin 28 Jahre alt und es leid, mich immer wieder grundsätzlich über Kleinkram auseinanderzusetzen: Etwa auf der Ebene, ob ich besser diese oder jene Käsesorte gekauft hätte. Springe ich Dir von der Fahne, so wolltest Du mich von Dir abhängig machen, hast Du gesagt. Wollen! Es scheint mir wie das Verhalten eines Kindes, das die Zuwendung der Mutter mit allen zur Verfügung stehenden taktischen Mitteln bekommen will – und Taktik paßt mit Partnerschaft schlecht zusammen. Das zeigt mir, daß es Dir um wenig mehr als um Aufmerksamkeit geht.

Ich bin – das magst Du vielleicht an mir kritisieren – einfach nicht mehr bereit, immer wieder von vorne anzufangen. Abgesehen davon, daß Du Dich kleiner machst als Du bist, denn im Durchziehen Deiner Interessen bist Du knallhart, finde ich. Ich verstehe und finde es richtig, daß Du Deinen Weg suchst. Es sind in jeder Phase immer Entscheidungen gefordert! Das schließt nicht aus, auf der Grundlage dann einen adäquaten Partner zu suchen und nicht die Suche mit dem Partner nach dem richtigen Weg zum Inhalt des Lebens zu machen. Mit anderen Worten: Sag einfach, was Dir wichtig ist und stehe dazu.

Ich mag Dich zwar gern und unterstütze Deine Bemühungen, um Dir Klarheit darüber zu verschaffen, wohin Du gehen möchtest. Wenn unsere Gemeinsamkeit nur darin besteht, nach irgendeinem vagen hin und her mal in diese Richtung, mal in jene zu gehen, da muß ich Dir sagen, daß Du Dich mir mehr oder weniger schon allein im Alkoholkonsum immer wieder entziehst. Erst wenn Du empfindest (ohne Alkohol„haube"), welche eigenen Regungen Dich beschäftigen und Du lernst, diese auch in Frage zu stellen, wird die Auseinandersetzung mit und die Berücksichtigung anderer Menschen als ein Bedürfnis spürbar, dann kannst Du Partnerin und Freundin sein. Ich brauche keine Kampfpartnerin. Ich möchte mich gleichwertig neben Dich stellen, mich auch mal anlehnen können. Und damit habe ich bei Dir bislang nicht so rühmliche Erfahrungen gemacht. Die Hektik, die Du verstrahlst, ist mir einfach zuviel.

Nach einer intensiven Woche mit Dir verlief meine Fahrt ins Rheinland sehr schnell. Es war richtig, daß ich gefahren bin. Nicht um Dich zu treffen oder weil ich Dich nicht mag. Nein, es war schlichtweg ein Gefühl von „zuviel". Ich war ausgelaugt und hatte nicht mehr die Energie zu irgendeiner Auseinandersetzung. Du kannst es auch Überforderung nennen. Als ich hier ankam, war ich in Deiner Terminologie „aufgeschachtelt". Ich dehnte und reckte mich und ging nach einem Essen beim Indonesier zu Bett, wo ich bis Sonntagmittag ruhte.

Deine andauernden Zweifel, die Du an mich heranträgst, kann ich Dir nicht nehmen. Was sicherlich eine Schwierigkeit ist, liegt in der Entfernung zwischen hier und Dir von 600 km. Zwischen unseren Begegnungen liegen insgesamt nunmehr wohl annähernd vier Wochen. Unsere Beziehung war erst im Entstehen. Ich wollte Deine Gedanken gerne näher kennenlernen, erfahren, was Du tagsüber in Deinem Beruf erlebt hast. Im Miterleben Deiner Eindrücke, die Du mir mitteilst, dann Überlegungen Deiner Pläne, auch wenn sie sich nicht immer vollends realisieren lassen: Daran wollte ich Anteil nehmen.

Du hast meinen Wunsch, Dich besser kennen zu lernen, dahingehend beschieden: Dich leben zu wollen, so als wärst Du Dein eigenes Objekt. Warum versuchst Du spontan erlebte Bedürfnisse sofort umzusetzen, gleichgültig, ob andere das können oder wollen? Eine wichtige Phase für Dich, wirst Du einwenden. Gut. Ich habe Dich in dieser Woche primär im Konsum von Leuten erlebt. Nebenbei bemerkt: Das Zürcher Theaterspektakel mit der „Thearena" war ein interessantes Kulturereignis. Warum wußtest Du mir nichts zu den Künstlern zu sagen und wir saßen mehr als eine Stunde vor einer leeren Bühne, obwohl laut Aushang ein buntes Programm angekündigt war?

Was aber habe ich mit Deinen Stimmungen zu tun? Dich nach Lust und Laune und vor allen Dingen alkoholisiert auszuleben, reicht mir als gemeinsame Perspektive nicht. Ich verstehe auch nicht, warum das Leben in der

Schweiz eine Verweigerung dem Leben hier gegenüber sein soll. Als Krankenschwester hast Du jederzeit eine verantwortungsvolle und ausführende Tätigkeit den Mitmenschen gegenüber – und da es doch gleichgültig, in welchem Land Du arbeitest.

Sich dem Kranken zuwenden, ihm in seinen Nöten behilflich zu sein, zu lernen, wie ich seine vielfältigen Äußerungsweisen verstehen kann, das ist meine Aufgabe auch als Lehrer dem Schüler gegenüber genauso wie Du es dem Kranken gegenüber Dir zur Aufgabe machen müßtest. Du verweigerst Dich nicht direkt, sondern erhälst Dir nur eine Wahl offen unter den schönen Dingen dieser Welt.

Ich will Deine heile Welt auch nicht angreifen. Eine lebenswerte Umwelt für alle Menschen ohne Not und Krieg muß möglich werden, daran müssen wir arbeiten. Alternativ geht schief, nur im Verstehen des Gegenwärtigen und meines Engagements für ein friedliches Zusammenleben haben wir alle eine gemeinsame Zukunft. Deine Art von Verweigerung ist bereits bestens integriert. In den USA ist man mit der Singlebewegung im Industriebereich schon sehr weit. Dort gibt es bereits Konservenbüchsen mit Portionen für Alleinstehende.

Ich habe mein Wochenende ansonsten sehr nett verbracht, Du fehlst mir schon. Bei Freunden und Freundinnen habe ich mit Kaffee, Spiegeleiern und Wein nette Begegnungen gehabt. Ich wiederhole mich, wenn ich finde, daß Du deine Lebenssituation sehr wohl sehen könntest/kannst. Du bist auch stark genug, sie ohne Alkohol zu realisieren. Nur so könnte eine tragfähige Beziehung entstehen."

Magdalena konnte sich nicht vorstellen, die Begegnungen mit Martin und die Auseinandersetzung mit den

Zeitfragen der Gesellschaft ohne Alkohol zu bewältigen. Sie hatte sich dann einem anderen Mann zugewendet, der in der Schweiz eine Drachenfliegerschule hatte. Wie Laura berichtete, brach sie sich beim ersten Versuch zu fliegen den Arm.

Claudia – Ein Irrtum wird fortgeschrieben

Auf einer der Fahrten nahm Martin den zwölf Jahre älteren Arnold aus einer mit ihm befreundeten WG mit, der beruflich in Freiburg zu tun hatte. Sie trafen Laura in Freiburg in einem Café. Die Straßen der autofreien Innenstadt waren von kleinen Wassergräben durchzogen. Im Café wartete neben Laura auch Claudia, mit dunkelblonden, leicht lockigen Haaren und einem hübschen, hellroten Pullover bekleidet. Auch Arnold schien Interesse zu haben. Martin bat Claudia, mit nach draußen zu kommen. In der Passage gegenüber dem Café gestand er ihr sein Interesse, was auf Gegenliebe stieß. Es war eine turbulente Woche mit einem Hin und Her an Mißverständnissen, wo am Ende jedoch die gegenseitige Zuneigung siegte. Martin konnte sie davon überzeugen, daß sie ihm sehr gefiel und sie verbrachten mehr als eine Nacht zusammen. Dann mußte er zurück nach Bonn und vergaß das Ganze.

In der Sternenburgstraße gab es einen Künstlertreff, den Martin öfters besuchte, um lateinamerikanisches Theater oder auch „alternative" Filmabende zu besuchen. Die Sitze vor der Bühne, die auch mittels einer herunterzulassenden Leinwand für einen Filmabend dienten, bestanden aus alten Kinositzen aus Holz ohne Polsterung. Es gab stets Bier aus der Flasche zum Vorzugspreis. Einer der Abende hatte ein Filmprogramm mit ähnlichen Filmen wie „Der Schrei der Hexe". Die Leiden der verteufelten, verfolgten und verzweifelten Frauen wurden minuziös gezeigt. Eigentlich hätte Martin diese gewissermaßen gewaltpornographischen Machwerke boykottieren müssen. Wieso galten sie offenbar – auch in sich links nennenden Kreisen – als eine Art „Kult"?

Dort in Bonn hatten sich viele Friedensgruppen unter Führung der DKP zusammengefunden und man traf sich einmal im Monat im großen Raum der Gaststätte „Zur Sternenburg". Sie hieß Marita, hatte lange dunkle Haare und eine atemberaubende Figur. Martin lud sie nach einem Treffen zu sich ein, wollte unbedingt eine erotische Bestätigung mit ihr erlangen. Sie plante nach Berlin zu gehen, was er dadurch zu verhindern trachtete, indem er nicht nur innerlich ihr sozusagen ewige Treue schwor. Also knapp vor einem Eheversprechen. Er wollte es eigentlich langsam angehen lassen, sagte ihr das auch und sie vergnügten sich bis in den Morgen. Gute Vorsätze adé. Sie war sehr unstet, kam mal und mal nicht, was Martin in extreme Bedrängnis brachte. Er mußte sie unbedingt gewinnen. Das alte Schema rastete eben ein. Beim gemeinsamen Schaumbad in seiner Badewanne gestand er ihr mehr als einmal seine zärtlich gemeinte Liebe, intonierte liebevoll ihren Vornamen, was sie brüsk zurückwies. Er gab nicht auf, sie erweichen zu wollen. Das hatte er gut bei Mutter und Schwester eingeübt. Nicht eine ruhige Beziehungsaufnahme im gegenseitigen Verstehen und Interesse am anderen, in die sexuelle Freuden eingebettet waren, ließ ihn zur Ruhe kommen. Er hielt nur das für Verliebtheit, wo Unruhe und Nervosität, ein Fiebern nach Zuneigung statt ruhiger Beziehungsanbahnung ihn unter Hochspannung hielt.

Auf Einladung von Mechthild, einer Parteikollegin von Marita, fand eine Treffen des Friedenskreises in kleiner Runde statt. Martin gegenüber hatte Mechthild bedeutet, daß Marita im Leben einfach nur einen Rahmen brauche, in dem sie sich bewegen könne. Ohne Verbindlichkeiten, jedoch politisch eng gefaßt, das müsse der Mann ihr bieten. Da kam er natürlich auf Hochtouren.

In den Federbetten verkündete sie, daß es wohl aufgrund der unterschiedlichen politischen Anschauungen zu erheblichen Auseinandersetzungen kommen werde. Es kam sehr schnell zum angekündigtem Streit, denn er war nicht bereit, die DDR blind zu unterstützen. Das verlangte sie von ihm. Er blieb dabei und kritisierte die Ausbürgerung Wolf Biermanns nach dessen Konzert in Köln und die beschämenden Stellungnahmen der Liedermacher Süverkrüp und Kittner. Den von ihr geforderten „Beweis" für eine positive Stellungnahme zur DDR in der Rechtfertigung von Biermanns Ausbürgerung wollte und konnte Martin nicht geben. Er hätte sich selbst verleugnet und eine solche undemokratische Maßnahme war ihm zutiefst zuwider. Zum damaligen Zeitpunkt, so fand Martin, bedeutete linke Kritik auch immer ganz richtig die Freiheit für solidarische Kritik. Das ginge nun gar nicht, kritisierte sie. Doch antwortete er und wollte mit ihr schlafen. Marita ließ ihn gewähren, verreiste jedoch am nächsten Morgen auf unbestimmte Zeit. Sie hinterließ ihm eine schriftliche Stellungnahme der DKP, zu der seine „Genossen" für ihn die klärenden Worte fanden.

„Volksverbunden – Die DKP zu Biermann[76]

Auch die Ausbürgerung Wolf Biermanns aus der DDR ist ‚realer Sozialismus'. Entsprechend sind DKP und ihr angeschlossene Organisationen daran, die Maßnahme zu rechtfertigen. In ihrer Propaganda unter der Linken geht die DKP davon aus, daß die DDR ein sozialistischer Staat sei, nicht nur als wirkliche Bewegung zum Sozialismus hin, sondern als das realisierte Ziel selbst. Ein Mensch wie Biermann, der das Reale an diesem Sozialismus nicht mit realisierten Sozialismus zu identifizieren und entsprechend zu schätzen weiß, ist nicht nur kein Sozialist, sondern sogar ein Feind des Sozialismus und in einer sozialistischen Gesellschaft entsprechend fehl am Platze. Womit auch gleich klar wäre, was ein Sozialist ist: Einer, dem es in der DDR gefällt, der mit den dortigen realen Lebensbedingungen zufrieden ist: ‚Ob man Kommunist ist oder nicht, das erweist sich vor allem daran, wie man zu den Errungenschaften des realen Sozialismus steht.‘ (UZ = Unsere Zeit)

Die beiden Liedermacher der DKP, Dietrich Kittner und Dieter Süverkrüp, befürworteten die Ausbürgerung Biermanns aus der DDR. Die UZ und auch das Neue Deutschland behaupteten über Biermann, daß er ein Lügner, obendrein noch undankbar, zudem käuflich und unbeliebt sei. Also zusammengefaßt – so die Rheinische Zeitung – ist der Biermann, überhaupt ein ganz verkommenes Subjekt, und die DDR hat ganz recht getan, in einem Akt von Selbstreinigung dieses asoziale Element abzustoßen‘.“

Ein längst vergessenes Erlebnis taucht auf

Eines Tages kam Martin von der Uni nach Hause und seine Nachbarn, ein nettes Pärchen, holten ihn herein. Du bist vielleicht einer, läßt so eine nette Frau auf der Straße stehen, sagten sie schelmisch. Claudia, seine in Vergessenheit geratene Bekanntschaft, saß in der Ecke auf dem Bett, einen kleinen Koffer zwischen den Beinen. Manfred vergaß zunächst Marita und es war sehr harmonisch mit Claudia. Sie vertrug die Pille nicht und Martin hatte sich in einer Broschüre der „Roten Hilfe“ belesen, was statt dessen ging. So hatte sie sich die Spirale einsetzen lassen. Die Kosten dafür teilten sie sich auf ihren Vorschlag hin. Er nahm Claudia mit zu einer politischen Versammlung, an der es vor allem darum ging, Eltern davon abzuhalten,

Kriegsspielzeug zu kaufen. In einem Flugblatt dazu hieß es:

„Kriegsspielzeug fördert kein soziales und kreatives Verhalten der Kinder

- weil es nicht zum gemeinsamen Spiel anregt, sondern zum Gegeneinander,
- weil es die tatsächlich Wirkung von Gewalt und Waffen verharmlost,
- weil es die Bildung von Solidarität und Gemeinschaftssinn verhindert,
- weil es zum Rollenverständnis von ‚Befehl und Gehorsam' erzieht,
- weil es vortäuscht, daß Konflikte mit Gewalt gelöst werden können,
- weil es die notwendige friedliche Verständigung der Kinder untereinander stört.

Denn die Zukunft unserer Kinder kann nur der FRIEDEN sein!"

Es waren eine Reihe junger Frauen aus verschiedenen Friedensinitiativen zugegen. Einige davon kannte Martin und er machte sie mit Claudia bekannt. Die Frauen hatten Kochtopfdeckel, Schlagwerkzeuge und Trillerpfeifen dabei. Die Überschrift des Flugblattes stand auch auf einem großen Transparent. Martin erkannte eine der Trägerinnen. Sie hatte mit ihm im vorigen Semester gemeinsam ein Seminar über Sozialisationsprozesse besucht. Schon damals, Ende der 1970er Jahre, wurden Gewaltdarstellungen, zu denen auch Spielzeuge gehörten, in ihrer Wirkung beschrieben:

„Bandura betont besonders die Bedeutung des Lernens durch Beobachtung. Aggressives Verhalten wird von

Modellen (Familie, Medien, (sub)kulturelles Umfeld) an den Beobachter vermittelt, wenn das Modell Erfolg mit seinem Verhalten hat. Es liegen zahlreiche Belege über einen Zusammenhang von Gewalterfahrungen in der Herkunftsfamilie und späterer eigener Gewalt gegenüber dem Partner und den eigenen Kindern vor. Der Erwerb aggressiver Verhaltensmuster kann auch durch Peergroups unterstützt werden (z.B. werden Normen und Werte vermittelt, Konsum von Alkohol und Drogen). In Wohngegenden, in denen die soziale Kontrolle nicht greift, bieten sich im Alltag zahlreiche Modelle dafür."[77]

Die hinzukommende abstumpfende Folge des Konsums von Mediengewalt konnte Martin später als Lehrer vielfach beobachten.

Die Verharmlosung von Ergebnissen der Medienwirkungsforschung in Schulen, Elternhäusern und speziell der Politik hat in späteren Jahren zu fast epidemischen Auswüchsen aggressiven Verhaltens bei Kindern und Jugendlichen geführt.

„Filme wirken … im allgemeinen aggressionssteigernd, wenn sie die Aggression dynamisch und realitätsnah behandeln und eine Identifikation mit Personen ermöglichen, die sich in der Grenzsituation für die Aggression entscheiden."[78][79]

Martins Kinokonsum war sehr bunt. In der Vergangenheit war er gemeinsam mit Manfreds damaliger Freundin Viktoria in „Der Exorzist" gewesen. An jenem Samstag abend füllte die Warteschlange den ganzen breiten Bürgersteig bis zur Straße aus. Der ging ihm noch wochenlang nach. Es war die unmittelbar ins Leben hereinbrechende Gewalt gegen das Kind, welches ihr ausgeliefert war. Der halbdunkle Raum, in dem sich das Kind befand und die bedrohlichen Geräusche aus dem Off des

Dachbodens taten ein Übriges. Mit Claudia sprach Martin offen über seine Gefühle der Angst und so besuchten sie im Programmkino „Die Blechtrommel" nach Günther Grass. Martin erinnerte sich daran, als Schüler „Katz und Maus" von Günter Grass gelesen zu haben. Auf der Klassenreise nach England erwarb er in Londons Carnaby Street ein Eisernes Kreuz, welches er nunmehr die ganze Reise über trug. Der begleitende Lehrer sah deshalb in ihm den Mahlke aus dem Roman, nicht wissend, was er damit auslöste. Dort war dieser Mahlke ein Außenseiter und eben ein Kreuzträger, eine Rolle, worin sich Romanfigur und Realität trafen. Im Unterschied zu Mahlkes Leistungen wurde Martin zeitweise vom Schulsport wegen Schwächlichkeit befreit. Außergewöhnliches leistete er wie Mahlke, nur auf anderem Gebiet: Er trug immer dieses tragbare Tonbandgerät mit sich. Später eröffnete ihm ein ehemaliger Mitschüler, daß man seinen Namen nicht wußte. Er hieß allgemein: Der Junge mit dem Tonband.

Da er eine Jungenschule besuchte, waren Mädchen nur in der Oberstufe zu bestimmten Kursen zugelassen. Martin begann deshalb Russisch zu lernen. Das Tonband begrüßte die Mädchen mit dem kurzen Anspiel eines Schlagers. Graham Bonneys „Sieh mal da, da geht das Girl mit dem La la la, von dem ich immer nur träum'. Endlich ist es nun wirklich da, mein Girl mit dem La la la la–la–la..." oder ein anderer auf die Dame seines Herzens anspielender Schlager mußte es jeweils sein. Ja, dachte sich Martin schon damals, immer mit einem Knallbonbon aufwarten. Die Angebetete, die er sogar zu seinem 17. Geburtstag eingeladen hatte, entschied sich aber leider für einen gewissen Paul von einer Stufe höher. Ausgerechnet der, bemerkte Martin sickig, der war schon erfolgreich, als er mit ihm in der Unterstufe eine Klasse besuchte.

Überflüssigerweise leistete Martin immer wieder intellektuelle Kapriolen, obwohl Claudia sie nicht einforderte. Sie fand seinen knapp sitzenden, roten Slip anregend und er konnte mit ihr angestrengt aufreizend im Schaumbad der Badewanne plantschen. Da legte er großen Wert darauf. Mit den Tagen beruhigte er sich etwas, zumal er bemerkte, daß Claudia in Gesellschaft bemüht war, seinen Gedankengängen zu folgen und sie zu unterstützen. Die Tage flogen vorbei, er schlief auffallend ruhig und gut, vergaß sogar seine Bestrebungen zu ausgiebigen Kneipengängen. Arnold lebte in einer WG mit Exfrau und einem Freund, der Lehrer werden wollte wie Martin. Die WG–Mitglieder hatten Claudia in ihr Herz geschlossen. Endlich hatte in ihren Augen Martin einmal jemanden gefunden, mit dem er sogar in gewissem Sinne häuslich zu werden „drohte".

An einem Freitag wurde Martin stocknervös. Plötzlich kam ihm fast zwanghaft wieder zum Bewußtsein, daß Marita am Samstag zurückkommt und er für sie bereitsein mußte. Insofern drängte er Claudia zu packen und verfrachtete sie zum Bahnhof. Sie stand wie unter Schock. Als die Wagentür schloß, sprach sie unter Tränen immer nur die Frage: Warum? Der Zug entfernte sich aus dem Bahnhof und Martin ging fast erleichtert nach hause. Er fieberte wie immer danach, daß Marita anrief. Sie rief aber nicht an. Seine Unruhe steigerte sich. Am Abend rief er in ihrer WG an und sie nahm seine Einladung, ihn tags darauf zu einer Kabarettrevue zu begleiten, mit ihrer leicht knarrenden Baßstimme an. Er war seelig. Die Nacht über schlief er trotz seines reichlichen Bierkonsums, den er in der Klause genossen hatte, äußerst unruhig. Wie üblich kaufte er am Samstagmorgen für das Wochenende ein. Marita wurde dabei nicht eingeplant, er hoffte aber im Stillen, daß noch ein Signal kommen würde.

Seinen Käfer parkte es später vor ihrem Haus, schellte und sie fuhren zu der Veranstaltung. Arnold und seine WG–Kollegen waren mehr als erstaunt, daß er mit Marita auftauchte, hatten sie doch mit Claudia gerechnet. Die Veranstaltung war extrem voll, so daß Marita auf einen Stuhl steigen mußte, um etwas zu sehen. Martin umschloß ihre Knie mit beiden Armen, damit sie Halt hatte. Er wußte, daß die anderen seine Entscheidung mißbilligten. Zugleich spürte er, daß Marita sich innerlich von ihm entfernte. An diesem Abend lag sie mißmutig neben ihm und verkündete, daß sie das mit ihm nicht mehr aufrecht erhalten könne. Sie erhob sich, zog sich an und verschwand. Noch einmal trafen sie sich in einem Café an der Ecke neben dem Bahnhof, direkt nach der stadtwärtigen Unterführung. Es war furchtbar. Sie war völlig abweisend und er bemühte sich dennoch. Er litt.

Es war unwürdig. Warum war er nicht vor seiner Entscheidung, Claudia wegzuschicken, zu seinen Freunden gegangen und hatte ihnen seine innere Zwangslage offenbart? Sie hätten ihm einen Ausweg geraten, denn sie wußten um Maritas unstete Art und um Martins Fieberzustände der Abhängigkeit? Die korrigierende emotionale Erfahrung ihrerseits hätte darin bestehen können, Martin ihrer Zuneigung und Wertschätzung zu versichern. Zugleich hätte der Hinweis im Raum gestanden, daß er interessanterweise sich als in jemanden verliebt behauptete, der dies nicht war. Es sei weder seine Aufgabe, die andere Person von sich zu überzeugen, noch sei dies möglich.

Es war Martin nicht bewußt, wie eng seine Ausrichtung auf die Mutter wirklich war, obwohl er sie oft räumlich floh. Die Mutter gefühlsmäßig infrage zu stellen, sie am Ende in dem, was sie beanspruchte, nicht zufriedengestellt zu haben, war für ihn grundsätzlich sehr schwierig. Sie hatte von klein auf diese Aufgabe an ihren Jungen herangetragen.[80]

Erst später erfuhr Martin Aufklärung darüber und versuchte es auch seinen Schülern zu vermitteln, was Bindung in der zwischenmenschlichen Beziehung bedeutete.

„Die Qualität einer Bindung ist das Vertrauen in die Erreichbarkeit und Zuwendung der Bindungsperson, wenn sie zur Linderung von Leid gebraucht wird, und das begründete Vertrauen in die Wirksamkeit dieser Zuwendung zur eigenen Beruhigung".

Es waren bereits in den 1950er Jahren John Bowlby und seine Schülerin Mary Ainsworth, die diese Bedeutung erkannten und untersuchten. Grundsätzlich besagt „Bowlbys Theorie [...], daß der Säugling das angeborene Bedürfnis hat, in bindungsrelevanten Situationen die Nähe, die Zuwendung und den Schutz einer vertrauten Person zu suchen. ... Das Konzept der Feinfühligkeit der Bindungsperson gegenüber den Signalen des Kindes wurde von Mary Ainsworth durch ihre Forschungsarbeiten entdeckt. Für die Entwicklung einer sicheren Bindung ist es wichtig, dass sich die jeweilige Bindungsperson dem Kind gegenüber feinfühlig verhält. Dies bedeutet, daß sie die *kindlichen Verhaltensweisen wahrnimmt, die Signale des Kindes richtig interpretiert* und *angemessen und prompt, entsprechend dem Alter des Säuglings, auf die Bedürfnisse des Kindes reagiert*."[81]

Als Kind hatte Martin seine Mutter so erfahren, daß sie aus ihren eigenen Erlebnissen heraus keine Nähe ertragen konnte, lediglich Unterhaltung suchte und ihrerseits ihre Umgebung mit unwichtigem Geplapper unterhielt. Ihren Kindern, wie auch anderen Mitmenschen gegenüber, versuchte sie stets den Eindruck von Interesse zu suggerieren, um nicht alleine zu sein. Wirklich aufnehmen von den ihr entgegengebrachten Darlegungen zu irgendeinem Problem konnte sie nichts. Die Kinder erzählten ihr auf den Familienspaziergängen viel. Sie kam nie darauf zurück. Ihre Grunderwartung, vor allem dem Sohn gegenüber, bestand darin, daß dieser zu ihren Füßen saß und spielte, denn sie konnte ansonsten nichts mit ihm anfangen. Da sie nie zur Sache sprach, faßte er früh den Plan, sich anderweitig außerhalb der Familie zu tummeln – wenn auch manchmal mit schlechtem Gewissen. Der Sohn konnte nicht wissen, daß seine Mutter in der Hinsicht erkrankt war, daß sie in ihrer Beziehungsfähigkeit schwer gestört war. Vielmehr wollte sie eigentlich keinen Mann, heiratete dann doch überstürzt, weil sie von zu hause weg wollte. Ihre innere Härte aufgrund ihres gefühlskalten, abgestellten Elternhauses, in dem nicht nur ihre Mutter wenig sprach, gab sie an ihre Kinder weiter. Glücklicherweise war Martins Vater in den ersten Jahren sehr zugewandt und um seinen Jungen bemüht.

Warum hielt ein Kind an einer haltlosen Mutter fest, der er sich lediglich immer nur verpflichtet fühlte? Was hatte sich im einst liebevollen Verhalten des Vaters dem Sohn gegenüber hin zu einer unerbittlichen Strenge verändert, so daß dieser zu Schlußfolgerungen kam, es könnten möglicherweise nicht seine richtigen Eltern sein bzw. der Vater könne ihn eben nicht gerne habe? Die Frage nach den richtigen Eltern hatte er seiner Stube im Schullandheim mit etwa 14 Jahren gestellt, da sein Vater im Zusammenhang mit den schlechten Schulleistungen sehr gewalttätig wurde und die Mutter es duldete. Von daher hatte er mit ihm, der ihn in der Jugend mit drakonischen

Strafen zu einem guten Lateinschüler hat erziehen wollen, stets ein distanziertes Verhältnis.

In der Mittelstufe des Gymnasiums versuchte der Vater immer wieder Vokabeln, diesmal in Französisch, mit dem Rohrstock zu vermitteln. Martin war zu Beginn dieser Mittelstufe einmal „Sitzenbleiber" geworden. Die Wiederholung tat ihm sehr gut, da er in allen Fächern aufholen konnte und er aus der Klasse der Schüler herauskam, die ihn mobbten. Die gewalttätigen Mitschüler, die Geld von ihm erpreßten, mußten die Schule verlassen. Das verstand der Vater, den Zusammenhang von schlechten Schulleistungen und strenger Erziehung verstand er nicht. Dies deutete der Sohn zunehmend dahingehend, daß der Vater ihn nicht gern hatte. Von mütterlicherseits ablehnenden Gefühlen dem Mann gegenüber zum Außenseiter in der Familie gestempelt, erlebte Martin die hilflosen Reaktionen des Vaters, der doch lediglich den guten Genen des Sohnes hinsichtlich des mathematischen Könnens zum Durchbruch verhelfen wollte. Die Mutter beschwor Martin immer wieder, daß er doch die guten Gene habe, warum er auch nur in Mathematik so versagen würde?

Es nützte nichts, wenn die Mutter nach den gewalttätigen Ausfälligkeiten des Vaters diesen in Schutz nahm. Er sei doch so krank. Die Schläge des Vaters verletzten die kindliche Seele zutiefst.

„Das Kind erlebt eine Unterbrechung seiner Bindungsstrategie; trotz realer Anwesenheit ist die Bindungsperson emotional unerreichbar. Kinder, die misshandelt wurden oder deren Bezugspersonen unter eigenen unverarbeiteten Traumatisierungen leiden, zeigen häufig dieses Bindungsmuster . ... Es besteht ein enger Zusammenhang mit familiären Risikofaktoren wie Mißhandlung, psychischen Störungen und Suchtverhalten. ...“[82]

Lediglich in den Sommerferien im schönen Frankenland auf einem kleinen Dorf nahe seiner Geburtsstadt, das zusammen mit anderen Dörfern die städtische Bevölkerung versorgte, konnte er aufatmen. Stundenlang fuhr er gemeinsam mit seinem Onkel auf dem Traktor mal zum Grasholen für's Vieh, mal zur Heuernte. Jedesmal hatte der Onkel zudem eine Idee, wie er sowohl seinen eigenen Sohn als auch die Ferienkinder mit spielerischen Arbeiten beschäftigen konnte.

Die entwicklungspsychologische Forschung hatte gezeigt, daß das unsicher–vermeidend gebundene Kind von klein auf die Bindungsperson als zurückweisend verinnerlichte. „Um diese Zurückweisung nicht permanent erfahren zu müssen, wird der Kontakt vermieden und möglichst keine Verunsicherung gezeigt. Die Bindungsperson zeichnet sich durch einen Mangel an Affektäußerung, durch Ablehnung und Aversion gegen Körperkontakt sowie häufige Zeichen von Ärger aus. Das Kind kann kein Vertrauen auf Unterstützung entwickeln, sondern erwartet Zurückweisung. Infolge dessen unterdrückt das Kind seine Annäherungsneigung, um zumindest in einer tolerierbaren Nähe zur Mutter zu bleiben. Negative Gefühle werden unterdrückt.“[83]

Als Junge vermied Martin auch bei Spielkameraden jeden Eindruck, daß er mit irgendeiner ihrer Verhaltensweisen unzufrieden sein könne. Hauptsache, er konnte dabeisein. Er war unnatürlich stark auf die jeweilige Bindungsperson, das konnte auch ein Klassenkamerad sein, fixiert. Durch seine chronische Aktivierung des Bindungssystems war es auch bei Anwesenheit der Bindungsperson, anfangs vor allem der Mutter, stark in seinem Explorationsverhalten eingeschränkt. In seinem inneren Arbeitsmodell galt die Bindungsperson als nicht berechenbar. Die unvorhersagbaren Interaktionserfahrungen mit der Bindungsperson führten später als Erwachsenem, vor allem seiner Mutter gegenüber, zu Ärger und Widerstand. Sie wirkte in Antworten auf seine Fragen oftmals leicht verwirrt, so als könnte sie ihm nicht folgen.

Wie am Beispiel Claudia/Marita gezeigt, schien Martin noch als Erwachsener in früheren Beziehungen gefangen und projezierte unbewußt die eingeübten Stimmungsmuster auf die jeweils aktuellen Situationen. Dieser Bindungsstil Martins könnte ansatzweise auch als bindungsverstrickt bezeichnet werden. Gerade in einer inneren Konfliktsituation zwischen der beständigen Claudia und der instabilen Marita zeigte das „Bindungsmuster eine wenig durchgängige Verhaltensstrategie, sondern zeichnete sich durch emotional widersprüchliches und inkonsistentes Bindungsverhalten aus."

Gleichzeitig kam es zu genauso erhöhten Streßwerten wie beim unsicher gebundenen Kind. „Dieses Bindungsmuster wird als ein ‚Steckenbleiben zwischen zwei Verhaltenstendenzen', der Nähe zur Bindungsperson und der Abwendung von ihr, gesehen. Die emotionale Kommunikation ist gestört, weil die Bezugsperson gleichzeitig Quelle und Auflösung der Angst ist. Das desorganisierte Bindungsmuster kann als Zusammenbrechen von organisierten Strategien in bindungsrelevanten Situationen bezeichnet werden."[84]

Martin registrierte das angestrengte Gefühl, wie beschrieben, in seinen Liebesversuchen wieder und wieder in den gleichen fruchtlosen Handlungsverflauf zu geraten. Es gelang ihm nicht, dort jeweils auszusteigen und sich nach dem zu entscheiden, wo er eine reale, gleichwertige Beziehung fand, was ihm eigentlich wichtig war. Obwohl ihm dämmerte, daß er auch mit Marita nicht glücklich werden würde – was am Ende ja auch eintraf – hatte er das Gefühl, den mit ihr einmal eingeschlagenen Weg zwanghaft verfolgen zu müssen. Wie sein Vater hatte ihn eine eiserne Moral im Griff: Einmal falsch im Leben abgebogen heißt den Weg zu Ende gehen zu müssen, ohne seine Entscheidung revidieren zu dürfen. Selbst der Gedanke daran war nicht zulässig, kam also gar nicht ins Bewußtsein. So wie sein Vater ein Leben neben seiner ihn ablehnenden Frau aushalten, gewissermaßen fristen mußte, fühlte sich Martin Marita gegenüber zwanghaft verpflichtet, sie doch irgendwann für sich erwärmen zu können. Den zugewandten Mädchen gegenüber, die er hingegen „verschlissen" hatte, fühlte er sich schuldig und so konnte er lange Zeit im Inneren seine Vergangenheit nicht abschließen.

Immer wieder spielte er noch Jahre später in seinen Gedanken – auch in Bezug auf Marita – die alternative Handlungsmöglichkeit durch, das unwürdige Schauspiel frühzeitig beendet zu haben, um der Konfrontation mit dem bohrenden Gefühl, sich unterzogen zu haben, zu entrinnen. Er phantasierte sich dahinein, was und wie es gewesen wäre, wenn er sich stattdessen erneut etwa um Claudia erfolgreich bemüht hätte. Nachdem er später mit tiefenspsychologischer Hilfe näheren Einblick in seine unbewußten Gefühle gewonnen hatte, konnte er genauer hinschauen, wo er in seinem Leben an welchen Stellen falsche Entscheidungen getroffen hatte. So konnte er ein Verständnis dafür gewinnen, aus welcher Lebenssituation heraus er jeweils gehandelt hatte und das Geschehene damit abschließen.

Und wieder eine Rückblende – Nochmals Claudia

Die Martin nicht bewußte familiäre Situation hatte einen kratertiefen Selbstzweifel als Mann hinterlassen, den dieser eine zeitlang durch Eroberungsversuche auszugleichen suchte. Gleichzeitig gebot die Moral nach erlebter, gemeinsamer Nacht die innere Verpflichtung, dort zu bleiben. Da er sich die ersten Anbahnungen lediglich unter Zuhilfenahme von mindestens einem Glas guten französischem Rotweins oder zumindest eines Glases Elsässer Gewürztraminers aus Vaters Weinschatulle – dieser war ja leberkrank, trank also nichts – zutraute, glitt er stets langsam in einen seeligen Zustand hinüber. Er glaubte tatsächlich, daß der jeweilige rosa Schleier ein Gefühl von Verliebtheit provozierte und konnte sich dem jeweiligen Mädchen liebevoll annähern. Wachte er am nächsten Morgen auf, war alles grau wie ehedem und die Mädchen waren traurig bis vorwurfsvoll, daß keine weiteren Ambitionen auf Zweisamkeit folgten. Und oftmals bekam er zu hören: Du hast mich abhängig gemacht, warf ihm eine der vielen Carolines am Abend in der Schumannklause vor, als er an der Musikbox lehnend sein zweites Glas Kölsch gerade beendet hatte. Ich hatte gedacht, der gemeinsame Abend wäre der Einstieg in mehr, beklagte sie. Martin schüttelte nur den Kopf. Es war ihm lästig, in der Öffentlichkeit der rauchgeschwängerten Kneipe so angesprochen zu werden. Auch dieses Mädchen „pflasterte" gewissermaßen seine gefühlsmäßige Achterbahn durch die Studentinnenszene. Hatte doch jedes betroffene Mädchen gehofft, es bei ihm zu schaffen, zu ihm durchzudringen. Manche gaben sich in nächtelangen Gesprächen alle Mühe, damit sich der zähe Knoten zum gemeinsamen Glück doch noch lösen könnte.

Erst Jahre später bekam Martin Einblick in seine tieferliegenden Ängste.

„Je größer bei einem Menschen nun die Minderwertigkeitsgefühle sind, desto heftiger ist seine Angst vor dem Unterliegen. Dieses erlebt er eben als schmerzende Bestätigung seiner Minderwertigkeit. Und wie wir wissen, führt das erlebte Minderwertigkeitsgefühl zu jeder Form von Kompensation. *All die Kompensationen des Minderwertigkeitsgefühls entspringen demgemäß der Angst, die selbst erlebte Minderwertigkeit könnte von andern wahrgenommen und ausgenützt werden.* Jeder Mensch sichert sich daher ständig mehr oder weniger ab, um sich ja keine Schwäche oder Blösse zu geben. Adler nennt diese Grundgestimmtheit *„Sicherungstendenz'*. Je größer die Minderwertigkeitsgefühle sind, desto größer ist auch die Sicherungstendenz und desto geringer ist die Bereitschaft, ein Risiko einzugehen. Damit wird die Begegnungs– und Liebesfähigkeit in erheblichem Maße eingeschränkt, da jede wirkliche Begegnung mit einem Menschen (und einer Sache) ein Wagnis einschließt. Die Begegnungs– und Liebesfähigkeit eines Menschen verhält sich somit zu seinen Minderwertigkeitsgefühlen und seinen kompensatorischen Absicherungen umgekehrt proportional: Je minderwertiger er sich fühlt, desto verbissener kämpft er und desto stärker mauert er sich ein. Die Sicherungstendenz – so unumgänglich sie für das gesellschaftliche Leben ist – hemmt das Leben, und die Schutzmauer wird im Extremfall zur tödlichen Kruste.

Es ist indessen zu betonen, daß die beschriebene ‚Schutzhülle' nicht bloß Echtheit in der mitmenschlichen Begegnung erschwert oder verhindert, sondern andererseits auch das gesellschaftliche Zusammenleben erleichtert und teilweise erst ermöglicht. Die Absicherung ist demgemäß – für sich genommen – ambivalent, d. h. zugleich belastend und notwendig. Zum echten Problem wird die Sicherungstendenz dann, wenn die Absicherung auch dort nicht aufgegeben werden kann, wo die Möglichkeit bestünde: In der Liebe und in an sich unproblematischen zwischenmenschlichen Beziehungen."[85]

Ein nie geschriebener Brief

„Liebe Claudia,

den in mich Deinerseits gesetzten Vertrauensvorschuß, die Hoffnung auf Entgegennahme, Erwiderung der Zuneigung, konnte ich nicht einlösen. Dieses konnte ich mit keiner Frau so lange nicht, bis ich den Hintergrund meiner gefühlsmäßigen Herkunft verstanden hatte. Mit diesem Verständnis erst wurde eine Tür in meiner Seele geöffnet, die zu öffnen mir wie durch einen Zwang verwehrt war. So hatte ich zwar versucht, mich auf Dich zuzubewegen; jedoch hatte es mich, wenn wirkliche Nähe entstand, wie eine Art Gummiband zurückgezogen. In der unbewußten Vermutung, größeres Unheil für mich abwenden zu müssen, habe ich mich jeweils vermeintlich aus der Gefahrenzone herausgenommen.

Man nennt so etwas, glaube ich, ganz allgemein unbewußte Motive. Anders gesagt: Es waren Projektionen aus meiner Kindheitsvergangenheit. Wiederholt tauchten diese Projektionen immer dann auf, wenn am Horizont die Konsequenz einer wirklichen Bindung Realität zu werden drohte. So sehr ich mich danach sehnte, vermied ich gleichzeitig diese innige Verbundenheit mit einem weiblichen Gegenüber. Tendenziöse Apperzeption nennt die Individualpsychologie so etwas. Gekränkt allerdings habe ich mit diesem Projektionen einige sehr sympathische, verliebte und einfühlsame, bindungsfähige Frauen. Gefiebert habe ich allerdings jeweils dort, wo Zurückweisung in Wechselbädern zwischen Ansprache und Flucht allgegenwärtig war, gleichzeitig verbunden mit der vagen Hoffnung, eine Frau wie etwa Marita für mich zu erwärmen.

Je unwürdiger die jeweilige Situation wurde, desto mehr strengte ich mich an, den vermeintlichen Anforderungen zu genügen. Allerdings war ich mit Marita in weltanschaulichen Fragen weit auseinander. So verlangte sie von mir, daß ich die Ausbürgerung von Wolf Biermann aus der ehemaligen DDR für gut befände. Dem allerdings wollte und konnte ich nicht folgen. Schlußendlich waren die Differenzen so groß, daß ein gemeinsames Gespräch unmöglich wurde. Mit ihr war es damals dann schnell vorbei, suchte sie doch nur einen momentanen Rahmen, um ihre eigene Unsicherheit mühsam zu kaschieren. Heute ist mir klar, daß auch die weltanschaulichen Gegensätze mit noch so viel Kompromissen und sexuellen Reizen nicht zu überwinden waren. Aufgeregte Gefühle und die Unsicherheit, ob sie auch morgen noch mit mir möchte, hielt ich fälschlicherweise für Verliebtheit.

Ein ruhiges Miteinander ist jedoch die Voraussetzung eines gegenseitigen Verstehens. Die Chance, genau hinzuhören, hinzusehen, wen habe ich eigentlich vor mir, paßt das mit uns zusammen, habe ich nicht wahrgenommen. Das jedoch stellt sich oft erst nach ein bis zwei Jahren gemeinsamen Erlebens heraus. Soweit hatte ich es allerdings nie kommen lassen. Erst die Aufklärung über die Verstrickungen in Kindheitserlebnisse, deren Muster mich in immer gleicher Bahnen gezwungen hatten, konnten bei mir eine Trennung zwischen Realität und Kindheitsgefühlen, also das Hinaustreten aus einer charakterbedingten Wahrnehmung ermöglichen. Von daher tut es mir bis heute sehr leid, daß ich – nicht nur – Dich allein so tief gekränkt habe.

Interessanterweise hat mich ein Film sehr bewegt und ermutigt, diese Zeilen niederzuschreiben. In diesem Film hatte ein erfolgreicher Unternehmer eine Sekretärin eingestellt, die ihm im Schreibmaschinenschreiben einen Preis einfahren sollte. Was er nicht bemerkte, war ihre Zuneigung ihm gegenüber gerade, weil er nicht wie andere Männer nur ihr apartes Aussehen in den Vordergrund rückte, sondern vielmehr ihre Warmherzigkeit ihn eigentlich zutiefst anrührte. Diesen Wert erkannte er erst sehr spät als etwas viel Wertvolleres, als das Gewinnen von Preisen. Psychologisch gesehen würde man die Bejahung seines Seins statt seiner Leistung im geschäftlichen Umgang und Erfolg als eigentliches Beziehungsgeschehen in den Vordergrund stellen müssen.

Die Bedeutung einer Vertrauensbeziehung bemißt sich im Grad der Verläßlichkeit und Vertrauenswürdigkeit, die nicht immer wieder einer neuen Vergewisserung im Alltag bedarf. Die persönliche Sorge, am Rand zurückzubleiben, wie in seiner Familie erlebt, hatte einen unbewußten Sicherungsmechanismus in der Distanz zur Frau im Ergebnis notwendig gemacht. Ausweichen vor Kritik und möglicher Verletzbarkeit hatte ihn zu einer gewissen Unverbindlichkeit den Lebensaufgaben wie Ausbildung und Liebe gegenüber gebracht. Da er als Mitmensch trotzdem auf Kooperation, Zuwendung und Wohlwollen angewiesen war, versuchte er in einem Moment der Annäherung gleichzeitig Distanz aufrechtzuerhalten. Ein bis zwei Gläser guten Weins ermöglichten vor Begegnungen mit einer weiblichen Person eine gewisse Lockerheit im Umgang.

Mein anfängliches Versprechen Marita gegenüber in Zuverlässigkeit bei ihr zu bleiben, enthielt gleichzeitig die Hoffnung auf eine Erwiderung von Zuneigung, die für sie ausreichen sollte, um zu bleiben. Je mehr ich mich bemühen konnte, unter äußerster Anstrengung immer wieder zu versuchen, Maritas Zuneigung aufrechtzuerhalten, desto mehr hielt ich es für Verliebtheit.

Leider empfand ich Deine aufrichtige Zuneigung mir gegenüber nicht in dem beruhigenden Sinne, daß es dem Aufbau einer ernsthaften und tragfähigen Beziehung hätte dienen können. So schickte ich Dich anstatt der unsteten Marita weg, die mich lediglich auf Abstand hielt. Was sie wirklich mir gegenüber fühlte, hatte sich mir nie erschlossen. Mit ihr ging es erwartungsgemäß überhaupt nicht. Etwas für eigene Verliebtheit bei jemandem zu halten, der nicht verliebt ist, läßt auf Dauer nur ein schales Gefühl von vergeblicher Anstrengung zurück. Schade. Martin“

Zielführende Lösungsansätze

Trotz seines Scheiterns sowohl bei Claudia aber auch bei Marita gab Martin nicht auf. Er faßte mehrfach den Mut und gab weitere Partnersuchanzeigen auf. In einer dieser Antworten schwärmte ihm eine Sozialarbeiterin davon vor, wie es sein könnte, gemeinsam ein Loch in die Welt zu hauen und ein Feuerwerk der Erotik zu entzünden. Eines Samstag morgens lud sie Martin zum Frühstück ein. Zu seinem Erstaunen hatte sie noch einen Freund und eine Freundin dazu eingeladen. Hinterher enthüllte sie ihm, daß sie wissen wollte, wie er sich in Gemeinschaft bewege. Innerhalb der nächsten Wochen trafen sie sich jeden Abend, wobei Martin dem Alkohol reichlich zusprach. Der Alkohol machte ihn mutiger unter den Menschen, speziell Frauen gegenüber, weil er sich als Mann darin unsicher fühlte, ob er bestehen kann.

Renate, so hieß seine neue Flamme, unterschied sich von den Frauen, die Martin bislang kennengelernt hatte, in einem wesentlichen Punkt: Sie bestand darauf, sich mit Martin die Treffen so einzurichten, daß sie nicht unverbindlich in der Kneipe endeten. Sie wollte mit ihm die Treffen gestalten und nicht sich irgendwann in der Kneipe „zufällig" treffen. Das empfand Martin zwar zunächst als Einschränkung, merkte aber doch, daß es ihr in der Verbindung ernst zu sein schien. Er empfand so etwas wie einen gewissen Halt in der Beziehung. Sie erzählte ihm von einer psychologischen Gruppe in Zürich und berichtete von einem Gespräch, welches drei Frauen beim Leiter der Beratungsstelle, Friedrich Liebling[86], hatten. Alle drei hatten über Beziehungsschwierigkeiten mit ihren Männern berichtet. Der Psychologe erläuterte ihnen, in welcher Gefühlslage ihre Männer leben. Der Mann, so führte er aus, fühle sich heimatlos, immer stehe er unter Kritik.

Das berührte Martin, erinnerte er sich doch daran, wie starr, streng, steif und prinzipienverbissen doch sein Vater sein ganzes Leben lang gelebt hatte.

In vielen Gesprächen auch mit Renate lernte Martin zu empfinden, daß im Gemeinschaftsleben wie in einer Genossenschaft jede Stimme gleich viel zählt. Es leuchtete Martin sehr ein, daß eine wirkliche Bildung die Menschen doch dann befähigen würde, zu aktuellen Sachfragen ihren Beitrag zur Lösung anstehender Probleme zu leisten. Geschichte war bis dahin für ihn nach marxistischer Lesart eine Geschichte von Klassenkämpfen gewesen. Nun stellte er sich die Frage, wer schickt die Menschen in Kämpfe und wozu? Parteikämpfe gab es aktuell auch.

Obwohl in der Verfassung Deutschlands Parteien zur Willensbildung des Volkes beitragen, waren Parteien längst zu einer herrschenden Elite über die Masse der Bürger geworden. Später lernte Martin den Begriff Oligarchie, Herrschaft der Wenigen, dafür kennen. Es war so eingerichtet, daß die Menschen Parteien zugehörig sein sollten, die scheinbar gegeneinander abgegrenzt waren. Im Grunde genommen schürte das Ganze Feindseligkeiten, die die Menschen trennten, statt sie an einem gemeinsamen Ziel konstruktiv tätig werden zu lassen. Im Unterschied zur direkten Demokratie der Schweiz, war offensichtlich Konfrontation statt Kollegialität die Devise im politischen Machtkampf.

An einem Wochenende fuhr Renate mit Freunden zur Psychologischen Lehr– und Beratungsstelle nach Zürich. Von Freunden aus rief sie Martin an, um sich nach seinem Befinden zu erkundigen. Nach langer Zeit war Marita spontan bei ihm vorbeigekommen. Er konnte nicht ergründen, was sie plötzlich von ihm wollte. Im Unterschied zu früher empfand er ihr gegenüber eine gewisse

Distanz und konnte gewissermaßen nichts mehr mit ihr anfangen. Seine Gedanken waren bei Renate und die starken Selbstzweifel plagten ihn nicht mehr. Er verabschiedete Marita bald.

Wegen seines täglichen Alkoholkonsums befielen Renate Zweifel, ob sie es in Martin mit einem Alkoholiker zu tun habe. Sie lud ihn ein, einmal mit nach Zürich zu fahren. Darauf ging er gerne ein, lernte das öffentliche Verkehrssystem – bestehend aus eine Verbindung von Tram und Trolleybus – kennen und empfand eine angenehme emotionale Wärme, als er durch Renate eine Reihe von an seinen Gedanken interessierten Mitmenschen kennenlernte. Eine kurze Begegnung mit Friedrich Liebling in dessen Praxiszimmer erfüllte ihn zunächst mit Verwunderung. Martins erste Gedanken waren, dem älteren Herren eben einen Gefallen zu tun, als er ihm nach der Vorstellung durch Renate zur Begrüßung die Hand reichte. Ihm entging allerdings auch nicht dessen warmherziger Blick.

„Menschenkenntnis im Sinne der Tiefenpsychologie wird als eine Form des Verstehens gedeutet, welches zur menschlichen Natur gehört und die eigentliche Grundlage von Freundschaft, Liebe, Zusammenarbeit, Miteinanderreden usw. ist. Die psychologische Forschung stellt dieser Intuition, die durch Lebenserfahrung, praktische Übung und Zuneigung zu den Menschen sehr verfeinert werden kann, ein wissenschaftlich gesichertes Fundament zur Verfügung. Neben dem Verhalten des Menschen in Mimik, Gestik, Sprechweise usw. wird vor allem auf das Lebensverhalten Bezug genommen, nämlich die Art und Weise, wie einer zu sich selbst (Selbsteinschätzung) und den Mitmenschen (Kontaktfähigkeit) steht."[87]

Aus dieser kurzen Begegnung schloß Friedrich Liebling aufgrund von Martins Auftreten, daß sein Hauptproblem der mangelnde emotionale Rückhalt in einer von einem gleichwertigen, kooperativen, mitmenschlichen Bemühen gekennzeichneten Gemeinschaft sei. Wenn er sich über die in der Zürcher Gruppe gleichgesinnt Verbundenen hinaus auch bei ähnlich denkenden und fühlenden Menschen finden würde, wäre der Alkohol kein Problem mehr. Diese Einschätzung des Psychologen beflügelte Renate, ihren neuen Partner in eine Gesprächsrunde von Lehrern einzuladen. Es war Martin zunächst nicht klar, welche Chance er hier hatte, mit Hilfe des Gesprächs seine Unterrichtsführung effektiver gestalten zu können. Er stand schließlich erst am Anfang seiner Lehrerlaufbahn und seine Klassenführung war noch immer von einem gewissen Laissez–faire geprägt. Die Unterrichtsstunden waren für die Kinder zwar fachlich nicht besonders effektiv und er war der gemütliche, manchmal auch lustige Latzhosenlehrer. Ernst genommen haben ihn die Schüler deshalb eben nicht besonders und das Unterrichten wurde zunehmend anstrengend.

Jedenfalls saß Martin anläßlich des von Renate anberaumten Treffens zunächst allein im Wohnzimmer. Ihm war etwas mulmig, sollten doch eine Reihe ihm unbekannter Kollegen kommen. Deshalb sah er sich, wie er es aus seiner Studentengruppe gewohnt war, im Kühlschrank der Gastgeber um, fand eine Flasche feinen Likörs vor, mit der er sich und einem Whiskeyglas in der anderen Hand wieder auf seinen Platz begab. Nach und nach trudelten die Teilnehmer der Gesprächsrunde ein und Martin bot ihnen von dem Likör an. Alle lehnten zu seinem Erstaunen dankend ab und so konsumierte er den Alkohol langsam, aber zügig, alleine. Das Gespräch begann und alle zeigten sich interessiert an seinen Ausführungen. Sein Blick wurde gegen Ende der Sitzung zunehmend glasiger, aber niemand thematisierte seine merklich fahrig werdenden Ausführungen. In der Folge dieses Erlebnisses wurde sein Alkoholkonsum stetig weniger, was seiner Gesundheit äußerst zuträglich war. Martins Hausarzt hatte ihm anläßlich einer Besprechung seiner aktuellen Leberwerte extrem ins Gewissen geredet und von jedem weiteren Alkoholkonsum abgeraten.

In vielen folgenden Gesprächen merkte Martin, daß er ein geschätzter Gesprächspartner war. Und er realisierte, daß der Marxismus als ideologische Denkdisziplin nicht die alles erklärende Antwort auf die drängenden gesellschaftlichen Fragen der Gegenwart darstellte. Mit der Zeit erfuhr Martin – auch zur inhaltlichen Bereicherung seines Unterrichts – von wichtigen Befunden aus Anthropologie, der Geschichte, der Neopsychoanalyse sowie der entwicklungspsychologischen Forschung.

In den Herbstferien nahm Renate neben Martin auch eine Lehrerkollegin namens Antonia und Martins ehemaligen Wohnkollegen Manfred mit ins Tessin. Dort trafen sie in einem, wunderschön an einem Hang inmitten mediterraner Vegetation gelegenen Ferienhaus ein weiteres Lehrerpaar. Manfred beschäftigte neben seinen zarten Kontaktversuchen zur mitgereisten Lehrerin auf der Parkbank in der Herbstsonne Luganos, wieso immer wieder von einer „tiefenpsychologischen Arbeit"[88] gesprochen wurde. Auch Manfred war mit den beiden gefahren und so las Antonia ihnen aus einer Schrift vor, zu der Friedrich Liebling ein Geleitwort geschrieben hatte:

„Unter dem Einfluß der Tiefenpsychologie hat der Erziehungsgedanke in unserem Jahrhundert einen entscheidenden Aufschwung genommen. Die Entdeckungen von

Sigmund Freud und Alfred Adler, durch die erst die moderne Seelenkunde für die ärztliche Therapie, Menschenkenntnis und erzieherische Praxis bedeutsam wurde, haben das Fundament zu einem neuen Verständnis des menschlichen Seelenlebens gelegt.

Auf Grund tiefenpsychologischer Befunde wissen wir heute von der Tragweite der Kindheitserlebnisse für die spätere Ausgestaltung von Charakter, Intelligenz und Lebensführung; in Leben und Erlebnis während der Kindheit wurde der schicksalhafte Faktor erkannt, der Glück und Produktivität des Einzelnen wie der Gesamtheit bestimmend beeinflußt."[89]

In Martins spontaner Reaktion regte sich Widerspruch. Der Mensch ist nach Marx das „Ensemble der gesellschaftlichen Verhältnisse", warf er spontan ein. Alfred Adler, der Begründer der Individualpsychologie, auf dem wir aufbauen, hatte die ökonomische Lehre von Marx hoch eingeschätzt, erwiderte Antonia, und natürlich hat Marx den Blick für Zusammenhänge geschärft. Und es ist auch richtig, daß „jedem der Lohn seiner Arbeit gebührt und dass die Ausbeutung des Lebens und der Arbeit anderer niemals das Wohl der Menschheit fördern kann." Zudem ist evident, daß zahlreiche Schwierigkeiten im Prozeß der Arbeitsteilung „ihre Ursache in der Klassenschichtung der Gesellschaft" haben, „indem entweder persönliche Macht und ökonomische Interessen die Verteilung des Arbeitsgebietes beeinflussen, so dass genussvollere Stellungen, die mehr Macht verleihen, an bestimmte Gesellschaftsgruppen gelangen, während andere davon ausgeschlossen sind ... Es war die Gewalt, die ununterbrochen eingegriffen hat, um die Arbeit für die einen zu einer Art Privilegium, für die andern zu einer Art Unterdrückung auszugestalten."[90]

Im Unterschied zur marxistischen Geschichtsauffassung zog Adler aus der Geschichte und den Erkenntnissen der Individualpsychologie den „Schluß, ,dass das menschliche Seelenleben gern mit Irrtümern auf die Impulse der ökonomischen Grundlagen antwortet' und sich die jeweiligen ökonomischen Verhältnisse von jedem einzelnen und von der Masse ,je nach dem vorher erworbenen Lebensstil reflektiert und beantwortet' werden."[91]

Das stimmte Martin nachdenklich und er nahm die Einladung, sich gemeinsam auch anhand seiner persönlichen Fragen zur Schulführung diesen Gedanken zuzuwenden, gerne an. Da Martin sich bekanntermaßen für die Fragen der 3. Welt und gegen den US–Imperialismus engagierte, warf Antonia an Martin gerichtet noch etwas Grundsätzliches auf:

Auch hier hatte bereits Alfred Adler, „für die Frage des Krieges, der krassesten Form kollektiven gemeinschaftsschädigenden Verhaltens, ... die Erklärung weitgehend in wirtschaftlichen und politischen Faktoren" gesucht. Er stand damit im Gegensatz zu Freud, der gesellschaftliche Zusammenhänge weniger berücksichtigte und das mörderische Treiben des Ersten Weltkrieges mit einer der menschlichen Natur immanenten Feindseligkeit erklärte. Adler wandte sich in einer Schrift aus dem Jahre 1919 mit aller Deutlichkeit dagegen, daß die „Schuld am Krieg dem Volke zugeschrieben werde, und bot damit keinerlei Ansatz, den Krieg aus dem Wesen des Menschen selbst zu begründen."[92]

Da Renate wußte, wie wichtig Martin die gesellschaftlichen Fragen waren, griff auch sie beim Abendessen die oft gestellte Frage nach dem Verhältnis von Psychologie und Politik auf.

In dieser Frage ergänzte sie Antonias Ausführungen, die auch sie kannte, dahingehend, daß hier Adler sehr deutlich wurde: „Der ‚ehrliche Psychologe‘ ... kann aber auch die Augen nicht verschließen vor den exogenen Faktoren in der Gesellschaft, die eine Entfaltung des Gemeinschaftsgefühls auf allen Ebenen verhindern und den Menschen aufwachsen lassen ‚wie in Feindesland‘." Deswegen solle er Stellung beziehen „‚gegen Eroberungs–, Rache–, und Prestigekriege, gegen das Versinken des Volkes in Hoffnungslosigkeit infolge weitverbreiteter Arbeitslosigkeit und gegen alle Störungen der Ausbreitung des Gemeinschaftsgefühls in der Familie, in der Schule und im sozialen Leben‘."[93]

Nach seiner Rückkehr aus den Herbstferien erfuhr Martin, daß sein Vater schwer erkrankt war. Zwei Tage später erlitt dieser einen Schlaganfall, der das Sprachzentrum befiel. Von befreundeten Ärzten ließ Martin sich darüber aufklären, wie er mit ihm kommunizieren könne. Ganz wichtig jedoch sei, so drängte ihn Renate, daß Martin, was auch immer zwischen ihnen vorgefallen sei, seinem Vater zum Ausdruck brächte, wie gut er es in der Erziehung gemacht habe. Dann würde er in Ruhe sterben können. Beim nächsten Besuch brachte er es seinem Vater gegenüber zum Ausdruck. Sein Vater sah ihn lange an, dann winkelte er den Arm an und wollte damit den Kopf seines Jungen streicheln. Erschüttert verließ dieser das Krankenlager. Die Nachricht vom Tod des Vaters kam in der Nacht. Mit Mutter und Schwester fuhr er zum Krankenhaus. Der Vater lag in einer Kammer, eine Rose quer auf seiner Brust und im linken Augenwinkel verharrte eine Träne. Trockne sie bitte, bat die Mutter.

„In seiner theoretischen Ausrichtung knüpfte Friedrich Liebling an das psychologisch Bewährte der Individualpsychologie Alfred Adlers, der Neopsychoanalyse und der Entwicklungspsychologie an. Er entwickelte kein geschlossenes Lehrgebäude, sondern verfolgte die tiefenpsychologische Forschung seiner Zeit und bezog sie in seine Arbeit ein. Friedrich Liebling ergänzte das tiefenpsychologische Einzelgespräch durch die Möglichkeit des therapeutischen Gruppengesprächs und begann zugleich, in Kursen und Seminarien psychologische Erkenntnisse zu vermitteln. Er schuf eine eigentliche Schule für Lebensfragen, die jedem Interessierten Gelegenheit bot, sich ein vertieftes Verständnis für das Wesen des Menschen und einen Einblick in psychologische Zusammenhänge zu verschaffen. Das Anliegen Friedrich Lieblings war, die Erkenntnisse der modernen Psychologie über den engen Kreis der Fachwelt hinaus einem breiteren Kreis von Menschen zugänglich zu machen."[94]

Sowohl die fachärztlich–freundschaftliche als auch die psychologisch–mitmenschliche Einbindung Martins ermöglichte ihm den Schritt zu einem Leben ganz ohne alkoholische Krücke. Er merkte auf einmal, wieviel bunter die Begegnungen mit seinem Umfeld waren. Glücklicherweise hatte er sich nur psychisch von seinem früheren „Stimmungsaufheller" Alkohol abhängig gefühlt. Mittlerweile trafen sich seine neuen Freunde später am Abend nicht mehr in einer Gaststätte zum Bierchen.

Renate war sehr zugewandt und stützte Martin in dieser für ihn schweren Zeit des Abschieds vom Vater. Sie meldeten sich bei Friedrich Liebling zum Gespräch an. Es rüttelte und schüttelte Martin, als er diesem vom Tod des Vaters berichtete. Nun sei dieser tot und er habe Martin nicht verabschieden und seinem Sohn sagen können, daß er ihn gerne gehabt habe. Doch, versicherte Friedrich Liebling ihm, der Vater habe ihn sehr gern gehabt. Aus der ganzen Erscheinung von Martin konnte Friedrich Liebling entnehmen, daß er einen im Grunde genommen sehr warmherzigen Vater gehabt haben mußte. Gerade in den ersten sechs Lebensjahren war der Vater sehr bemüht um das Wohl seines Sohnes gewesen. Vor allem, als er bemerkte, daß die Mutter das Kind vernachlässigte, glich er das Defizit aus, soweit es ihm in der Zeit möglich war, die er mit dem Jungen verbrachte.

Martins Eifersuchtsgefühle setzte Friedrich Liebling in Beziehung zu Mutter und Vater. Er bezog sich dabei auf den polnischen Film „Ein Kind wird eifersüchtig" aus den 50er Jahren und verglich Martin mit dem im Film gezeigten Spicek, der mit sechs Jahren ein Schwesterchen bekommt, auf dessen Mittelpunktstellung eifersüchtig reagiert und durch das zunehmend ungeschickt, ablehnende Verhalten der Mutter ihm gegenüber in Verzweiflung gerät. Martins Vater gab der Mutter am Abend einen Kuß und schon sei der Junge eifersüchtig gewesen, was nicht so geschickt gewesen sei, so Friedrich Liebling weiter. Der Psychologe empfahl beiden Partnern über diese Gefühle ins Gespräch zu kommen und zu lernen, sich einander anzuvertrauen. So trennten sich mit der Zeit Projektion und Realität. Schwieriger erschien das enge Verhältnis zu Martins Mutter, die in die Partnerschaft hineinstörte. Der Junge gehörte schließlich zu seiner Mutter, befand diese kategorisch. Eines Abends lagen Martin und Renate im Bett, als die Mutter wieder anrief und sich über Renate negativ äußerte. Miteinander hatten sie besprochen, daß er in einem solchen Falle das Telefon laut stelle und am Ende des Telefonats der Mutter mitteile, daß Renate alles mitgehört habe. Die Mutter reagierte beleidigt, unterließ jedoch in Zukunft ihre Attacken.

In vielen individualpsychologischen Gesprächen verstand Martin immer mehr die Zusammenhänge, daß der Mensch in der Erziehung wird und daß dies weitreichende Auswirkungen hat.

„Die Lebensgeschichte seelisch irritierter Menschen stellt der traditionellen Erziehungsweise kein gutes Zeugnis aus; die chaotischen Zustände innerhalb der gegenwärtigen Kultur geben uns ein Weiteres zu bedenken, indem der von der Erziehung geprägte Mensch in Politik, Wirtschaft und Sozialleben jene Rolle spielt, zu der ihn die Erziehung in seinen Kindheitstagen vorbereitet hat. Der Mangel an Gemeinschaftsgefühl und sozialer Verbundenheit in den größeren sozialen Zusammenhängen, Krieg, Diktatur und Wirtschaftskrisen zeigen uns, daß die bisherige Erziehung in erschreckender Weise versagt hat.“[95]

Nachdem Martin und Renate Friedrich Lieblings Ausführungen gelesen hatten, schloß Renate die Frage an, warum zieht der Mensch in den Krieg? Seit Martin damals Mitte 1965 in einer Jugendgruppe den Film „Die Brücke“ gesehen hatte, trieb ihn die Frage nach dem Krieg um. Bis dahin war in Schule und Gesellschaft der zweite Weltkrieg eher ein Tabuthema. Die Überlegungen von Renate zur Frage des Krieges leuchteten ihm ein. Die Heimatlosigkeit des Mannes verleitet ihn dazu, daß er das Liebste was er hat, seine Frau und seine Kinder verläßt, um in fremden Ländern zu kämpfen und zu sterben. Das erschütterte Martin sehr und mit der Zeit empfand er, daß sein starres Korsett aus ökonomischen Kategorien, mit dem er bis anhin sich sein Leben eingerichtet hatte, keine Annäherung an sein Gegenüber ermöglichte. Es klang so einfach und fiel doch den meisten Menschen so schwer.

Friedrich Liebling hatte die Greuel des Krieges erlebt und versuchte in den Gesprächen, vor allem die jungen Menschen davor zu bewahren. So erläuterte der Psychologe ausgehend von einem Bild das Thema „Für das Vaterland kämpfen": Ja, Land habe ich keins und mein Vater ist längst tot. Es ging dabei um den Ausbau einer inneren, abwehrenden Haltung gegen eine Vereinnahmung für fremde, kriegerische Zwecke. Allerdings: Eine Verteidigung seines Lebens und das seiner Liebsten nach Schweizer Vorbild, das konnte sich Martin schon vorstellen. Mit einer Milizarmee, die im Volk verankert ist.

Damals und heute?

Nicht nur Martin war, wie erwähnt, geprägt von einer Entwicklung Anfang der 60er Jahre, als nach jahrelangem Schweigen in erhellender Weise der Antikriegsfilm „Die Brücke" (1959) von Bernhard Wicki ein Stück dieses Mantels weggezogen hatte. Eine ganze Generation wurde auch durch die Diskussion über die Kriegsverbrechen der Atombombenabwürfe auf Hiroshima und Nagasaki sowie den mörderischen Vietnamkrieg politisiert. Wer erinnert sich beispielsweise noch an den großen Generalstreik 1958 in Hannover gegen die Atomrüstung oder an John Lennons große Plakataktionen „Stop the war" und „War is over" sowie diesbezügliche Massenproteste junger Leute?! Wo sind sie geblieben? Es sind nun die Kriege bzw. Kriegsvorbereitungen der Gegenwart, die aus Macht– und Überlegenheitsstreben, um eine Beherrschung von Rohstoffressourcen (speziell der reichen russischen bzw. syrischen), finanzpolitischen, aber auch militärisch–industriellen Profitgründen heraus geführt werden und dabei vor dem Hintergrund einer nuklearen Erstschlagsdoktrin der USA letztendlich uns alle in den Abgrund führen können. Aktuell dienen deutsche Politiker auch weiterhin eher den US–amerikanischen Weltbeherrschungsplänen als denen, die sie gewählt haben und stellen zur Verfolgung dieser Pläne deutsche Soldatinnen und Soldaten in einer Söldnerarmee als Kanonenfutter zur Verfügung. Mit der Erzeugung von permanentem Chaos in den völkerrechtswidrig angegriffenen und zerstörten Ländern beabsichtigten und beabsichtigen die USA sich stets als einzige Weltmacht durchzusetzen. Da die Welt längst aber multipolar geworden ist, erweist sich dies allerdings als eine für alle brandgefährliche und kranke Zielsetzung.[96]

Martin lernte in einer vertieften Sicht der personalen Psychologie, daß es „Grundprinzipien der Psychologie und Pädagogik [gibt], essentials, die – weil sie der menschlichen Natur entsprechen – sowohl beim heranwachsenden Kind zentral sind, im Leben der Familie und in der Schule ihre Gültigkeit haben als auch später in einem gesellschaftlichen Zusammenwirken, das der Stärkung und vollen Entfaltung der Menschen dient und sich an ihrem Wohl orientiert."

Eines dieser essentials ist: „Die *Verankerung in der eigenen Kultur*, das Verinnerlichen der allgemeingültigen Werte dieser Kultur ist die Voraussetzung, um in seiner Zeit und in dieser Welt einen Standort zu haben. Es ist Voraussetzung für eine gegenseitige Wertschätzung mit Menschen anderer Kulturen und für ein befruchtendes Zusammenleben der Völker. Wir meinen damit ausdrücklich nicht die Propaganda für ein multikulturelles Zusammenleben, die nur der politischen Manipulation, ‚hidden agendas‘, dient und die letztlich auf die Eliminierung der Werte und Ziele unserer christlich–abendländischen Kultur hinwirkt. Dieses unselige Produkt der Frankfurter Schule der Sozialwissenschaften hat einen neuen, rein materialistischen Sozialismus ohne Werte zum Ziele und ruft entsprechend auch den Widerstand ganzer Völker hervor."[97]

Der Übergang zu einer Amerikanisierung des deutschen, gesellschaftlichen Lebens wurde unter dem Schlagwort der Verwertung des Menschen als Humankapital über eine sich immer totalitärer gebärdende EU mit Hilfe bundesdeutscher Politiker durchgesetzt. Die Konsumorientierung hat vor allem die junge Generation vollständig erfaßt.

„Die kulturelle Komponente der Weltmacht USA ist bisweilen unterschätzt worden; doch was immer man von ihren ästhetischen Qualitäten halten mag, Amerikas Massenkultur besitzt, besonders für die Jugendlichen in aller Welt eine geradezu magnetische Anziehungskraft. Ihre Attraktion mag von dem hedonistischen Lebensstil herrühren, den sie entwirft; ihr weltweit grosser Anklang ist weltweit jedenfalls unbestritten. Amerikanische Fernsehprogramme und Filme decken etwa drei Viertel des Weltmarktes ab. Die amerikanische Popmusik ist ein ebenso beherrschendes Phänomen, während Amerikas Marotten, Essgewohnheiten, ja sogar seine Mode zunehmend imitiert werden. [...]"[98]

Die Ausrichtung des persönlichen Lebens auf massenmediale Gerätschaften einer flächendeckenden Digitalisierung und Überwachung jedes Winkels des persönlichen und wirtschaftlichen Lebens übernahm immer mehr die Gestaltung des Alltags. Der Fernseher und vor allen Dingen seine Größe waren wesentliche Orientierungspunkte im Leben vieler Menschen geworden. Für diejenigen, die nicht so tüchtig im Leben und finanziell nicht so gut situiert sind, wurden mit Privatfernsehen, Kochschaus und Teleshopping ein neuer Zeitvertreib etabliert. Junge Mädchen konnten sich im (Privat)TV–gerechten Verkauf ihrer Körper üben, indem sie Modellkarrieren versprochen bekamen, wenn sie sich in unwürdige und zudem oftmals äußerst schmerzhafte Vorführungen hineinzwängen ließen. Heidi Klums „Germany's next Topmodell" und Dieter Bohlens „Deutschland sucht den Superstar" gelten als Mobbingvorbilder.

Was nicht nur Martin staunend realisieren mußte: „Die linken Bewegungen in Westeuropa haben zwischen den 1960er bis 1990er Jahren eine Transformation durchgemacht. Die Themen der klassischen Arbeiterbewegung, vor allem die ‚Soziale Frage' und damit verbunden die ‚Eigentumsfrage', gerieten zunehmend ins Abseits. An ihre Stelle traten neue Themen, wie z.B. Umweltschutz, Kritik an vormodernen Traditionszusammenhängen, Forderungen nach Befreiung der Sexualität, Feminismus und Rechte für alle möglichen Minderheiten und der damit verbundene endlose Kampf gegen Diskriminierung. ... Ihre gesellschaftliche Basis fand die „Neue Linke" in der Pop– und Lifestylekultur der Jugendbewegungen, die seit den 1960er Jahren mehrere Generationen sozialisiert hatte. Die ‚Neue Linke' unterschied sich von der klassischen Linken und dem Marxismus dadurch, dass ihre Werte und Forderungen in den Kapitalismus integriert werden konnten."[99]

Die Saat des langen Marsches durch die Institutionen ist aufgegangen, hat in ein Amalgam mit neoliberalen Marktausrichtungen gemündet und – nicht nur mit Hilfe von BRAVO – von den Gemütern junger Menschen Besitz ergriffen.

Statt Hinführung zu einem gemeinwohlorientierten, freiheitlichen Denken in direkter Demokratie, einer Erziehung zum unbedingten Eintreten für eine antimilitaristische Sozialpolitik und gegen den Krieg, konnte die junge Generation durch Propaganda beim Drogenkonsum und Orientierung auf eine Freizeit– und Event„kultur" auch zu einer Entsolidarisierung der Generationen hingeführt werden. Den jungen Leuten wird vorgegaukelt, in der Verfolgung „ihrer" Freizeitinteressen sei ihre sogenannte „Jugendkultur" verkörpert, obwohl sie nur ein Abziehbild des neoliberalen, politischen Mainstreams darstellt.

*„In Wirklichkeit ist eine der Quellen des Unglücks für
einen Teil der heutigen Jugend meiner Ansicht nach keineswegs die Repression, sondern die Abwesenheit von
echten Erwachsenen in unserer Gesellschaft. Wenn es
heisst, ‚alles ist erlaubt‘, so bedeutet das, dass es nichts
gibt – nichts, das zu etwas zwingt, nichts, das etwas wert
ist, nichts, das sich aufdrängt. Da alles erlaubt ist, erwartet man von niemandem etwas. Das habe ich die nihilisti-
sche Leere genannt.“*
– Jeanne Hersch[100]

Dieselbe Genfer Philosophin Professor Jeanne Hersch
schrieb zu den Bedürfnissen der Jugend, die uneinge-
schränkt auch für Kinder gelten:

*„Ihr [der Kinder und Jugend] tiefstes und gewiss auch
am weitesten verbreitetes Bedürfnis ist das Bedürfnis
nach einem richtigen Vater, nach einer richtigen Mutter.
Keine Kameraden, sondern Eltern. Ein richtiger Vater,
eine richtige Mutter, deren Liebe und Schutz bedingungs-
los und deren Autorität unerschütterlich ist. Sie brauchen
Lehrer oder zumindest einen Lehrer, dessen Wort wahr,
dessen Fordern freundschaftlich und ohne Zorn, dessen
Engagement ihnen gegenüber eindeutig und vorbehaltlos
ist. Sie brauchen Erwachsene, Menschen, die allein durch
ihre Präsenz zeigen, dass das Leben gelebt werden und
einen Sinn haben kann“*
(Aus: „Antithesen zu den Thesen zu den Jugendunruhen
1980“, S. 47).[101]

Was aus ihnen wurde

Meike lebte mit und zwischen drei Männern. Einen liebte sie an ihrem Studienort, die zwei anderen hinter der französischen Grenze. Sie wollte keineswegs ihre Zeit in einer öden Kleinfamilie vertrödeln, wie sie es ausdrückte. Probierte ein Leben in Zärtlichkeit und Spontaneität mit und ohne Wohngemeinschaften aus und wußte dabei auch nicht immer, warum sie dieses oder jenes Fach studierte. Im Alter konnte sie gesichtet werden, wie sie mit einem Freund gemeinsam Projekte wie Malen nach Zahlen entwickelt.

Julius gab irgendwann nach seiner Trennung den Ingenieurberuf auf, erfand sich neu in einem Workshop für Stimmbildung und Mundorgel und verkauft erfolgreich Tongebilde, die er mittels verschieden hoch gefüllten Wasserkanistern, angestrahlt von den hochwertigen Backes und Müller Lautsprechern sowie – je nach Wunsch des Käufers – unterschiedlichen Klangschalen erzeugt. Wahlweise kann auch das Heulen des Windes über Wüstendünen mitbestellt werden. Seine blauen Bände stehen in einer Farbreihe mit den bunten Bänden von Lichter!Lafer!Lecker!

Marita vergrub sich länger im strammen Spartakus–Stamokap–Marxismus, schwor dann doch der untergegangenen DDR ab und studierte Forstwirtschaft zuende. Aktuell stieg sie in einem befreundeten Staat in eine international agierende Behörde auf, die sich für die Bekämpfung des Waldfrevels einsetzt.

Hannelore pendelt für Freunde auch weiterhin.

Fußnoten

[1] Vgl. Moritz Nestor, „Das Wunder von Bern", 2003,·
https://naturrecht.ch/test–zeitgeist/

[2] Vgl. Die Brücke – Bernhard Wicki Gedächtnisfonds,
http://bernhardwickigedaechtnisfonds.de/wp–
content/uploads/2014/02/bruecke.pdf, S. auch:
http://www.filmernst.de/Filme/Filmdetails.html?movie_id=284,
http://www.durchblick–filme.de/bruecke/pdf/1_Film.pdf

[3] Sternmarsch nach Bonn,
http://www.deutschlandfunk.de/sternmarsch–nach–
bonn.871.de.html?dram:article_id=126237

[4] https://de.wikipedia.org/wiki/Bundesamt_f%C3%BCr_
Verfassungsschutz

[5] Welch ein Mann!

[6] Annemarie Kaiser, Das Gemeinschaftsgefühl – Entstehung
und Bedeutung für die menschliche Entwicklung, Zürich 1981,
S 5

[7] WG = Wohngemeinschaft

[8] Psychotherapie und Erziehung, Band 1, (1928), Fischer Ta-
schenbuch Verlag: Frankfurt am Main 1982

[9] Individualpsychologie: Alfred Adler
http://arbeitsblaetter.stangl–taller.at/
WISSENSCHAFTPSYCHOLO-
GIE/PSYCHOLOGEN/Adler.shtml

[10] Vgl. Die Individualpsychologie Alfred Adlers, Arthur
Brühlmeier, http://www.bruehlmeier.info/adler.htm

[11] Annemarie Kaiser, Das Gemeinschaftsgefühl – Entstehung und Bedeutung für die meschlichen Entwicklung, Zürich 1981, S. 78

[12] A.a.O., S. 58

[13] Friedrich Wilhelm Raiffeisen (1818–1888), Sozialreformer, vgl. https://de.wikipedia.org/wiki/Raiffeisen

[14] Zit. nach: „Eltern gegen Drogen", Bern, Ausgabe 3 / September 2017, www.elterngegendrogen.ch

[15] Die Individualpsychologie Alfred Adlers, Arthur Brühlmeier, http://www.bruehlmeier.info/adler.htm

[16] Dreitzel, Hans–Peter, Sozialpolitische Aspekte der Gestalt-therapie. In: Petzold, Hilarion G./Schmidt, Christoph J. (Hrg.). Gestalttherapie. Wege und Horizonte. Integrative Therapie. 1985/Beiheft 10, S. 65

[17] Perls, Friedrich S.. Gestalt, Wachstum, Integration. Aufsätze, Vorträge, Therapiesitzungen. Paderborn 1987, S. 110

[18] Perls, Frederick S., Gestalttherapie in Aktion, 1979, S. 60f.

[19] Goodman, Paul, Anarchistisches Manifest. In: Blankertz, Stefan/Goodman, Paul: Staatlichkeitswahn. Wetzlar 1980, S. 85

[20] Perls, Frederick S., Gestalt–Wahrnehmung – Verworfenes und Wiedergefundenes aus meiner Mülltonne, Frankfurt am Main 1981, S. 35

[21] Goodman, Paul, Anarchistisches Manifest. In: Blankertz, Stefan/Goodman, Paul: Staatlichkeitswahn. Wetzlar 1980, S. S. 123

[22] Lersch, Philipp. 1969. Zur Philosophie der Indoktrination. Vortrag gehalten am 5.7.19968. Sitzungsberichte der Bayrischen Akademie der Wissenschaften, Philosophisch–Historische Klasse, Jahrgang 1968, Heft 3. München: Verlag der Bayrischen Akademie der Wissenschaften, S. 24

[23] „Birgit Kelle sorgt für kontroverse Debatte", 8/2017, http://nrw-direkt.net/birgit-kelle-sorgt-fuer-kontroverse-debatte/

[24] Wilhelm Reich, Die Funktion des Orgasmus, Die Entdeckung des Orgons. Sexualökonomische Grundprobleme der biologischen Energie, http://www.kiwi–verlag.de/buch/die–funktion–des–orgasmus/978–3–462–01825–7/

[25] Vgl. Moritz Nestor, Das Menschenbild der Pseudo–Erneuerer. Oder „Von der Person zur Amöbe", S. 4ff., https://naturrecht.ch/das–menschenbild–der–pseudo–erneuerer–oder–von–der–person–zur–amoebe/

[26] Marx–Engels–Werke (MEW), Band 3, S. 32 und 164, MEW Ergänzungsband 1, S. 537

[27] MEW, Band 4, S. 373

[28] MEW, Band 21, S. 75ff.

[29] http://www.schnittberichte.com/svds.php?Page=Titel&ID =30899

[30] Vgl. Die Individualpsychologie Alfred Adlers, Arthur Brühlmeier, http://www.bruehlmeier.info/adler.htm

[31] Vgl. Neues Rotes Forum, Heidelberg 5/71

[32] Wenn nicht anders bezeichnet, beziehen sich die Angaben zu einzelnen Artikeln auf die 'Allgemeine Erklärung der Men-

schenrechte' vom 10. Dezember 1948, zit. nach Menschenrechte Ihr internationaler Schutz, 3. Auflage, München 1992,
S. 5ff

[33] Studentenschaft Bayerns (Hrsg.), Beiträge zur Kritik der bürgerlichen Wissenschaft, Rote Zellen (AK) Band 3, S. 5

[34] Studentenschaft Bayerns (Hrsg.), Beiträge zur Kritik der bürgerlichen Wissenschaft, Rote Zellen (AK) Band 3, S. 6

[35] Vgl. Studentenschaft Bayerns (Hrsg.), Beiträge zur Kritik der
bürgerlichen Wissenschaft, Rote Zellen (AK) Band 3, S. 5f
und S. 227–260

[36] Vgl. Initiative für eine Institutsgruppe Pädagogik, Sozialistische Gruppe Bonn, o.J., Namen abgekürzt, da es hier um das
Grundsätzliche geht.

[37] Vgl. Menschenrechte, Ihr internationaler Schutz, München
1992

[38] Institutsgruppe Pädagogik, Knütter & Maluschke–Report, Nr.
1, Nov. 72. Diese „Erklärung" wurden von diversen Fach-
schaftsvorständen unterstützt.

[39] Papier der Institutsgruppe Pädagogik: Vorlage zur Beschluß-
fassung über die Arbeitsplanung, Bonn o.J.

[40] Vgl. Peter Mosler: Was wir wollten, was wir wurden – Stu-
dentenrevolte, zehn Jahre danach, Reinbek, 1978

[41] Vgl. https://de.wikipedia.org/wiki/Rudi_Dutschke

[42] „Eine Welt gestalten, die es noch nie gab", Günter Gaus im
Gespräch mit Rudi Dutschke, Sendung vom 03.12.1967,

https://www.rbb–
online.de/zurperson/interview_archiv/dutschke_rudi.html

[43] https://de.wikipedia.org/wiki/Marsch_durch_die_
Institutionen

[44] Vgl.
https://de.wikipedia.org/wiki/Marsch_durch_die_Institutionen

[45] Rudi Dutschke: Briefe an Rudi D. mit einem Vorwort von
Rudi Dutschke, Voltaire Verlag, Berlin, Zitat dem Vorwort ent-
nommen. Nach: Ulrike Marie Meinhof (1980/1992): *Die Würde
des Menschen ist antastbar*. Aufsätze und Polemiken. Berlin:
Verlag Klaus Wagenbach, Zit. nach
https://de.wikipedia.org/wiki/Marsch_durch_die_Institutionen

[46] Wir brauchen keine Erziehung.
Wir brauchen keine Gedankenkontrolle.
Keinen finsteren Sarkasmus im Klassenzimmer.
Lehrer, lasst die Kinder in Ruhe.
Hey, Lehrer! Lass uns Kinder in Ruhe!...
Alles im allem bist du nur ein weiterer Stein in der Mauer.

[47] Aus: Hermann Rauschning, Gespräche mit Hitler, Zürich,
New York 1940, S. 23, Vgl. auch:
http://www.wissensreise.de/Wissensreise/Hitlerjugend/Seiten/
MeinePaedagogikisthart–01a.html

[48] Erziehung „Viele Kinder von heute werden totale Narzissten", FAZ, 20.04.2016,
http://www.faz.net/aktuell/gesellschaft/menschen/viele–kinder–
werden–narzissten–14169998.html

[49] Norbert Blüm: Gerechtigkeit; Eine Kritik des Homo oeco-
nomicus. Freiburg 2006, S. 81.

[50] Vgl. http://www.spiegel.de/reise/staedte/freistadt–christiania–auf–eigene–gefahr–a–644473.html

[51] Vgl. Dr. Daniele Ganser, Illegale Kriege: Wie die NATO–Länder die UNO sabotieren, Zürich 2016

[52] Alfred Adler, Menschenkenntnis, Frankfurt am Main 1966, S. 77, Zit. nach Alfred Adler Menschenkenntnis 1927, http://www.textlog.de/adler-psychologie-machtstreben.html

[53] https://de.wikipedia.org/wiki/Partnerwahl

[54] Karl Marx, Das Kapital, Band I, MEW 23, Berlin 1972

[55] Zentralausschuß

[56] Die **Frente Polisario** (von spanisch *Frente **Popular** para la Liberación de **Saguía** el Hamra y **Río** de **Oro**,* deutsch *Volksfront zur Befreiung von Saguía el Hamra und Río de Oro,* kurz **Polisario**) ist eine militärische und politische Organisation in der Westsahara). Die Demokratische Arabische Republik Sahara (DARS) wurde im Verlaufe des Westsahara-konfliktes 1976 von der Frente Polisario ausgerufen. Vgl. u.a. https://de.wikipedia.org/wiki/Demokratische_Arabische_Republik_Sahara, http://www.zeit.de/1979/33/sahara-erfolg-fuer-polisario, https://www.maghreb-post.de/konflikt-zwischen-marokko-und-polisario-verschaerft-sich/

[57] Front de Libération Nationale, nationale Befreiungsfront

[58] Die Ideologen der Frankfurter Schule Teil 1: Max Horkheimer (1895–1973), von J. Hoefele, M. Nestor , Zeit–Fragen, Zürich 1999

[59] Vgl. Willeke, Rudolf, Hintergründe der 68–er Kulturvevolution. Frankfuter Schule und Kritische Theorie, in: Schriftenreihe der Aktion Leben e.V. (SRAL), Nr. 10, Abtsteinach 2002, zit. Nach L.R. Michaelis, Die andere Wahrheit, Norderstedt März 2016, S. 182ff.

[60] Marx/Engels Werke, Band 7, S. 21. Zit. n. Löw, K. Marxismus–Quellenlexikon, S. 187. Sowie Marx/Engels Werke, Band 36, S. 176. Zit. n. Löw, K. Marxismus–Quellenlexikon, S. 187. In: Moritz Nestor, Das Menschenbild der Pseudo–Erneuerer. Oder ‚Von der Person zur Amöbe‘,https://naturrecht.ch/das–menschenbild–der–pseudo–erneuerer–oder–von–der–person–zur–amoebe/

[61] Vgl. Beschluß des Rates der Volkskommissare über den Roten Terror, 5. September 1918, https://de.wikipedia.org/wiki/Roter_Terror

[62] Vgl. Randelzhofer, Albrecht. Die Pflichtenlehre bei Samuel von Pufendorf. Berlin/New York.1983, S. 16ff.. Vgl. auch: Voigt. Alfred. Geschichte der Grundrechte. 1948, S. 192ff. In: Moritz Nestor, Das Menschenbild der Pseudo–Erneuerer. a.a.O.

[63] Marcuse, Herbert. Repressive Toleranz. In: Wolff/Moore/Marcuse. Kritik der reinen Toleranz. Frankfurt/Main 1967, S. 127f. In: Moritz Nestor, Das Menschenbild der Pseudo–Erneuerer. a.a.O.

[64] In schwierigen Zeiten einen menschlichen Standpunkt gewinnen, von Moritz Nestor, http://www.zeit–fragen.ch/de/ausgaben/2017/nr–12–23–mai–2017/in–schwierigen–zeiten–einen–menschlichen–standpunkt–gewinnen.html

[65] Buchholz–Kaiser, Annemarie. Standortbestimmung. Zum Jahresbeginn1989. In: Verein zur Förderung der psychologischen Menschenkenntnis VPM (Hrsg.). Jahresbericht 1988. Zürich 1989, S. 23

[66] Erziehung bewusst gestalten und die Kinder stärken, von Dieter Sprock, http://www.zeit–fragen.ch/de/ausgaben/2017/nr–12–23–mai–2017/erziehung–bewusst–gestalten–und–die–kinder–staerken.html

[67] „Auf der Suche nach einer universalen Ethik" Internationale theologische Kommission, Rom, 2006 –2008, Abs. 50, von Urs Knoblauch, Kulturpublizist, und Dr. phil. Elisabeth Nussbaumer http://www.zeit–fragen.ch/de/ausgaben/2017/nr–1415–20–juni–2017/auf–der–suche–nach–einer–universalen–ethik.html

[68] Vgl. Birgit Kelle, http://www.focus.de/politik/deutschland/politik–2–macht–den–laden–zu_id_3925073.html

[69] Vgl. http://www.freiewelt.net/nachricht/nein–zur–aufloesung–von–ehe–und–familie–10071335/, http://www.zdk.de/veroeffentlichungen/reden–und–beitraege/detail/Wert–und–Bedeutung–der–Familie–fuer–unsere–Gesellschaft—293Z/

[70] „Auf der Suche nach einer universalen Ethik", Internationale theologische Kommission, Rom, 2006 –2008, von Urs Knoblauch, Kulturpublizist, und Dr. phil. Elisabeth Nussbaumer, http://www.zeit–fragen.ch/de/ausgaben/2017/nr–1415–20–juni–2017/auf–der–suche–nach–einer–universalen–ethik.html

[71] https://www.getabstract.com/de/zusammenfassung/klassiker/die–traumdeutung/3273

72 https://www.aerzteblatt.de/archiv/126705/Alfred–Adler–
(1870–1937)–Begruender–der–Individualpsychologie

73 Traum. In: Wörterbuch der Individualpsychologie, Brunner,
Kausen, Titze, Sünchen 1985, S. 448

74 A.a.O., https://www.aerzteblatt.de

75 Alfred Adler: Theoretische Grundlegung,
http://www.textlog.de/adler–psychologie–theoretische–
grundlegung–schuelerselbstmords.html

76 Aus: Rheinische Zeitung Bonn, 7/8 Februar 1977

77 Die sozial–kognitive Lerntheorie von Bandura,
http://www.deeskalation–jetzt.de/theorie–
deeskalationstraining/6–2–1–sozial–kognitive–lerntheorie–
von–bandura.html

78 Jugend, Film und Fernsehen, Zeitschrift für Massenkommu-
nikation und Pädagogik, Heft 4–5, 13. Jg. 1969, in: Werner
Glogauer, Video–Konsum der Kinder und Jugendlichen, Bad
Heibrunn/Obb. 1988, S. 126

79 Militärisches Mordtraining auf den Computern unserer Kids,
Interview mit dem US–Offizier Dave A. Grossman, Militärpsy-
chologe und Militärwissenschafter, Zeit–Fragen Nr. 25, 17. 6.
2002. In diesem Interview führte er aus:
„In diesem Sommer wird die Indiana–Universität Informationen über ein Verfahren veröffentlichen, das in der Lage ist, Gehirnaktivität abzubilden (brain scan). Die Bilder zeigen, was
mit Kindern geschieht, die in einem grossen Ausmass gewalttätige Videospiele konsumieren. Das Grundsätzliche, was dieses
Videospielen dem Gehirn antut, ist, dass es das Gehirn abschal-
tet, es schränkt die Hirntätigkeit ein, verringert die Gehirntätig-

keit, das Gehirn dieser Kinder wird enorm geschädigt. … Und nun haben wir die Gehirndarstellung des Videospielers und diejenige des Nicht–Videospielers. Und das Ergebnis ist einfach erstaunlich: Man sieht nämlich, dass das Bild vom Gehirn des gesunden Kindes dort ganz bunt ist, wo sich die Gehirntätigkeit abspielt. Bei dem anderen Kind jedoch, bei dem, das zuviel Zeit damit verbringt, gewalttätige Videospiele zu spielen und Gewaltszenen im Fernsehen anzuschauen, ist die Gehirnaktivität unterbunden. Das Vorderhirn, das menschliche Hirn, das rationale Hirn, da, wo sich das Denken abspielt, ist abgeschaltet, und nur das limbische System, der affektive Teil des Gehirns arbeitet noch. Wir schalten also das ‚kognitive Gehirn‘ dieser Kinder aus, und so verwenden wir diese Videospiele, sie zu total affektiven Kreaturen zu machen. Und wenn sie in diesen Videospielen töten, töten sie wirklich ohne bewusste Überlegung: Sie spielen dieses Spiel und handeln und töten ohne bewusstes Denken.“

[80] „Es wird von einem unverarbeiteten Traumata der Bindungsperson ausgegangen. ‚In der täglichen Pflege– und Spielerfahrung der Bezugsperson mit ihrem Säugling und Kleinkind werden (...) eigene Erinnerungen und Gefühle aus der eigenen Kindheit und der Bindungserfahrung mit den eigenen Eltern wachgerufen. Die damit verbundenen angenehmen sowie emotional belastenden Gefühle und Bilder können durch Projektionen die Beziehung zum eigenen Kind bereichern, oder auch schwerwiegend behindern, verzerren oder sogar dazu führen, dass im schlimmsten Fall wiederbelebte Erinnerungen – etwa einer Missbrauchsituation oder einer Verlassenheitserfahrung – mit dem eigenen Kind wiederholt werden müssen‘ (Brisch 2001).“ Grundlagen der Bindungstheorie, a.a.O.

[81] Grundlagen der Bindungstheorie, Susanne Stegmaier, http://www.kindergartenpaedagogik.de/1722.html

[82] Grundlagen der Bindungstheorie, a.a.O.

[83] Grundlagen der Bindungstheorie, a.a.O.

[84] Grundlagen der Bindungstheorie, a.a.O.

[85] Die Individualpsychologie Alfred Adlers, Arthur Brühlmeier, http://www.bruehlmeier.info/adler.htm

[86] Friedrich Liebling (1893–1982) war ein Psychologe aus der Wiener Schule für Tiefenpsychologie. Er hatte in Zürich unter dem Namen „Psychologische Lehr– und Beratungsstelle" eine psychologische Praxis und tiefenpsychologische Schule aufgebaut, die er bis zu seinem Tod persönlich leitete. Aus: „Die Erkenntnisse der Tiefenpsychologie allen zugänglich machen!", http://www.zeit–fragen.ch/index.php?id=1812

[87] Auszug aus: Friedrich Liebling, Tiefenpsychologische Menschenkenntnis,:In: Menschenkenntnis. Die Anwendung der Tiefenpsychologie auf die Probleme des Alltagslebens. Schriftenreihe der Zeitschrift Psychologische Menschenkenntnis, Bd. I. Zürich 1965, Zit. nach http://www.zeit–fragen.ch/index.php?id=1814

[88] „Gerade die Einsicht in die Irrtümer über die menschliche Natur und der Mangel an wissenschaftlicher Menschenkenntnis im Erziehungsprozeß auf das Werden der Persönlichkeit und damit auf das gesamte Leben und Zusammenleben der Menschen haben, sowie das bereits vorhandene Wissen um die soziale Natur des Menschen veranlaßte Friedrich Liebling (den Begründer der 'Zürcher Schule für Psychotherapie') in der psychologischen Beratung neue Wege zu beschreiten." Interessierte

bekamen stets Gelegenheit, sich das „Wissen über die Resultate der psychologischen Forschung anzueignen, um sie für seine Lebensgestaltung nutzen zu können." Frau Dr. Annemarie Buchholz–Kaiser knüpfte am Lebenswerk Friedrich Lieblings an und arbeitete gemeinsam mit Menschen aus unterschiedlichsten Lebens– und Berufsbereichen an „einem mehr an sozialer Verbundenheit". Vgl. Annemarie Kaiser, Das Gemeinschaftsgefühl – Entstehung und Bedeutung für die menschliche Entwicklung, Zürich 1981, S. 9f.; Vgl. Mehr soziale Verbundenheit, Dr. Annemarie Buchholz–Kaiser, http://www.zeitfragen.ch/index.php?id=1808

[89] Josef Rattner, Grosse Pädagogen. Geleitwort von Friedrich Liebling (Zürich 1956). München: Ernst Reinhardt

[90] Annemarie Kaiser, Das Gemeinschaftsgefühl – Entstehung und Bedeutung für die menschliche Entwicklung, Zürich 1981, S 41, S. Alfred Adler, „Sinn des Lebens", S. 47 und ders. „Menschenkenntnis", S. 97

[91] Annemarie Kaiser, Das Gemeinschaftsgefühl. A.a.O., S.41, S. Alfred Adler (Hrsg.), Internationale Zeitschrift für Individualpsychologie. Zur Massenpsychologie, , 1934, S. 137

[92] Vgl. Annemarie Kaiser, Das Gemeinschaftsgefühl, a.a.O., S. 42, S. Alfred Adler, Die andere Seite – Eine massenpsychologische Studie über die Schuld des Volkes, Wien 1919

[93] Vgl. Annemarie Kaiser, Das Gemeinschaftsgefühl, a.a.O., S. 39, S. Alfred Adler, Die Formen der seelischen Aktivität, Internationale Zeitschrift für Individualpsychologie, 1934, S. 5

[94] Aus: „Die Erkenntnisse der Tiefenpsychologie allen zugänglich machen!", zum Wirken des Psychologen Friedrich Liebling:

„… Die Verbindung von psychologischer Beratung und psychologischer Weiterbildung – bei der dem Einzelnen stets freigestellt ist, was er wann und wie oft in Anspruch nehmen möchte – entspricht der individualpsychologischen Auffassung vom Menschen: Der Mensch ist ein Wesen, das im zwischenmenschlichen Bezug steht; er ist grundsätzlich fähig zu Vernunft und in der Lage, Werte zu setzen; er vermag, eine Ethik zu entwickeln und sowohl für sein eigenes Leben wie auch für das Zusammenleben zu unterscheiden zwischen bekömmlichen und abträglichen, gesunden und kranken, positiven und negativen Werten und Tendenzen im Leben. Der Mensch ist daher grundsätzlich auch in der Lage, Wissen und Erkenntnisse über sich selbst und seine Mitmenschen für sein eigenes Leben sinnvoll einzubeziehen." http://www.zeit–fragen.ch/index.php?id=1812

[95] Josef Rattner, Grosse Pädagogen. Geleitwort von Friedrich Liebling (Zürich 1956). München: Ernst Reinhardt

[96] Vgl. Thierry Meyssan, Wie können Staaten der Chaos-Strategie der USA begegnen? Unterschiedliche Interpretationen der US-Kriegsführung – unterschiedliche Reaktionen, http://www.zeit-fragen.ch/de/ausgaben/2017/2223-12-september-2017/wie-koennen-staaten-der-chaos-strategie-der-usa-begegnen.html

[97] Aus: Dr. Annemarie Buchholz–Kaiser, Grundprinzipien aus Sicht der personalen Psychologie, Auszug aus: Annemarie Buchholz–Kaiser, „Die Menschen stärken", Zürich, 2000, http://www.zeit–fragen.ch/index.php?id=1497

„Die *Freiheit* ist für das Leben ebenso eine essentielle Voraussetzung wie die Luft zum Atmen. Freiwilligkeit im menschlichen Zusammenleben ist notwendige Voraussetzung, damit die

Kinder in der Familie erstarken und die Werte verinnerlichen können. Zwang stört das nur, wogegen Einsicht und Verbundenheit eine weit stärkere und vor allem langfristig tragfähigere Motivation ergeben. Der grösstmögliche Grad an Freiheit, wie er in der direkten Demokratie verwirklicht ist, muss heute erneut zum Thema gemacht werden. Dies wird unumgänglich angesichts von weltweiten Tendenzen zu einer neuen Form von Sowjetisierung, aber auch angesichts der Rücksichtslosigkeit einer globalisierenden Wirtschaft, die imperialistisch wird und die nur den Profit und den Börsengewinn im Auge hat und die Menschen, das Bonum commune, opfert. Wirtschaft hat dem Leben zu dienen und nicht umgekehrt: Das ist die Schlussfolgerung des Naturrechts, der christlichen Soziallehre, aber auch jeder am Menschen und am Leben orientierten Ethik und der personalen Psychologie."

[98] Zbigniew Brzezinski: Die einzige Weltmacht – Amerikas Strategie der Vorherrschaft. 1999, S. 45/46

[99] RT Deutsch Spezial: Die Logik des neuen Kalten Krieges – Teil 5, https://deutsch.rt.com/meinung/38381–rt–deutsch–spezial–logik–neuen/

[100] Aus: Jürgen Oelkers. Jeanne Hersch, Schule und Reformpädagogik, Vortrag auf der Tagung „Ideal, Macht, Utopie: Symposion zum 100. Geburtstag von Jeanne Hersch" am 15. Juni in der Universität Zürich, 1990

[101] Aus: Dieter Sprock, Über die Bedeutung der Erziehung, http://www.zeit–fragen.ch/de/ausgaben/2016/nr–2526–8–november–2016/ueber–die–bedeutung–der–erziehung.html